그 후 80년, 송몽규와 윤동주

그 후 80년, 송몽규와 윤동주
-이국 땅에서 숨져간 그들을 기리며-

초판 1쇄 인쇄 2025년 6월 15일
초판 1쇄 발행 2025년 6월 30일

저　자 | 이계형

발행인 | 윤관백
발행처 | 선인
등　록 | 제5 - 77호(1998.11.4)
주　소 | 서울시 양천구 남부순환로 48길 1(신월동163-1)
전　화 | 02)718 - 6252/6257
팩　스 | 02)718 - 6253
E-mail | suninbook@naver.com

정가 30,000원
ISBN 979-11-6068-977-8 93900

· 저자와의 협의에 의해 인지 생략.
· 잘못된 책은 바꿔 드립니다.

그 후 80년,
송몽규와 윤동주
―이국 땅에서 숨져간 그들을 기리며―

선인

책을 내면서

80년 전, 같은 고향에서 태어나 같은 형무소에서 생을 마친 두 사람을 기억하며

올해, 2025년은 송몽규와 윤동주가 저 세상으로 떠난 지 꼭 80년이 되는 해입니다. 해방을 앞둔 1945년 2월 16일, 윤동주가 먼저 후쿠오카 형무소에서 순국했고, 채 한 달이 지나지 않은 3월 7일, 송몽규가 그 뒤를 따랐습니다. 두 사람은 1917년, 용정 명동촌에서 불과 세 달 간격으로 태어났습니다. 같은 집, 윤하현 댁에서 태어났는데, 그 집 주인 윤하현은 윤동주의 친할아버지이자 송몽규의 외할아버지였습니다. 고종사촌으로 맺어진 두 사람은 어린 시절부터 죽음에 이르기까지, 말 그대로 생사고락을 함께한 둘도 없는 벗이었습니다.

그러나 이들은 닮은 만큼 다른 점도 있었습니다. 송몽규는 외향적이고 행동이 앞선 성격으로, 일제의 괴뢰국 만주국이 세워지고 통제가 심화되던 은진중학교 시절, 독립운동에 몸을 던졌습니다. 1935년 5월, 그는 용정을 떠나 남경으로 가서 김구가 이끄는 학생훈련소에 입교하며 투사의 길을 걸었습니다. 반면 윤동주는 조용한 성품으로, 신사참배 강요와 식민지 현실의 고통을 시로 받아내며 고뇌를 극복해 나가고자 하였습니다.

1937년 두 사람은 1년여의 이별 끝에 다시 만나 연희전문학교 문과에 함께 입학했고, 졸업 후에는 일본 유학길에도 함께 올랐습니다. 그러나 둘은 1943년

7월, '재교토 조선인학생 민족주의 그룹 사건'으로 함께 체포되었고, 치안유지법 위반 혐의로 수감된 뒤 재판을 받은 뒤에 후쿠오카 형무소에 옮겨졌다가 그곳에서 옥사하였습니다. 해방이 겨우 반 년 남짓 남은 시점이었습니다.

  이 책은 광복 80주년이자, 두 사람의 순국 80주년을 맞아 출판하게 되었습니다. 제1부에서는 두 인물의 생애를 다시 조망하고자 했습니다. 윤동주는 이미 많은 이들에게 사랑받아온 시인이기에, 익숙한 삶의 궤적 속에 그의 시를 함께 배치하여 그 의미를 새롭게 되새기고자 하였습니다. 반면 널리 알려지지 않은 송몽규에게 더 많은 지면을 할애하고자 하였으나, 관련 자료가 매우 부족하여 아쉬움이 남습니다.

  그나마 용정에 계신 이광평 선생님의 증언과 도움으로 송몽규에 관한 새로운 사실을 들을 수 있었던 것은 큰 행운이었습니다. 특히 윤동주 묘소 곁으로 송몽규의 묘소를 이장할 당시 선생님이 촬영한 사진은, 지금까지 국내에 소개된 적 없는 귀중한 자료로, 빈틈을 메워주는 소중한 기록이 되었습니다.

  제2부는 1945년 이후 2025년에 이르기까지 두 인물이 어떻게 기억되고 추모되어 왔는지를 국내뿐 아니라 중국 용정, 일본까지 범위를 넓혀 살펴보았습니다.

책을 내면서

하지만 여기에서도 송몽규와 관련한 기록은 드물어, 결국 윤동주 중심의 기술로 흐를 수밖에 없었던 점 역시 아쉬움이 큽니다.

  이 책은 2년에 걸쳐 준비해온 작업의 결실입니다. 처음 원고는 울퉁불퉁하고 부끄러울 정도로 거칠었지만, 선인출판사의 윤관백 사장님의 격려와 조언, 박애리 실장님의 세심한 교정과 편집 덕분에 세상에 내놓을 수 있는 모양새를 갖추게 되었습니다. 이 자리를 빌려 깊이 감사드립니다.

  이 책이 독자들에게 그저 조그만 조각보 같은 기록일지라도, 윤동주와 송몽규, 두 젊은 영혼이 걸어간 길을 다시금 되새기고, 그들이 지켜내려 했던 자유와 조국의 의미를 새기는 작은 디딤돌이 되기를 간절히 바랍니다. 그들의 이름을 다시 부르며, 이 글을 맺습니다.

2025년
이계형

목차

책을 내면서 5

1부 송몽규·윤동주, 삶

용정에서의 삶 16
한인 첫 동네, 명동촌이 세워지다. 16
윤동주 집안, 명동촌에 자리잡다. 23
명동촌에 명동학교와 명동교회가 들어서다. 25
간민회, 사우계·농문계와 대립하다. 30
송몽규 부친, 송창희가 명동촌에 들어오다. 33
송몽규와 윤동주가 태어나다. 35
명동학교 교사를 신축하다. 36
일본군이 불태운 명동학교를 재건하다. 38
송몽규·윤동주, 재건한 명동학교에 입학하다. 44
송몽규·윤동주, 문학소년을 꿈꾸다. 48

그 후 80년, 송몽규와 윤동주
―이국 땅에서 숨져간 그들을 기리며―

송몽규·윤동주, 은진중학교에 진학하다.   54

송몽규, 동아일보 신춘 문예 '콩트' 부문에서 뽑히다.   58

윤동주, 최초의 작품 '초 한 대' 등의 시를 짓다.   62

윤동주·문익환, 숭실중학교로 전학하다.   65

윤동주·문익환, 숭실학교를 자퇴하고
광명학원 중학부에 입학하다.   74

송몽규, 은진중학교 재학 중 한국특무대 예비훈련소에 입교하다.   79

송몽규, 대성중학교에 편입하다.   89

서울에서의 삶   94

송몽규·윤동주, 연희전문학교에 입학하다.   94

송몽규·윤동주, 일제의 민족말살정책을 체험하다.   98

윤동주, 시로서 힘든 시기를 극복하다.   101

목차

송몽규·윤동주, 1학년 첫 여름방학을 맞아 귀향하다. 106
윤동주, 2학년 재학 중 동경하던 정지용을 만나다. 109
윤동주, 일제의 더욱 가혹해진 민족말살정책에 절필하다. 114
윤동주, 연희전문 3학년 재학 중 정병욱을 만나다. 117
윤동주, 기독교 신앙에 회의를 느끼다. 119
1940년 12월 윤동주, 1년 3개월 만에 다시 시를 쓰다. 121
윤동주, 4학년 재학 중 종로구 누상동 마루터기에서 하숙하다. 127
송몽규·윤동주, 《문우(文友)》 잡지를 발간하다. 137
윤동주, 정병욱과 함께 북아현동에서 하숙하다. 143
윤동주, 첫 시집 『하늘과 바람과 별과 시』를 내다. 146
윤동주, 창씨개명에 〈참회록〉을 짓다. 151

일본에서의 삶 156

송몽규·윤동주 일본에 유학하다. 156
윤동주, 도쿄 릿교대학에서 교토 도시샤 대학으로 옮겨가다. 164

그 후 80년, 송몽규와 윤동주
―이국 땅에서 숨져간 그들을 기리며―

송몽규·윤동주, 일본에서 비밀결사를 조직하려다
특고경찰에 체포되다.　　　　　　　　　　　　　　　　169

송몽규·윤동주, 교토 검사국에 송치되어 재판을 받다.　175

송몽규·윤동주, 후쿠오카 형무소에 투옥되어 순국하다.　187

2부　주검과 추모 그리고 기억

고향 용정에서 윤동주를 기리는 사업　　　　　　　194

윤동주 유해, 고향에 돌아오다.　　　　　　　　　　　194

윤동주 유해, 용정 동산의 중앙교회의 묘지에 묻히다.　197

송몽규 유해, 고향에 돌아와 장채촌 뒷산에 묻히다.　　201

1985년 5월, 잊혀졌던 윤동주 묘소를 찾다.　　　　　　205

윤동주 묘소를 1차(1988.6), 2차(2003.7)로 정비하다.　210

송몽규 묘소를 찾아 윤동주 묘소 옆으로 이장하다.　　216

윤동주 생가를 복원하다.　　　　　　　　　　　　　　221

목차

중국 정부가 윤동주 생가를 복원하고 윤동주 시인을
'조선족'으로 공식화하다. 228

중국 정부 방침에 따라 '윤동주 생가 옛터'
표지석 내용이 바뀌다. 235

옛 대성중학교에 윤동주 시비를 건립하다. 238

윤동주, 중국 연변에 알려지며 각종 기념사업이 펼쳐지다. 247

국내에서의 윤동주 시집 편찬과 추모 254

해방 직후 윤동주·송몽규의 첫 추도회가 열리다. 254

윤동주 첫 유고 시집, 『하늘과 바람과 별과 시』 발간하다. 259

윤동주 여동생, 윤혜원 부부가 월남하다. 267

1955년 〈하늘과 바람과 별과 시〉 증보판을 발행하다. 270

한국인이 가장 사랑하는 시인, 윤동주 285

윤동주, 1950년대 중반 이후 세상 사람들에게
주목받기 시작하다. 285

그 후 80년, 송몽규와 윤동주
―이국 땅에서 숨져간 그들을 기리며―

저항시인으로 자리매김하다.	291
윤동주 시, 외국어로 번역되다.	298
윤동주 시가 낭독, 작곡되고 시화전이 열리다.	300
1980년대 초 윤동주·송몽규 생체실험 사망설이 불거지다.	305
1980년대 윤동주 시집 출판이 확산하고 평전이 출판되다.	310
윤동주 시, 1980년대 다양한 매체를 통해 전 국민에게 알려지다.	315
윤동주와 그의 시, 소설로 재탄생하다.	318

일본에서의 윤동주   323

윤동주, 일본에까지 알려지다.	323
일본 내 윤동주의 시비가 세워지다.	336
일본 내 윤동주를 기리는 모임이 탄생하다.	341
일본 내 윤동주 시집 번역서·평전이 출판되다.	344

1부

송몽규·윤동주, 삶

그 후 80년, 송몽규와 윤동주

용정에서의 삶

한인 첫 동네, 명동촌이 세워지다.

1945년 2월 16일, 윤동주가 세상을 떠났다. 그것도 차디찬 일본 후쿠오카형무소에서였다. 그로부터 19일 뒤, 3월 7일 송몽규도 그곳에서 떠나갔다. 둘은 고종사촌 사이이다. 송몽규는 1917년 9월 28일 부친 송창희(1891~1971)와 윤동주의 고모 윤신영(1897~1966)의 사이에서 태어났다. 그로부터 3개월 뒤, 12월 30일 윤동주가 윤영석의 장남으로 태어났다. 그것도 둘 다 똑같이 명동촌 윤하현 집에서 말이다. 윤하현은 송몽규의 외할아버지이자, 윤동주의 친할아버지이기도 하다. 명동촌은 용정에서 서남쪽으로 15km 떨어진 곳에 자리하고 있다. 용정은 1877년 봄 함경도와 평안도의 14호가 잡초가 무성한 해란강 기슭의 충적평원에 정착하면서 형성된 전형적인 한인 거주지였다.

| 1부 | 송몽규·윤동주, 삶

김약연

명동촌은 1899년 2월 규암 김약연(金躍淵, 1868~1942) 집안 31명, 도천 남종구 집안 7명, 성암 문병규(文秉奎)[1] 집안 40명, 소재 김하규(金河奎, ?~?) 집안 63명 등 모두 4개 집안에서 22세대 141명이 부걸라재(鵓鴿磖子)라는 마을에 처음 이주하면서 형성되었다. 부걸라재는 '비둘기 바위'라는 뜻인데, 그곳에 비둘기가 많아 유래된 것이다. 이는 명동촌에서 용정으로 나가자면 우뚝솟아 있는 커다란 바위 셋을 일컫는데, 한인들은 이를 선바위라 불렀다. 선바위는 명동촌 사람들의 공원이었다.

명동촌은 함경북도 회령에서 두만강을 건너 삼합을 거쳐 오랑캐령을 넘으면

명동촌 가는 길의 선바위

---
[1] 문익환 목사의 증조부다.

북간도와 함경도 지도

4개 집안 이동 경로를 보여주는 약도

|1부| 송몽규·윤동주, 삶

선구촌[사이섬]

선구촌의 옛 선구나루터(선 부분)

처음으로 닿는 한인 마을이다. 처음 명동촌에 뿌리내린 4개 집안은 오룡천 5현의 후손들이었다. 오룡천은 함남 회령 세곡에서 발원한 내와 종성 녹야 산곡에서 발원한 내가 용계면에서 합쳐지면서 생겨난 강이다. 오룡천은 다시 흘러 경원 송정에서 두만강에 합류한 뒤, 경흥 서수래에서 동해로 흘러든다.

오룡촌에는 조선시대 함경도에 유배해 온 학자와 충신들에게 배운 후학들이 많이 살았다. 종성의 한봉암(韓鳳巖)·한치암 형제와 남오룡과 경원의 채향곡, 온성의 김학음 등이 그들이다. 이들 후예인 남도천의 제자 김약연·문병규·남종구·김하규 등이 명동촌에 이주해 온 것이다. 이들은 서당에서 학생들을 가르치던 훈장들이었다.

그들은 고향을 떠나기 전 미리 돈을 모아 북간도에 선발대를 보내 정착할 곳을 미리 물색하게 했다. 이후 4개 집안 사람들은 함경북도 종성에서 두만강을 건너서 선구촌[사이섬]에 처음 발을 디뎠다.

사이섬 유래는 1860년대로 거슬러 올라간다. 당시 함경도 내 백성들은 탐관오리들의 착취와 계속된 자연재해로 초근목피로 겨우 연명하며 살고 있었다. 이들 중에는 청나라가 간도 침입을 막고자 시행한 봉금령을 뚫고 몰래 두만강을 건너 선구촌에서 농사짓는 자들이 생겨났다. 이들은 아침에 강을 건너 농사를 짓고 해가 저물면 돌아오길 반복했다. 그런데 청나라 변방군은 이들 월강자에 대해서 사정없이 총을 쏘았고, 조선은 이들에게 월강죄를 적용하여 참형에 처하기도 했다.

'사이섬' 표지석

그 무렵 '월강곡(越江曲)'이 유행했는데, 이는 당시 사정을 잘 말해준다.

> 월편에 나부끼는 갈대잎 가지는
> 애타는 내 가슴을 불러야 보건만
> 이 몸이 건느면 월강죄란다.
>
> 기러기 갈 때마다 일러야 보내며
> 꿈길에 그대와는 늘 같이 다녀도
> 이 몸이 건느면 월강죄란다.

그런 중에도 꾀를 내는 사람들이 있었다. 함경도 종성에 살던 이영수 형제는 뗏목을 타고 두만강 하중도로 들어가 황무지를 개간했다. 이들은 누가 '어디 갔다 왔느냐'고 물으면, '사이섬에 갔다 왔다.'라고 둘러대곤 했다. 하중도는 두만강 가운데에 있었기에 조선, 청 어느 나라 땅도 아니었다. 이후 사람들에게 월강죄를 피할 수 있는 땅이라 알려지면서 많은 이들이 그곳에 건너와 농사를 지으면서 나루터가 만들어지고 선구촌(船口村)이 형성되었다. 그들은 자연스럽게 하중도를 '사이섬' 또는 '간도(間島)', '간도(墾島; 개간한 땅이란 뜻)'라 불렀다. 이후 간도는 더욱 넓어져 두만강 일원의 연변 일대를 일컫는 말로 바뀌었고, 그곳을 일제가 침략의 방편으로 이용하면서 북간도, 서간도란 말이 생겨났다.

2002년경 선구촌 주민들은 '사이섬'을 역사 관광지로 만들고자 그곳에 한글로 '사이섬'이라 쓴 비석을 세웠다. 비석 뒷면에는 '월강곡'을 새겨 간도 개척의 의미를 담았다. 그런데 이 비석은 채 1년도 되지 않아 중국 정부에 의해 폭파되고 말았다. 예상대로 비석을 세운 뒤 한국인들이 많이 찾는 곳이 되었는데, 그들이 "간도는 우리 땅이다."라며 구호를 외치거나 프랑카드를 내거는 등 그곳이 영토 분쟁지로 될 가능성이 커지자, 중국 정부가 이를 없애 버린 것이다.

4개 집안은 선구촌에서 제동, 자동(개산툰 건너 마을)을 거쳐 호천가(지금 회경가), 문안골 즉, 당시의 만진기에 다달았다. 이들은 문안골에서 다시 덕신(팔도하자향), 동구를 거쳐 1899년 2월 부걸라재 즉, 지금의 명동촌에 도착하였다.

이들은 두 가지 목적을 가지고 이주하였다. 하나는 척박하지만 비싼 조선 땅을 팔고 기름진 간도 땅을 많이 매입한 뒤 그곳을 우리 민족의 삶터로 만들고자 한 것이었고, 다른 하나는 기울어 가는 나라의 운명을 바로 세울 인재를 길러내고자 한 것이었다.

명동촌을 일구는데 환갑을 넘긴 문병규와 남종구(아들 남위언)는 뒤로 물러나 있고, 김약연이 앞장섰다. 김약연 등은 중국인 지주인 동한(董閑)에게 1,000여 경 규모의 땅을 매입하였다. 이는 약 60만 평에 달했지만, 대부분 삼림이었고, 개간된 땅은 불과 4~5만 평에 불과했다. 이들은 먼저 교육 기금으로 쓸 학전(學田)을 떼놓고 나머지 땅을 각 집안에 분배하였다. 학전은 훗날 규암서재와 명동학교 운영비로 사용되었다.

김약연은 선바위 남쪽 기슭인 장재촌에, 남종구와 그의 아들 남위언(南葦彦) 일

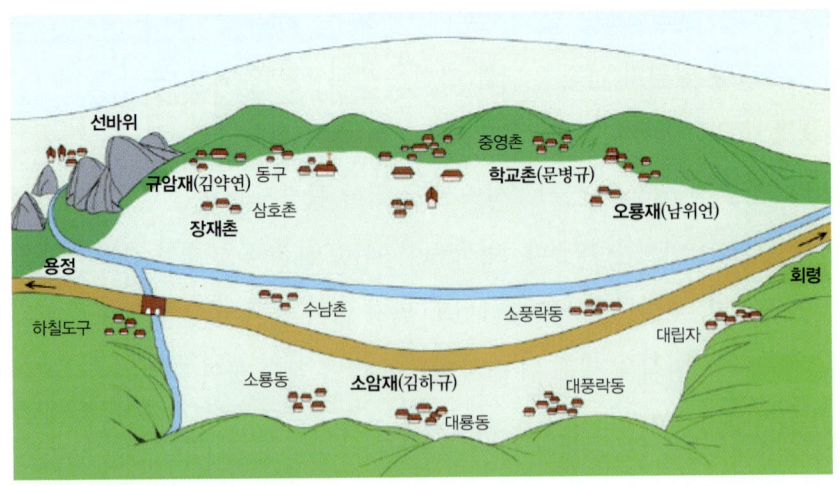

명동촌 조감도

|1부| 송몽규·윤동주, 삶

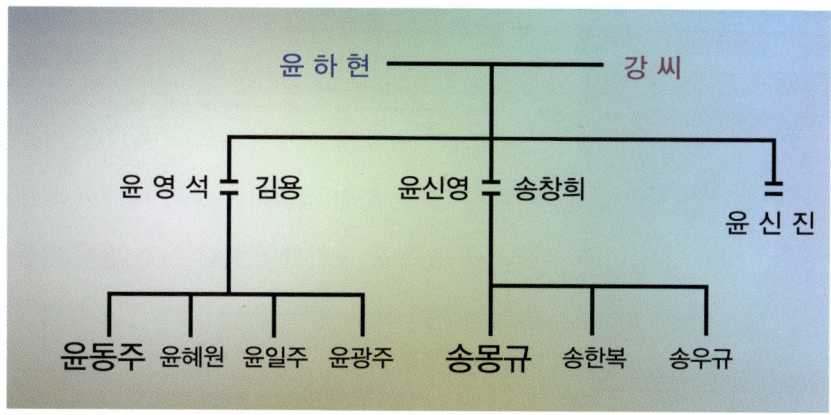

송몽규와 윤동주 가계도

가는 중영촌에, 김하규 일가는 대사동(일명 용동)에, 문병규 일가는 용암촌(학교촌)에 각자 정착하였다. 문병규가 작고한 직후 문씨 가문은 동거우에 자리를 잡았다. 문익환이 태어난 곳도 동거우였다. 그는 마지막 인생길에서 "지금도 명동 동거우 언덕에 있는 나리꽃이 생각난다"며 고향에 대한 그리움을 달랬다.

윤동주 집안, 명동촌에 자리잡다.

김약연 등이 명동촌에 정착한 지 1년여가 지난 1900년 일찍이 두만강을 건너 자동(紫洞, 현재 子洞)에 이주해 살던 파평 윤씨(윤재옥, 윤동주 증조부) 일가도 용암동(즉 학교촌)으로 옮겨 왔다. 그의 집안은 1456년 함북 회령에 귀양 간 윤부개(尹富漑)의 후손으로 파평 윤씨 문정공파(文定公派)에서 갈린 보령공파(保寧公派)이다. 윤재옥(尹在玉, 1844~1906)은 함북 종성군 동풍면 상장포[2]에 살았는데, 1886년경 아내 진씨와 4남(하현, 덕현) 1녀 자녀들을 데리고 자동으로 이주해 왔다. 그래서였는

---

2 윤동주의 판결문에는 본적이 함경북도 청진부 포항정 76번지로 되어 있다.

윤동주 조부 윤하현

지 윤동주는 함경북도 방언, 정확히는 육진(회령·종성·온성·경원·경흥·부령) 방언을 썼다고 한다.

그들이 자동에서 명동촌으로 옮겨간 이유는 자세하지 않다. 다만, 1900년 중국 내에서 외세 배척을 목표로 무장 봉기한 의화단 사건 당시 명동촌 사람들이 자동으로 피난을 간 적이 있었는데, 그 사건이 계기가 되어 이주하게 된 것으로 보인다.

윤재옥이 이끌고 온 일가족은 18명이었다. 윤재옥은 체격이 크고 용모가 준수하였다. 그는 땅을 부지런히 일구며 농지를 넓혀갔고 어느덧 부유한 집안으로 일으켜 세웠다. 그런데 윤재옥은 1906년 10월 추석에 그네를 타다가 그만 사망하고 말았다. 그의 나이 62세였다. 1960년대 중국의 문화대혁명 당시 윤재옥의 무덤은 파헤쳐졌다고 한다.

그의 장남 윤하현(尹夏鉉, 1875~1948)은 도량이 크고 당당하였고, 명동의 어른 가

윤동주 부친 윤영석과 모친 김용

운데 인물됨이 가장 컸다고 한다. 그는 만 11세에 아버지를 따라 북간도에 건너와서는 강씨 처녀와 결혼하였고 슬하에 윤영석(尹永錫, 1895~1962)과 두 딸 신영과 신진을 두었다. 신진은 명동에서 태어났다.

윤하현의 집 마당에는 자두나무들이 있었다. 지붕이 얹힌 대문을 나서면 텃밭과 타작마당이 있었고, 북쪽 울 밖에는 30주가량의 살구와 자두나무가, 동쪽 문으로 나가면 우물이 있었고 그 옆에 큰 오디나무가 있었다. 우물가에서 동북쪽 언덕 중턱에 자리한 명동교회와 고목 위에 올려진 종각이 보였다. 건너편 동남쪽으로는 명동학교와 주일학교가 눈에 들어왔다.

윤동주 부친 윤영석은 15살이던 1909년부터 명동에서 신학문을 배웠다. 그는 휘호도 잘하고 웅변도 뛰어나 한때 이름을 날렸다. 1910년 그는 네 살 연상인 김약연의 이복동생 김용(1891~1947)과 결혼하였다. 당시 김약연은 김용의 친모와 내외, 남매, 결혼한 남동생 내외, 미혼인 남동생 둘, 여동생 한 명 등 대가족을 이뤄 살고 있었다.

명동촌에 명동학교와 명동교회가 들어서다.

명동촌에 근대학교가 세워진 것은 김약연 등의 역할이 컸다. 1906년 고종의 마지막 특사였던 이상설이 북간도 용정에 최초의 근대학교인 서전서숙을 설립하였는데, 전통 학문을 수학하였던 김약연·남위언 등이 이곳에서 근대교육을 받았다. 하지만 1907년 4월 이상설이 헤이그 특사로 용정을 떠나게 되면서 서전서숙은 몇 개월 후에 문을 닫고 말았다.

그 무렵 함경도에 살고 있던 김하규 집안 사람인 김도심이 그를 찾아와 탄원서를 부탁한 적이 있었다. 자초지정을 들어보니 부인의 보살핌으로 괴질에 걸렸

명동교회 뒤편 종각 나무에서 그네 타는 여학생들. 왼쪽 멀리 선바위 모습이 보인다. 그네 타기는 당시 간도 여성들이 가장 즐겨 하던 민속놀이였다.

던 자신과 아들이 살아났다며, 나라로부터 부인의 열녀 표창을 받고자 한다는 것이었다. 이를 안타깝게 여긴 김하규는 탄원서를 써줬고 다행히도 그의 바람은 성사되었다. 그런데 1907년 여름 김하규의 문장에 탄복한 회령 출신의 전 내부 지방국장 오상규가 그를 한북흥학회 지회장으로 추천하고 그에게 취지서와 임명장을 내려보내면서 '신학문을 일으키라'는 통지문을 함께 보냈다. 한북

정재면

흥학회는 1906년 10월 함경도 출신 이동휘 등이 조직한 계몽운동 단체였다.

이후 명동촌 지도자들은 고민에 빠졌다. 이들은 고심 끝에 김약연의 규암재, 남위언의 오룡재, 김하규의 소암재 등을 하나로 합치기로 뜻을 모았다. 그 결과 1908년 4월 명동촌에 근대교육 기관 서숙 하나를 세웠다. 윤동주 생가 근처였다. 초대 숙장은 서전서숙 교사였던 박정서(朴禎瑞)가 맡기로 하고, 김약연이 숙감을, 재무는 문병규 아들 문치정(文治政, 1879~1914)[3]이 담당하기로 하였다. 얼마 뒤 서숙은 명동학교라는 이름을 갖게 되었다. 이때 처음 '명동(明洞)'이라는 지명이 사용되기 시작했다. 이는 '동방, 곧 한반도를 밝히는 곳'이란 뜻이다. 지금도 그 명칭 그대로 사용하고 있다.

초기 명동학교는 조그마했다. 새로운 건물을 세우기보다는 여덟 칸 집을 사서 두 칸은 터서 사무실로, 나머지는 교실로 사용하였다. 처음에는 서전서숙에서 공부했던 김약연의 종제 김학연(金學淵)과 남위언이 학생들을 가르쳤다. 김학연은

---

3 문익환 목사의 할아버지이다.

명동교회 초창기 전경

김약연과 함께 두만강을 넘었고 서전서숙을 다니면서 근대교육을 접했다. 이후 그는 명동학교를 설립하는 데 참여하였고 교사, 교감을 지냈으며, 1920년에는 용정 조선인거류민회 의원으로 활동하였다. 조선인거류민회는 1917년 8월 용정에 처음 설립된 이후 북간도 전역에 18개 지회가 설립되었으며, 당시 북간도 거주 한인은 12만 6천여 명에 달했다.

1909년 22세의 정재면(鄭載冕, 1882~1962)이 교사로 부임하면서 명동학교는 본궤도에 올랐다. 그는 평남 숙천 출신으로 황성기독교청년회관에서 신학문을 배운 개신교인이고, 신민회 회원이었다.

정재면은 원산 보광학교에 재직하던 중, 신민회 측이 북간도에서 서전서숙을 이어 근대학교를 일으키자는 권유를 받고는 이에 따랐다. 그가 북간도 용정에 왔을 때, 김약연 등이 그를 찾아와서는 명동학교 부임을 강력히 권고하였다. 정재면은 이를 수락하면서 성경 과목을 정규 과목에 포함해 줄 것과 예배를 볼 수 있게 해달라는 조건을 제시했다. 김약연 등이 이를 받아들이면서 명동학교는 새롭게 변모하였다.

1909년 5, 6월경 명동촌에 교회가 설립되었다. 명동학교와 윤동주 생가 바로 옆이었다. 여덟 칸 집을 사서 교회로 사용하였다. 유학자였던 김약연 등도 교회에서 예배를 드렸다. 예배는 정재면이 인도했다. 이후 그의 집안 사람들도 개신교로 개종하였다.

이렇듯 정재면이 명동학교에 부임한 후 명동촌에 신학문과 더불어 개신교가 들어오면서 새로운 바람이 불었다. 명동학교 구성원도 새롭게 꾸려졌다. 초대 숙장 박정서가 물러나고 김약연이 교장을 맡고 정재면이 교사와 교감을 겸임했다. 정재면은 우선 교사진을 확충하였다. 이에 역사학자 황의돈(黃義敦, 1890~1964), 한글학자 박태환(朴兌桓), 와세다대학 출신의 법학자 김철(金哲) 등이 부임했다. 이를 계기로 명동학교는 1910년에 중학교 과정을 증설했다.

1911년 3월 이동휘(李東輝, 1873~1935)가 이곳을 찾았다. 이동휘는 대한제국 군관학교 출신으로 1905년 3월 강화도 진위대장직을 그만둔 뒤로 적극적으로 계몽활동을 벌였다. 그는 1906년 4월 대한자강회 강화도지부를 만들었고, 그해 10월에는 한북흥학회, 국민교육회 설립에 참여했다. 그는 1907년 3월 신민회에 참여하는가 하면 이후 군대가 해산되자 의병을 일으키려 했다가 체포되어 인천의 대무의도에 유배되기도 하였다.

이동휘는 4개월 만에 유배지에서 풀려난 뒤 감리교 전도사와 함께 책을 파는 '매서인(賣書人)'[4]으로 활동하거나 함경북도 지역을 돌며 선교와 강연했다. 그 뒤 이동휘는 1910년 8월 경술국치를 당하자, 간도 포교를 자원하여 1911년 3월 명동촌을 찾은 것

이동휘

---

4 전국을 다니면서 성경(단권 성경과 소위 쪽복음)을 가지고 가서 복음을 전하면서 일종의 외판 행상을 벌이면서 성경을 판매하는 사람을 일컫는다. 권서인(勸書人)이라고도 했다.

이다. 그는 이곳에서 사경회(查經會)[5]를 개최하는가 하면 그해 봄부터 명동학교에 여학교를 부설하였다. 이에 정재면의 누이 정신태와 이동휘 딸 이의순이 여교사로 부임해 왔다. 정신태는 성경 과목을, 이의순은 음악, 재봉, 이과 등을 가르쳤다.

이로써 명동촌은 크게 발전하였다. 명동학교에는 북간도뿐만 아니라 국내, 심지어는 연해주에서도 학생들이 몰려왔다. 청나라가 신해혁명으로 망하고 중화민국이 들어선 뒤, 1913년 4월 간도에 처음으로 설치된 한인 자치 기구 간민회 회장에 명동학교 교장 김약연이 선출된 것도 그와 무관하지 않다. 회장은 간도 한인사회의 최고 우두머리인 만큼 막중한 자리였다. 이에 김약연에게 '동만의 대통령'이란 별호가 붙여졌다. 애초에는 이 단체는 간민자치회(墾民自治會)라 하였으나, 중국 당국이 '자치'라는 말을 삭제하도록 요구함으로써 간민회라 고쳐 불렀다.

간민회, 사우계·농무계와 대립하다.

1913년 1월 전 간민교육회 회원 이동춘(李同春)·김립(金立) 등 150여 명이 모인 가운데 간민회설립협의회를 개최하였다. 이들은 그해 2월 창립총회를 갖기로 하고 연길·화룡·왕청·훈춘 등 4개 현 유력 인사들에게 초청장을 보냈다. 이동춘은 당시 간민교육회에서 설립한 광성학교와 길신여학교 교장이었다.

1913년 2월 창립총회가 개최되고 중국 당국이 이를 승인하여 그해 4월에 열린 총회에서 명동학교 교장 김약연이 회장에, 백옥보(白玉甫)가 부회장에 선출되었다. 이때 간민교육회 내에 민적과(民籍課), 교육과, 법률과, 재무과, 식산흥업과(殖産興業課) 등 9개 부서 임원도 임명되었다. 간민회 간부 3분의 2는 함경도 출신

---

[5] 일정 기간 성경을 가르치고 배우는 교회의 특별 모임을 말한다. 주로 한국교회에서는 성경을 집중적으로 강의함으로써 신앙을 강화하고 삶을 변화시키는데 목적을 둔다.

이었다.

간민회는 1913년 5월 연길·화룡·왕청 등 3개 현의 한인 마을에 지방총회를 설립하고 50호마다 지회를 조직했다. 그해 7월에는 한인 호구조사를 실시하였고, 연길현 국자가에서 사무실 개관식을 가졌다. 이와 함께 청년친목회와 대동협신회(大東協新會)가 만들어져 《청년》·《대진(大震)》 등의 잡지를 발행하거나, 계봉우의 『중등역사』, 『오수불망(吾讐不忘)』[6] 등을 간행하였다. 또한 간민회의 개신교 신자들은 중한연합전도회를 조직하였고, 간민회는 이동휘·정재면·박찬익 등을 북경에 보내 중화민국 성립을 축하하고 대통령 원세개(袁世凱, 1859~1916)에게 한인 자치 허용을 요청하기도 하였다.

간민회는 4개 현에 거주하는 한인 관련 사안을 자치적으로 처리하였기에 중국 관헌도 한인 문제는 간민회와 긴밀히 협의하였다. 또한, 간민회는 한인들에게 애국심을 고취하여 독립운동의 기반 조성에 크게 이바지하여 북간도가 훗날 무장 독립운동 근거지가 되는데 결정적 영향을 끼쳤다.

그런데 간민회는 연길현 동선용에서 김정규(金鼎奎, 1881~1953) 등 유학자들이 만든 사우계(士友契)와 사사건건 부딪쳤다. 김정규는 함북 경성 출신으로, 1908년 고향에서 의병을 일으켰다가 1909년 두만강을 넘어 간도에 와서 오록정(吳祿貞) 독판(督辦)을 찾아가 지원을 요구하며 의병 재기를 도모하였다. 하지만 뜻을 이루지 못했다. 이후 그는 후학양성과 유학 진흥을 위해 간도공교회(間島孔敎會) 활동에 전념, 연길에 공자묘(孔子廟)를 짓거나, 대성학교(大成學校)를 건립하는 등 유학교육을 펴는 데 전념했다.

---

[6] 계봉우가 1912년 초 간민교육회 편찬위원으로 활동하면서 저술한 책이다. 그는 일본을 원수인 적으로 여기고, 민족교육을 통해 민족의식의 함양과 일제 침략에 대한 저항 의식을 심어주어 독립의 인재를 양성하고자 『오수불망』을 편찬하였다. "나의 원수를 잊지 말자"라는 뜻이다.

사우계는 간민회가 추진한 한인들의 중국 국적 취득, 중국식 의복과 두발 채용 등을 강력히 비판하였다. 사우계 회원들은 간민회 회원들과 마찬가지로 신해혁명을 환영하였지만, 공화정 수립 자체보다는, 만주족 청 왕조의 몰락에 더 큰 의미를 두었기 때문이었다. 그 정도로 청에 대한 반감이 컸다.

사우계가 간민회를 두고 한인들의 중국화를 도모하여 '독립'이란 목적을 상실하였다고 비판한 것도 그러한 맥락에서였다. 하지만 이는 간민회가 중국 당국의 비호를 받아 일제의 개입을 저지하고 궁극적으로 조국 독립을 이루려고 했다는 것을 간과한 것이었다. 이동휘가 1913년 10월 김정규에게 편지를 보내 조국 독립을 달성하기 위한 협력 방안을 모색하자고 제안했지만, 거절당하기도 했다.

간민회는 간도의 또 다른 단체 농무계(農務契)와도 충돌하였다. 농무계는 1913년 6월 연길현 지인향(志仁鄕) 솔만자에서 유림들이 간민회에 맞서기 위해 조직한 단체이다. 두 단체는 북간도 한인사회의 주도권을 놓고 갈등, 대립하였다. 사우계가 간민회의 '동화정책'과 근대교육에 반대한 반면에, 농무계는 간민회가 정치적으로 북간도 한인의 자치 지위를 갖는 데 크게 반발하였다.

급기야 농무계와 공교회는 연길과 길림의 중국 당국에 이동춘·김립·도성 등 간민회 간부들을 비판하는 진정서를 제출하였다. 진정서에는 간민회의 사숙개량회 해산(1912.9), 공교회 회원 구타, 간민교육회 회장 이동춘의 공금횡령, 간민회 가입을 원하지 않은 농민 추방 위협, 호구조사 시 30전의 강제징수, 공교회 집회의 해산과 회원 구타(1913.11) 등의 허위 사실이 담겼다.

농무계 지도자들은 이로도 그치지 않고 1914년 1월 연길에 2천여 명의 한인들을 모아 집회를 열어 간민회 핵심 간부들을 죽이고 회관을 불사르겠다고 위협하는 한편 30전 강제징수 금지를 요구하였다. 중국 경찰과 군인들에 의해 집회 참가자들은 해산되었지만 300여 명은 체포되었다. 중국 당국의 조사 결과, 간민회 간부들의 비행을 입증할 만한 증거 자료가 없고, 한인들이 30전 징수에 반대하지 않다는 사실을 확인했다. 그럼에도 간민회의 30전 징수는 금지되었다.

1914년 2월 간민회는 사후 대책을 논의하여 친일적인 '불순분자' 침투와 분란을 방지하고자 신입회원의 자격요건을 강화하였다. 얼마 뒤 간민회는 입적 문제를 논의하고자 1만여 명이 참가한 대중집회를 열었고, 이동춘·김립 등을 북경에 파견하여 원세개로부터 한인들의 중국 입적을 지원하라는 긍정적인 답변을 받았다. 그런데 뜻하지 않게 1914년 3월 원세개가 자치적인 성격을 가진 모든 단체를 해산하라는 명령을 내림으로써 농무계뿐 아니라 간민회도 없어지고 말았다. 물론 이는 일제의 외교적 압력에 따른 것이었다. 결국 간민회는 1년 만에 해산되었지만, "조국 정신을 고취하여 사상변천의 일대 신기원"을 이룩했다는 평가를 받았다.

이즈음 명동학교에서 공부한 윤동주의 부친 윤영석이 동료 4명과 함께 북경에 유학하였다. 하지만, 그는 명동중학교 졸업이 전부였기에 대학에 진학할 수 없었다. 그가 북경의 어느 학교에서 수학했는지는 명확하지 않지만, 고향으로 돌아온 뒤에 명동학교 교원이 되었다.

송몽규 부친, 송창희가 명동촌에 들어오다.

1916년 봄, 윤영석의 동생 윤신영이 송창희(宋昌羲, 1891~1971)와 결혼식을 올렸다. 송창희 집안은 본적이 함경북도 경흥군 노면(현 나선시) 웅상동이다. 그의 부친 송시억(宋始億)은 15세 때 충청도에서 연해주로 가다가 길목인 함북 웅기읍 웅상에 머물면서 가세를 일으켰다고 한다. 특히 그의 집안은 웅상동에 북일학교(北一學校)를 설립하여 많은 훌륭한 자제를 배출하였다.

송시억은 6남 1녀를 슬하에 두었다. 장남 송창항은 원규라는 아들을 남기고 일찍이 세상을 떠났고, 둘째 송창근(宋昌根, 1898~1950년 납북)[7]은 명동학교에서 수학한 후 일본을 거쳐 미국에 유학하여 1931년에 한국인으로는 최초로 미국 아이리프 신학대학에서 박사 학위를 받았다. 넷째는 연해주를 거쳐 러시아로 들어갔으며, 여섯째 막내는 고향에 남았다. 셋째와 다섯째 송창희는 북간도로 건너왔다. 송창희의 6촌 동생 송창빈은 홍범도 부대의 독립군으로 싸우다가 1920년에 전사했다.[8]

송창희는 서울에 유학하여 황성기독교청년학관(YMCA)을 졸업한 뒤 서북학회가 설립한 오성학교(五星學校)에 진학하였고, 주시경(周時經, 1876~1914)이 운영하던 조선어강습소에서 공부했다. 그런 그가 25세 때 명동촌에 오게 되었다. 그렇게 된 사연은 이렇다.

명동촌의 어느 집안에서 명동학교 교사 박태환에게 혼처를 부탁하였다. 이에 박태환은 자신과 같이 주시경 제자였던 송창희를 명동촌에 초청하였다. 박태환은 주시경이 쓴 『소선어문법』 서문을 썼을 정도로 그의 애제자였다.

그런데 정작 송창희를 눈여겨 본 것은 윤동주 어머니였다. 그는 이미 20살 된 큰 시누이의 신랑감으로 욕심이 났고, 이에 어른들에게 저간의 사정을 말씀드렸다. 그 말을 들은 윤하현 장로는 자신의 큰딸과 송창희에게 맞선을 보게 한 뒤에 서둘러 혼례를 치렀다. 당시로는 드문 신식 결혼식이었다.

김신묵

---

7 1940년 평양신학교가 폐교되자, 그는 목사 김재준과 함께 조선신학교(현 한신대학교)를 설립하였다.
8 송창빈의 독립운동 활동 내용은 확인되지 않는다.

문익환의 모친이 되는 김신묵(金信默, 1895~1990)이 들러리를 섰다. 김신묵은 김하규의 넷째 딸로 1911년 4월 문치정의 아들 문재린(文在麟, 1896~1985)과 결혼했다.

이후 송창희는 명동학교 조선어 교사가 되었고 이들 부부는 처가에서 얹혀살았다. 송창희는 큰 체격에 성품이 엄하고 코가 커서 학생들로부터 '송호랑이', '콧대' 등의 별명으로 불렸다. 그는 늘 파이프 담배를 즐겼는데, 얼굴 모양새가 굵직하고 분명하여 서양인을 닮았다고 한다.

송몽규와 윤동주가 태어나다.

송창희는 몹시 애처가였다. 결혼 이듬해인 1917년 9월 28일 둘 사이에서 송몽규가 태어났다. 윤신영이 쏟아져 내리는 별을 자신의 품에 받는 태몽을 꾸었다고 하여 태명을 '꿈별', 아명은 '한국의 법'이란 의미에서 한범(韓範), 이름은 꿈 몽(夢)과 별 규(奎)로 지었다. 그 아래로 여동생 송한복(宋韓福, 1923~2012), 남동생 송우규(宋祐奎, 1931~2018)가 태어났다. 훗날 『윤동주 평전』을 쓴 송유혜가 송우규의 첫째 딸이다.

송몽규가 태어난 지 불과 3개월 뒤인 1917년 12월 30일 윤영석의 아들인 윤동주가 태어났다. 그것도 송몽규가 태어난 같은 집에서 말이다. 윤영석 부부는 일찍이 결혼하여 둘 사이에 딸을 낳았으나 곧 사망하였고, 8년 만에 윤동주를 낳았다. 윤동주의 조부와 부친은 모두 독자였기에 대를 이을 장손 동주의 출생은 집안의 큰 경사였다.

윤영석은 대를 이을 귀한 아들을 낳자, 아명을 '해환(海煥)'이라 지었다. '해처럼 빛나라'라는 뜻에서이다. 이 이름은 그가 은진중학교에 입학할 때까지 사용하였다. 그 후 '동주'로 이름을 바꾸었다. 윤동주 모친은 건강이 좋지 않았고 젖이 부족하여 윤동주는 문익환 어머니 김신묵의 젖을 먹으면서 자랐다고 한다. 문익환은 윤동주보다 4개월 늦은 1918년 4월 23일(양 6.1) 태어났다. 그 뒤에도 윤동주의 모친은 한동안 아이를 갖지 못하다가 7년 만에 딸 혜원(1924~2011)을 얻었다. 그 뒤 남동생 일주(1927~1985), 광주(1933~1962)가 태어났다. 윤동주와 막냇동생과의 나이 차이가 15살이나 된다.

송창희는 몽규가 5살 되던 해에 비로소 처가집에서 분가하였다. 윤동주 집에서 개천 너머 떨어진 커다란 기와집 한 채를 마련하였다. 집 앞의 텃밭에는 여러 종류의 과일 나무들이 있었다.

명동학교 교사를 신축하다.

1918년 4월 교장 김약연은 서양식 벽돌 건물로 명동학교 교사를 신축하였다. 1913년 당시 명동학교의 남녀 재학생 수는 약 180여 명이었다. 그중 외지에서 온 학생들이 많아 10칸짜리 기숙사가 있었으나 턱없이 부족했다. 김약연은 1914년부터 명동학교를 증축하고자 하였으나, 재정이 그리 넉넉하지 않았다.

이에 김약연은 1914년 4월 명동학교 직원 일동으로 북미지방총회장 이대위(李大爲, 1878~1928)에게 건축 의연 취지서를 발송하였다. 그 뒤 1917년 북간도 간민회 부회장을 역임한 백옥보가 미주로 건너가 북미지방총회장 이대위와 총무 강영소(1886~1934)를 만나 지원을 직접 호소했다.

이대위는 평양 출신으로 숭실학교를 졸업한 뒤 1905년 미국으로 건너가 안창호가 주도한 공립협회에 동참하였고, 1906년 11월 상항한인감리교회 창립에 교인으로 참여했으며, 1911년부터 교회 목사로 활약하였다. 1908년 6월 그는 오레곤주의 포틀랜드 아카데미를 졸업하고 캘리포니아대학[버클리분교]에 진학하였다. 재학 중 그는 1910년 2월 대한인국민회 북미지방총회 부회장, 1913·1915년 회장과 〈신한민보〉 주필이 되어 재미 한인사회의 결속을 강화하였다. 또한 그는 1915년 인터타이프(Intertype) 한글 식자기를 발명해, 신문 발행을 원활하게 하기도 했다. 〈신한민보〉는 1970년까지 이 식자기를 이용하여 발행되었다. 그는 1916년 대학을 졸업하고 산안젤모의 태평양신학교에 진학하여 학업을 마친 뒤, 1918년 대한인국민회 총회장에 선출되어 1919년 대한독립선언에 참여하였다.

명동학교 교사 낙성식 모습(1918.4)

1918년 명동학교 신축 당시 전경

백옥보는 본명이 황보정걸(皇甫正杰)이다. 그는 평남 함종 출신으로 1912년 길림성 연길현 국자가에서 일제 관리 처단을 목적으로 한 '암살당'을 조직, 활동하였다. 그는 1913년 간민회 부회장, 1914년 청년친목회 인사과장, 1915년 애국저금회(愛國貯金會) 발기인 등으로 활약하였다. 이후 그는 1917년 초 미국으로 건너가 대한인국민회 클레몬트지방회에 가입한 이후 다뉴바지방회 학무원, 애크론 지방회 재무, 샌프란시스코지방회 회장, 북미총회 실업부원·총무·부회장·대의장 등을 지내며 재만독립운동세력에게 독립운동자금을 지원하고, 재미한인사회를 규합하는 등 물심양면으로 노력하였다.

이렇듯 북미지방총회의 지원을 받아 본격적으로 명동학교 신축 모금 활동이 전개되어 총 1만 원의 건축 기금이 모금되었다. 명동촌 주민들도 건축비 모금에 적극 동참하였다. 1917년부터 명동학교 신축 공사가 시작하여 1918년 봄에 공사를 마치고 그해 4월 19일 낙성식과 함께 제7회 졸업식도 거행하였다. 신축한 명동학교 건물은 반양식의 기와를 얹힌 10칸짜리였다. 당시 김약연은 의연금을 보내준 미주 동포에게 감사의 마음을 전하며 건축 도면을 보냈다. 이에 따르면, 건물은 교실 4칸, 사무실 1칸으로 각 교실은 가로 20척, 세로 16척 크기로 지어졌다.

일본군이 불태운 명동학교를 재건하다.

1919년 3월 중국 당국은 용정의 3.13운동 당시 명동학교 학생 한 명이 시위에 참여하였다가 죽었다며 학교를 폐쇄해 버렸다. 1919년 3월 13일 그날 용정의 서전평야(瑞甸平野, 서전벌)에 일반인뿐 아니라 명동학교를 비롯한 12곳 학교의 학생들과 직원들이 모였다. 상해에서 발행된 〈독립신문〉에는 당시 시위에 참여한 한인 수가 3만 명에 달했다고 전했다.

용정 서전벌에서 펼쳐진 '조선독립축하회' 장면(1919.3.13.)(규암 김약연 기념사업회 제공)

3.13반일의사릉 제1단계 복원 당시 모습(1990)(이광평 선생 제공)

3.13반일의사릉 제2단계 복원(2000)(이광평 선생 제공)

1919년 3월 13일 낮 12시, 교회 종소리를 신호로 조선독립축하회가 시작되었다. 대회장 김영학(金永學)이 독립선언포고문을 낭독한 뒤 시위 군중들은 태극기를 흔들며 '독립만세'를 외쳤다. 독립축하회를 마친 군중은 '대한독립'이라 쓴 깃발을 앞세우고 시위에 들어갔다. 명동학교와 정동학교 학생들이 앞장서고 그 뒤를 이어 군중들이 태극기를 흔들면서 행진하였다.

이때 중국군 연길영장 맹부덕(孟富德)이 거느린 무장 군인이 출동하였고, 시위 군중을 향해 발포하여 17명이 사망하고 30여 명이 크고 작은 부상을 입었다. 이 날 밤 김약연 등 지도자들은 연길에 모여 조선독립기성회(朝鮮獨立期成會)를 결성하고 북간도 독립운동을 조직화하기로 결의하는가 하면, 순국자들의 장례식을 3월 17일 국민장으로 치르기로 결정하였다. 희생자들의 유해는 이날 많은 사람의 애도 속에 용정 남쪽 10리 되는 허청리의 양지바른 언덕에 안장되었다. 이후 북간도에서는 4월 말까지 47차의 항일 집회와 시위가 있었다.

이때 중국 정부는 명동학교를 "불령한 사상을 가진 자들의 소굴'로 규정하였고", 명동촌에 주둔 중인 중국 군인들은 학생들의 명동학교 출입을 통제하였다. 얼마 뒤 학교는 다시 문을 열었지만, 이번에는 일제에 의해 탄압받았다.

1920년에 접어들면서 간도의 독립군 단체는 국내 진입 작전을 계획하고 본격적인 무장투쟁을 전개하였다. 독립군은 두만강 혹은 압록강을 건너 함경도와 평안북도에 위치한 일본 헌병감시소·주재소 등을 공격하여 큰 타격을 주었다. 이에 일제는 1920년 5월 대대적인 독립군 토벌 작전 계획을 세웠다. 최진동·홍범도·안무 등이 이끄는 독립군은 연합하여 이에 대비하였는데, 그해 6월경 일본군 월강추격대대가 두만강을 건넜다. 하지만 이들은 독립군의 유인작전에 말려 봉오동 골짜기에서 패퇴하였다.

그 뒤 일본군은 1920년 8월 '간도지방 불령선인 초토화 계획'을 수립하고 1만 8,000여 명의 군대를 동원하여 간도를 침략해 들어왔다. 이러한 정보를 입수한 독립군은 연합하여 이에 대비하였고, 화룡현 청산리, 백운평, 천수평, 완루구 등지에서 10여 회에 걸친 전투 끝에 독립군은 대승을 거뒀다. 두 번에 걸쳐 대패한 일본군은 간도 지역 한인들에게 무차별적인 보복을 가하였고, 이로 인해 '경신참변'이라 불리는 대규모 학살이 발생했다. 1920년 10월과 11월에 걸친 학살에 무려 3,693명이 희생되었고, 가옥 3,288채, 학교 41개교, 교회 16곳이 소실되었다.

용정 영국더기 내의 제창병원 원장 마틴(Stanly F.Martin)[한국명 규심발(閨心潑) 박사] 견문기에는 1920년 10월 30일에 일어난 장암동 사건을 상세히 기록해 놨다. 영국더기는 용정 안의 '작은 영국 땅', 즉 당시 중국에서 활동하던 외세 열강들의 영향이 미치지 못했던 '영국 조계지'를 의미한다.

"날이 밝아오자 무장한 일본 보병들은 예수촌을 빈틈없이 포위하고 골짜기에 높이 쌓아놓은 낟가리에 불을 질렀다. 이후 모든 촌민들을 밖으로 나오게 호령하고는 나오는 사람마다 아버지고 아들이고 헤아리지 않고 눈에 띄면 마구 총을 쏴 죽였다. 아직 숨이 붙어 있는 부상자도 관계치 않고 그저 총에 맞아 쓰러진 사람은 모두 마른 짚을 덮고는 식별할 수 없을 정도로 불태웠다. 어머니와 처자들은 마을 청년 남자 모두가 처형당하는 것을 강제로 지켜봐야 했다. 가옥은 전부 불에 타 마을은 연기로 뒤덮였는데, 연기는 용정촌에서도 보였다. (중략) 마을에서 불은 36시간이 지나서도 계속 타고 있었고 사람이 타는 냄새도 나고 집이 무너지는 소리도 들렸다. (중략) 알몸의 젖먹이를 업은 여인이 새 무덤 앞에서 구슬프게 울고 있었다. (중략) 큰 나무 아래의 교회당은 재만 남고 두 채로 지은 학교도 같은 운명이 되었다. 새로 만든 무덤을 세어 보니 31개였다. (중략) 다른 두 마을을 방문했다. 불탄 집 19채와 무덤과 시체 36구를 목격했다."

1920년 10월 명동학교도 큰 피해를 입었다. 김정규 장로가 교장으로 있을 때다. 당시 교장 김약연은 1919년 러시아 연해주 니콜리스크에서 귀환하자마자 중국 당국에 의해 투옥되는 바람에 김정규가 그 자리를 대신했다. 일본군이 명동촌에도 들이닥쳤지만, 다행히 인명 피해는 없었다. 그런데 일본군은 명동학교에 숨겨진 장총 2백여 정을 발견했다며 학교를 불태워 버렸다. 학교를 신축한 지 2년 6개월밖에 안된 때였다.

명동학교가 전소되어 학생들은 당분간 명동교회에서 배워야 했다. 얼마 뒤 김정규 교장은 빚을 내서 공터가 된 운동장에 목조건물을 지어 교사로 사용하였다.

용정 3.13기념사업회가 세운 '장암동참안유지' 비석과 묘소

이후 1921년 감옥에 갇힌 지 3년 만에 풀려난 김약연은 먼저 학교 재건에 힘을 쏟았다. 이때 그는 일본인 히다카 헤이고로(日高丙子郞)를 찾아갔다.

히다카는 1906년 러일전쟁 후 일본군 참모본부 촉탁으로 철령군정서(鐵嶺軍政署)에 배속되어 간도에 첫발을 디뎠다. 그는 1907년 봄 간도 중화공사(中和公司)의 천보산(天寶山) 광산 주임으로 활약하기도 했다. 천보산은 은광으로 유명한 곳이었는데, 훈춘초간국장(琿春招墾局長) 겸 광무국 총판(總辦)을 지낸 정광제(程光弟)와 일본인 나카노 지로(中野二郞)가 공동 경영하였다. 히다카는 1910년 8월 경술국치 이후, 간도 한인을 통제하고자 용정에 들어와 친일파 이용구가 세운 시천교(侍天敎) 순회위원(巡回委員)으로 활동하였다.

시천교는 본래 일진회에 소속된 동학의 일종으로 러일전쟁 때 소위 북진군 수송대(北進軍輸送隊)에 참가하거나 첩보 활동 등 일본군에 적극적으로 협조하였다.

전쟁이 끝난 뒤, 시천교도 일부가 간도에 흘러들어왔다. 1907년 8월 일제가 간도에 통감부임시간도파출소와 헌병 분견소(分遣所)를 설치하였는데, 이를 기회로 시천교는 교세를 확장하였다. 하지만 1909년 9월 청일 간에 '간도협약'이 체결되면서 통감부간도임시파출소가 철수하고 영토 사법권이 완전히 청나라에 귀속되면서 교세는 날로 떨어졌다. 더욱이 1911년 5월 간도 시천 교회가 소실되면서 시천교는 큰 타격을 받아 점차 유명무실한 종교 단체로 전락했다.

히다카는 1911년 용정에 일본 간도총영사관 보호를 받는 간도조선인회를 설립하였으며, 그해 5월 용정에 큰불이 났을 때 구제회를 조직하여 이재민을 구제하면서 한인들과도 유대감을 쌓아나갔다. 이 무렵 히다카는 사이토 총독에게 한인을 간도로 보내 미개척지를 개척하도록 하여 이상향을 건설하자고 설득했고 사이토 총독이 이를 받아들였다.

히다카는 1920년 일본군의 간도대학살 당시에 독립군의 일본군 귀순 공작을 펼쳤으며, 1921년 10월 일본인·한인·중국인 등으로 친일단체 광명회(光明會)를 설립하고, 1922년 2월 광명어학교를 개설하여 한인과 일본인에게 일본어와 중국어를 가르쳤다. 특히 그는 1924년 재정난을 겪고 있던 영신학교를 인수하여 광명중학교와 광명여자중학교로 개칭, 운영하였다. 히다카는 해방 직후 장춘에서 타살되었다.

통감부간도임시파출소 전경(1908.10. 준공)

송몽규·윤동주, 재건한 명동학교에 입학하다.

김약연은 히다카를 찾아가서 일본군이 불태운 명동학교 교사의 원상 복구를 요구하였다. 히다카는 그 조건으로 명동학교 정규 과목에 일본어 개설을 요구하였다. 김약연은 어쩔 수 없이 이를 수용하였다. 그 뒤 명동학교 교사는 1922년 3월 착공하여, 1923년 6월 벽돌 교사가 준공되었고, 1923년 3월 착공한 목제 강당 건물 4채는 그해 6월에 완공되었다.

그러나 명동학교 위상은 예전만 못했다. 1920년 캐나다 선교부가 교통 요지인 용정에 은진중학교·명신여학교를 세우는가 하면, 예전부터 용정에 있던 영신학교·동흥학교·대성학교 등이 성장하여 용정이 신교육의 중심지가 되면서 그곳으로 유학생들이 몰려갔기 때문이다. 더욱이 1924년 대흉년에 경제 사정이 악화하여 명동학교는 새로운 길을 모색해야만 했다. 결국 1925년 명동학교 중학부는 폐교되어 은진중학교에 넘어갔고, 소학교만 남게 되었다.

문재린과 김신묵

이 무렵 1925년 4월 송몽규·윤동주·문익환(文益煥, 1918~1994)·김정우·윤영선 등이 명동학교 소학교에 입학하였다. 문익환은 문재린의 아들로 송몽규·윤동주보다 한 해 늦은 1918년 4월에 태어났다. 문재린이 1911년 4월 결혼 후 7년 만에 문익환을 얻었다. 그토록 오랜 시간이 걸린 것은 문재린이 비교적 어린 16살에 결혼한 것도 있었지만, 그가 1914년 명동학교 중학교를 졸업하고 북경에서 유학했기 때문이기도 했다.

문재린은 북경에서 활동하던 독립운동가 김규식(金奎植, 1881~1950)의 주선으로 산동성 청도(靑島)의 독일계 기술전문학교 의학부에서 의술을 공부하게 되었지만, 얼마 안 돼서 폐교하는 바람에 다시 북경에 올라와 국립고등사범학교 단급과에 입학하였다. 그는 1917년 졸업 후에 고향으로 돌아왔다.

그러는 사이에 김신묵은 명동여학교 3학년에 입학하여 1914년 1회로 졸업하였고, 이후 유학 간 남편을 대신해 홀로된 시할머니와 시어머니를 모셨고, 용정의 배신여자성경학원에 다니며 성경을 공부하였다.

김정우는 김약연의 사촌 동생 김학연의 아들로 윤동주와는 고종사촌 간으로 그보다는 한 살 어렸다. 윤영선은 윤동주의 당숙 윤영춘(尹永春, 1912~1978)의 사촌 동생이다. 윤영춘은 명동학교 졸업 후 일본에 유학하여 도쿄 명치중학, 일본대학을 거쳐 미국 프린스턴대학교 대학원을 졸업하였다. 이후 그는 중국으로 건너가 기자로 활동하다가 다시 일본으로 와서 모교인 명치학원에서 교편을 잡았다. 당질인 윤동주가 교토에서 체포될 무렵 도쿄에서 사상 불온으로 그 역시 검거되어 옥고를 치르기도 하였다.

이들 다섯 명은 8~9살이 되어 명동소학교 1학년에 들어갔는데, 윤동주는 성품이 아주 순했고 잘 울었던 반면에 송몽규는 말 잘하고 엉뚱한 면이 있었다고 한다. 둘은 늘 한 책상에 나란히 앉았다. 그들은 다섯 살까지 같은 집에서 살았기에 늘 붙어 다녔으니 그럴 만도 했다. 이들은 『솟는 샘』이란 등사본 책으로 한글을 배웠다. "'가'자에 'ㄱ'(기역)하면 '각'하고, '가'자에 'ㄴ'(니은)하면 "간'하여…"라며 천자문을 외듯이 머리를 앞뒤로 저어가면서 암송하였다고 한다. 문익환은 소학교 시절을 다음과 같이 회고하였다.

> 동주와 내가 졸업하던 1931년까지 명동학교는 (그때는 소학교뿐이었음) 행사 때마다 태극기를 걸고 애국가를 불렀다. 학과목 가운데서 가장 중요한 과목이 한국사였다는 것은 더 말할 나위도 없다. 작문 시간에는 어떤 제목이 나오든 조선 독립으로 결론을 끌고 가지 않으면 제대로 점수를 못 받았을 정도였다. 망국의 울분을 짓씹으면서도 우리는 조국의 품 안에 안겨있는 느낌이었다(문익환, 「하늘·바람·별의 詩人 尹東柱 3」, 《월간중앙》 1976년 4월, 306쪽).

1928년 4월 장재촌 규암재 앞마당에서 찍은 김약연 회갑 기념사진(맨 오른쪽 김약연, 그 왼쪽으로 맏딸 김인순, 부인 안연, 세 사람 건너 명동학교 국어 교사 박태환)

그러던 1928년 무렵, 그들이 4학년에 재학할 당시 사회주의 사상이 명동에까지 미쳤다. 이에 영향을 받은 명동학교 재학생과 졸업생들의 격렬한 반대와 사회 여론에 못 버티고 김약연은 교장직을 사임해야만 했다. 이후 김약연은 용정 시내로 이사를 가버렸고, 1929년 61세의 나이에 평양신학교에 입학하여 1년간 수학한 다음 1930년 명동교회 목사로 돌아왔다.

한편, 1929년 봄, 송몽규 부친 송창희는 교회 학교를 인민학교로 전환해야 한다고 주장했다. 당시 명동학교 첫 수업은 예배를 드리는 것으로 시작하였는데, 이를 반대한 것이다. 송몽규 역시 아버지를 따라 고작 12살 나이에 이를 지지하는 연설을 하고 다녔다.

이후 명동학교는 '인민학교'로 전환하였지만, 1929년 9월 중국 정부의 행정조치로 말미암아 사립학교였던 명동학교는 현립 학교에 강제 편입되었다. 당시 일제가 간도의 한인도 일본 신민(新民)이라 하고, 명동학교를 '자국민 경영의 학교'라며 이에 관여하려는 움직임을 보였기 때문이다. 이로써 명동학교와 명동교회는 분리되었다. 이와 관련하여 김신묵이 남긴 『문재린 김신묵 회고록』에는 다음과 같이 기술되어 있다.

> "경신년 토벌 뒤에 일본의 탄압이 더 심해지자, 젊은이들은 교회나 교육 운동만으로는 한계를 느끼고 공산당에 합류한 것이다. (중략) 똑똑한 젊은이들이 다 공산주의자가 되어서 야단을 했다. 어린 학생들도 나섰는데 한범이(송창희의 아들인 송몽규)가 어른들 앞에서 연설을 하기도 했다. (중략)
> 그 일로 학교 이사회가 여러 차례 모이게 되었다. 전영헌 갑장(이장), 윤갑제 갑장, 송창희, 박기주 등이 주동이 되어 학교를 교회에서 분리해 인민학교로 만들어야 한다고 우겼다. (중략) 국내에서도 교회와 학교의 재단을 분리해야 문제가 없다는 얘기가 들려왔다. 그래서 결국 교회 땅을 뺀 학교 땅은 모두 공산주의자들에게 넘겨주게 되었다.

이렇게 해서 1908년에 시작된 명동학교는 1929년에 사실상 문을 닫고 말았다. 우리는 모두 큰 충격을 받았고, 김약연 선생은 하도 애가 타서 똥을 누지 못해 똥을 파내야 할 정도였다. 나중에 김약연 목사는, 문재린만 있어도 싸워 보겠는데, 싸워봐야 맡길 젊은이가 없다고 한탄하셨다 한다(문재린·김신묵, 「기린갑이와 고만녜의 꿈 : 문재린 김신묵 회고록」, 삼인, 2006, 467~470쪽)."

송몽규·윤동주, 문학소년을 꿈꾸다.

명동학교가 현립 학교로 전환된 이후에도 학생들은 민족운동에 앞장섰다. 1929년 11월 광주학생운동의 영향으로 1930년 1월 북간도 학생들은 시위에 나섰는데, 이때 명동학교 학생들도 시위를 벌이다가 경찰에 체포당하였다.

한편, 1929년 4학년이었던 송몽규는 서울의 월간잡지 〈어린이〉를, 윤동주는 〈아이 생활〉을 구독하였다. 동네 아이들은 이 잡지를 돌려가며 읽었다. 이를 통해 그들은 '문학'이라는 것을 동경하기 시작하였다. 이때 담임이었던 한준명(1907~1999) 선생이 일어를 가르쳤는데, 학생들은 이를 배우는 것을 수치스럽게 여겨 '일(日)본말'이라 하지 않고 이를 얕잡아 '왈(日)본말'이라 했다. 이때 문익환은 일본어 시험 점수가 너무 나빠 한준명 선생에게 크게 꾸지람을 받았다고 한다.

1929년 5월 어린이날 특집 기념호로 발간된 잡지 〈어린이〉의 표지(왼쪽), 1930년 11월호 〈아이생활〉(사진 현담문고)(오른쪽)

| 1부 | 송몽규 · 윤동주, 삶

명동학교 창립 제21주년 기념 촬영(1929.4.27.) 건물은 1923년 신축한 명동학교 건물

한준명은 대구 출신으로 경주에서 유년 시절을 보냈고, 1919년 3.1운동 이후 간도로 망명하였다. 부친은 한의사로 대구 장로교회 신자였고 구세군 대구영문의 개척자였다. 한준명은 명동학교를 거쳐 용정 은진중학교에 진학하였다. 그는 1926년부터 1930년 연말 원산으로 떠날 때까지 명동학교 교사로 재직하였다. 그는 명동학교가 공산주의자들의 손에 넘어가는 것을 막아보려고 했지만, 그들에게 생명의 위협을 받자, 원산으로 떠나간 것이다.

1930년 5학년 때 송몽규와 윤동주 등은 한준명 선생의 도움을 받아 〈새명동〉이란 등사판 문예지를 제작했다. 활달했던 송몽규가 이를 주도하고 윤동주는 도와주는 식이었다. 성탄절이면 선생님을 모시고 연극을 하곤 했는데, 그런 때면 송몽규는 또래들에게 '이래라, 저래라' 배역을 정해주곤 했다. 부끄럼 잘 타고 조용하던 윤동주와 달리 송몽규는 활달하고 대범하였다. 하지만 서로는 장단점을 포옹하면서 어릴 적부터 삶과 문학을 같이 했다.

 그런데 1930년 간도는 공산주의의 열풍에 몸살을 앓던 때였다. 1927년 10월 제1차, 1928년 9월 제2차, 1930년 3월 제3차 간도 조선공산당 사건이 일어났고, 1930년 5월에는 소위 '간도 5.30폭동'이 발생했다. 간도 조선공산당 사건이란, 일제가 만주에서 활동하던 많은 한인 공산주의 운동가를 검거한 사건을 말한다. 이로써 간도 지역의 공산주의 독립운동가들이 많은 타격을 입었고 일제의 만행을 폭로하려는 시위는 번번이 무산되었다.

 그간의 상황을 살펴보면 다음과 같다. 1930년 5월 1일, 노동절을 맞아 용정의 400여 명 노동자들이 동맹파업을 단행하였고 반일 시위를 전개하였다. 그해 5월 6일에는 대성학교·동흥학교·은진학교 등의 중학생들이 휴학을 단행하고, 중국공산당의 명의로 중국어와 한글로 작성된 선전문을 배포하였다. 3주 후인 5월 29일에는 화룡현 3도구의 한인 농민들이 일제 기관과 조선인거류민회 등에 불을 지르고 삐라를 뿌렸다.

 이것이 불씨가 되어 1930년 5월 30일 밤, 용정에서 100여 명의 민중이 도끼·몽둥이·석유 등을 들고 전기회사에 쳐들어가 전기 시설을 파괴하여 용정 등지는 삽시에 암흑세계로 변했다. 또 다른 시위 군중들은 전화선을 절단하여 외부로부터 모든 통신을 차단하는가 하면, 용정 곳곳에 방화하였으며, 동양척식회사 간도출장소 사무실에 폭탄을 던지기도 하였다. 이렇듯 시위가 격렬하게 전개되자, 일제는 용정을 '불온'한 공간으로 인식하였다. 이후 중국 경찰들이 명동촌에 배치되었고, 이들은 총을 들고 학교를 통제하였다.

 이 무렵 일제의 압력을 받은 중국 당국은 북간도 지역의 상징적 학교였던 명동학교를 폐쇄하려 하였고, 이를 관할하던 화룡현 교육국은 1930년 4월 30일 명동학교를 봉쇄하였다. 이에 명동학교가 폐교될 지도 모른다는 위기를 느낀 학생들

| 1부 | 송몽규·윤동주, 삶

송몽규·윤동주 명동학교 제17회 졸업사진(1931.3.20.) 가운데 줄 오른쪽 끝 윤동주. 세 번째 송몽규. 앞줄 왼쪽 끝 문익환, 오른쪽 끝 김정우, 맨 뒷줄 오른쪽 두 번째가 교사 윤영춘(연세대학교윤동주기념관)

및 지역 대표들이 거세게 항의하여 결국 5개월이 지난 9월 7일에서야 다시 교문을 열었다. 어수선한 분위기 속에서 한준명 선생은 1930년 12월 명동을 떠났다.

이런 상황에서 윤동주·송몽규 등은 동급생 14명과 함께 입학한 지 6년이 지난 1931년 3월 명동학교를 졸업하였다. 이날 졸업생들은 졸업 선물로 김동환의 『국경의 밤』을 받았는데 윤동주는 이를 열심히 읽었다. 『국경의 밤』은 1925년 3월 초판이 발행되었고, 인기가 높아 그해 11월 재판을 찍었다. 이 책에는 〈국경의 밤〉, 〈봄이 오면〉, 〈웃은 죄〉 외에 그의 대표적인 시 69편이 실려 있다. 그 중에 〈국경의 밤〉은 우리나라 최초의 근대 서사시로 평가받고 있다.

졸업 후 송몽규·윤동주·김정우 등은 화룡현 대랍자(大拉子)에 있는 한족 관립학교 제1소학교에 6학년으로 편입하였다. 대랍자는 "두 산이 한 골짜기를 끼고 있다"라는 뜻을 가지고 있다. 이들이 관립소학교에 편입된 것은 명동학교는 5년제였기에 중학교에 입학하기 위해서는 6년제 학교를 졸업해야 했기 때문이다. 이들과 달리 문익환은 용정 해성소학교에 전학했다. 그의 집안이 1931년 초에 명동을 떠나 용정으로 옮겨갔기 때문이다.

송몽규와 윤동주 등은 10여 리나 되는 산길을 매일 함께 걸었다. 윤동주는 당시의 경험을

『국경의 밤』 초판본(1925.3)

〈별 헤는 밤〉에서 "(…) 어머님, 나는 별 하나에 아름다운 말 한마디씩 불러 봅니다. 소학교 때 책상을 같이 했던 아이들의 이름과, 패, 경, 옥, 이런 이국 소녀들의 이름과, 벌써 아기 어머니 된 계집애들의 이름과 …."라며 당시를 회상했다.

이들이 관립소학교 재학 중인 1931년 9월 만주사변이 터졌다. 일본 관동군이 만주를 침공한 것이다. 이곳은 일제가 1932년 1월 만주 전역을 점령할 때까지 4개월 동안 전쟁터였다. 이러한 혼란을 틈타 무장단의 출몰이 잦았다. 이때 윤동주 조부 윤하현은 1931년 늦가을 농토와 집을 소작인에게 맡기고 식구들을 이끌고 용정으로 이사했다. 용정은 한인들이 집중적으로 모여 사는 도회지였다. 이후 윤동주 부친 윤양석은 인쇄를 운영하며 도회지의 새로운 삶을 시작하였지만, 얼마 가지 못했고 이후에 포목점·양계업 등 다른 사업에도 손을 댔으나 번번이 실패하였다.

| 1부 | 송몽규·윤동주, 삶

은진중학교 전경

제창병원

송몽규·윤동주, 은진중학교에 진학하다.

1932년 4월 윤동주와 송몽규는 은진중학교에 진학하였는데, 이때 다시 문익환을 만났다. 만주국이 수립된 지 한 달이 지난 뒤였다. 당시 용정에는 동흥학교·광명학교·대성학교 등 5년제 중학교가 있었지만, 그들은 개신교 계통의 4년제 은진중학교를 택했다. 그들이 왜 6년제 소학교를 졸업하고도 5년제가 아닌 4년제 중학교를 택했는지는 알 수 없다. 당시에는 4년제 중학교를 졸업하면 전문학교나 대학 진학 자격이 주어지지 않았다.

은진중학교는 1920년 2월 캐나다 장로파 선교사 푸트(W.R. Foote, 富斗一, 1869~1930)가 간도 용정에 설립한 기독교계 사립 중학교였다. 선교사들이 용정을 찾은 것은 1913년이었다. 맨 처음 이곳에 온 선교사 아치벌드 바커(A. H. Barker; 한국명: 박걸)는 1913년 6월 용정 선교지부를 설립하고, 용정 중앙교회와 동산교회를 세웠으며, 1914년에는 용천동 동산에 제창병원(濟昌病院)을 설립했다. 제창병원은 북간도의 1919년 3.13운동 당시 부상자를 치료한 곳이기도 하다. 그 뒤 용

제창병원이 현재 '대륙동산가원' 입구에 있었다고 증언하는 용정 거주 이광평 선생

정을 찾은 푸트는 선교활동을 한층 확장하고자, 1919년 하반기부터 중학교 설립 활동을 벌였고 이에 은진중학교가 문을 열었다. '은진(恩眞)'은 '하느님의 은혜로 진리를 배운다'라는 뜻에서 지어진 이름이다.

은진중학교는 명신여학교와 함께 언덕 위에 자리하였다. 용정 동산(東山) 일대의 1만여 평 부지에 600평 규모의 본관, 150여 평의 기숙사, 400평의 강당을 갖추고 있었다. 본관은 벽돌 건물인데 스팀 보일러로 난방을 할 정도로 교육 여건이 남달랐다. 주변에는 제창병원과 선교사 집 네 채가 있었다. 용정의 용두레마을에서 동남쪽의 언덕이었는데, 이를 영국더기라 불렀다. 영국더기는 용정 안의 '작은 영국 땅'이란 뜻이다.

이곳은 1932년 만주국 설립 이전까지는 치외법권 구역이었기에 한인들은 일본 경찰이나 중국 관헌들의 간섭으로부터 비교적 자유로웠다. 학교에는 태극기가 내걸렸고 애국가도 맘껏 불렀다.

1920년 가을, 일제의 간도대학살 당시 명동학교·정동학교·북일학교 등이 잿더미가 되자, 이들 학교의 학생들은 은진중학교로 모여들었다. 또한 훈춘·화룡·연길·황청 등지의 장로파 교회 소학교 졸업생도 이곳으로 몰려와 재학생이 150여 명에 달했다.

그런데 1923년 3월부터 은진중학교는 5년제 중학교에서 상급학교에 진학하지 못하는 4년제로 바뀌면서 입학생 수가 크게 줄어들었다. 일제는 1920년 3월 '사립학교 규칙'을 개정하여 종래 각급 정규학교 규칙에 규정된 이외의 교과 과정을 부가하지 못하도록 하는 조항을 없애고, 교육과 종교의 절대 분리주의를 완화하는 대신에 수신과 일본어를 필수 교과목으로 넣는 조건부로 성경과목을 가르칠 수 있도록 하였다. 하지만, 1922년 2월 일제가 제2차 조선교육령을 공포하고 조선총독부가 편찬한 교과서만 사용토록 하자, 이를 거부한 은진중학교를 비롯한 장로교 계통의 학교는 갑종 혹은 잡종학교로 분류하여 4년제 학교로 전락하였다. 1926년에는 은진중학교에도 조선공산당 지부가 조직되면서 반종교 투쟁이 일어나 예배와 성경 수업을 반대하는 움직임이 나타났다. 이렇듯 교내에서 잦은 충돌이 일어나자, 1927년 4월 150여 명의 학생이 퇴학하기도 하였다.

더욱이 1927년 10월 제1차 간도공산당 사건 당시 용정 일본 총영사관이 대성중학교와 동흥중학교 교원 박재하·임계학 등을 체포하면서 혼란은 더욱 가중되었다. 조선공산당 만주총국 동만국은 즉각 반발하며 체포된 교원들을 구출하고자 수백 명의 학생들과 시위 행진하였다. 학생들은 붉은 기를 들고 삐라 뿌리며 "일본 제국주의를 타도하자!"라며 외쳤다. 일제 경찰들은 중국 지방 군경들과 함께 조선공산당 만주총국 책임비서 등 100여 명을 체포하였다. 이후 일제는 1930년 2월까지 모두 3차에 걸쳐 일제가 간도에서 활동하던 공산주의 운동가들을 검거하였다. 은진중학교는 뒤숭숭하였고 결국 1932년 제10회 졸업생은 단 2명뿐이었다.

이러한 상황에서 1932년 4월 송몽규·윤동주·문익환 등은 은진중학교에 입학하였다. 그 무렵 윤동주 집은 용정으로 이사했다. 주소는 용정가 제2구 1동 36호였는데, 20평 정도의 작은 초가집이었다. 명동촌 집에 비해 훨씬 작은 집이었다. 이곳에서 조부모, 부모, 윤동주 3남매뿐 아니라 송몽규를 포함한 8명이 함께 살았다. 윤동주 가족은 이 집에서 1939년 가을까지 거처했는데, 윤동주는 그 기간 내에 90여 편의 시를 지었다.

당시 문익환의 부친 문재린은 용정 중앙교회서 목사로 활동하면서 은진중학교에서 성경 과목을 가르쳤다. 중앙교회는 1907년경 장로교·감리교 교인들이 연합하여 설립되었는데, 장로교 선교구역에 편입된 이후 간도 지역 종교활동은 물론 민족운동·계몽운동의 중심기관으로 변모하였다. 교인들은 1910년 조직된 간민교육회에도 적극 참여했고, 1919년 3·1운동을 주도했으며, 구춘선·박무림 등은 북간도의 민족운동을 이끌었다.

문재린은 1930년대를 학교 상황에 대해서, "청년치고 공산당에 관여하지 않고는 출세를 못 할 정도였다. 기독교 학교인 은진중학교 학생들도 공산주의 서적을 학교 교과서보다 열심히 읽는 판이었다."라며 당시 분위기를 회고하였다.

해방 후 은진중학교 자리에는 1946년 9월 용정제4중학교가 들어섰다. 현재 학교 운동장 한쪽에 1998년 9월 7일 용정 은진중학동문회가 세운 표지석이 세워져 있다.

송몽규가 은진중학교에 다닐 때도 부친 송창희는 여전히 명동에 남아 있었다. 이후 송창희는 7도구 소학교 교장으로 재직하였고, 송몽규가 연희전문 재학 중에는 명동촌을 떠나 대랍자촌으로 이주하여 촌장을 지냈다. 그는 평생 일본어를 배우지도, 쓰지도 않았다고 한다. 이는 그 나름의 일제에 저항이었다.

1998년 9월 길림성립용정제4중학교 내에 은진중학동문회가 세운 '은진중학교 구지' 표지석

은진중학교 터에 세워진 용정시 제4중학교 정문

윤동주·송몽규가 은진중학교에 입학할 당시는 만주국 시기였던 만큼 교과서는 전부 일본어로 된 것이었다. 이처럼 암울한 시기였지만, 윤동주는 명동학교 시절과 달리 활동적인 모습을 보였다. 축구 선수로 뛰기도 하고, 교내 잡지를 만든다고 밤늦게까지 등사 글씨를 쓰곤 했다. 혼자 재봉틀을 이용하여 기성복을 맵시 있게 고쳐 유행하던 나팔바지를 만들어 입기도 하였다. 그는 학교 축구부원들의 유니폼에 번호표를 직접 재봉틀로 달 정도로 솜씨가 있었다고 한다.

송몽규, 동아일보 신춘 문예 '콩트' 부문에서 뽑히다.

1933년 윤동주는 2학년 때 교내 웅변대회에 참가하여 〈땀 한 방울〉이란 제목으로 3등을 차지하였다. 그는 절구통 위에 궤짝을 올려놓고 웅변 연습을 하곤 했다. 당시 1등은 〈주먹〉으로 웅변한 강원룡(姜元龍, 1917~2006)이 차지하였다. 강원룡은 함남 이원군 남동면 원평리 출신으로 1932년 용정촌으로 이주하여 은진중

1930년대 은진중학교 재학 시절 학생회를 주재하는 강원룡

학교에 입학했다. 윤동주는 부상으로 예수 그림 액자를 받았는데, 이는 집에 걸렸다.

송몽규는 3학년 때인 1934년 12월 동아일보 신춘 문예 작품 모집에 응모하였다. 송몽규는 아명이었던 송한범의 이름으로 〈숟가락〉이란 제목으로 콩트 부문에 당선되었다. 이때를 전후로 송몽규는 자신의 호를 '문해(文海)'라 짓고는 자신의 책에 '문해장서(文海藏書)'라는 도장을 새겼다. 윤동주의 유품 중 하나인 『철학사전』에 송몽규의 도장이 찍혀 있다.

숟가락

우리부부는 인제는 굶을 도리밖에 없엇다.

잡힐 것은 다 잡혀먹고 더잡힐 것조차 없엇다.

"아— 여보! 어디좀 나가 봐요!" 안해는 굶엇것마는 그래도 여자가 특유(特有)한 뾰루퉁한 소리로 고함을 지른다.

"……" 나는 다만 말없이 앉어 잇엇다. 안해는 말없이 앉어 눈만 껌벅이며 한숨만 쉬는 나를 이윽히 바라보더니 말할 나위도 없다는 듯이 얼골을 돌리고 또 눈물을 짜내기 시작한다. 나는 아닌게 아니라 가슴이 아펏다. 그러나 별 수 없었다.

둘 사이에는 다시 침묵이 흘럿다.

"아 여보 조흔수가 생겻소!" 얼마동안 말없이 앉어 잇다가 나는 문득 먼저 침묵을 때트렷다.

"뭐요? 조흔수?" 무슨 조흔수란 말에 귀가 띠엿는지 나를 돌아보며 부드러운 목소리로 대답을 한다.

"아니 저 우리 결혼할 때… 그 은술가락망이유"

"아니 여보 그래 그것마저 잡혀먹자는 말이요!" 내말이 끝나기도 무섭게 안해는 다시 표독스운소리로 말하며 또 다시 나를 흘겨본다.

사실 그 술가락을 잡히기도 어려웟다. 우리가 결혼할 때 저― 먼 외국(外國) 가잇는 내 안해의 아버지로부터 선물로 온 것이다. 그리고 그때 그 술가락과 함께 써보냇던 글을 나는 생각하여보앗다.

"너히들의 결혼을 축하한다. 머리가 히도록 잘 지나기를 바란다. 그리고 나는 이 술가락을 선물로 보낸다. 이것을 보내는 뜻은 너히가 가정을 이룬뒤에 이술로 쌀죽이라도 떠먹으며 굶지말라는 것이다. 만일 이술에 쌀죽도 띠우지 안흐면 내가 이것을 보내는 뜻은 어글어 지고 만다." 대개 이러한 뜻이엇다.

그러나 지금 쌀죽도 먹지 못하고 이 술가락마저 잡혀야만할 나의 신세를 생각할 때 하염없는 눈물이 흐를 뿐이다마는 굶은 나는 그런 것을 생각할 여유없이 "여보 어찌 하겟소 할 수 잇소" 나는 다시 무거운 입을 열고 힘없는 말로 안해를 다시 달래보앗다. 안해의 뺨으로 눈물이 굴러 떨어지고 잇다.

"굶으면 굶엇지 그것은 못해요." 안해는 목메인 소리로 말한다.

"아니 그래 어찌겟소. 곧 찾아내오면 그만이 아니오!" 나는 다시 안해의 동정을 살피며 부드러운 목소리로 말없이 풀이 죽어 앉어잇다. 이에 힘을 얻은 나는 다시 "여보 갖다 잡히기오 발리찾어내오면 되지 안겟소" 라고 말하엿다.

"글세 맘대로 해요" 안해는 할 수 없다는 듯이 힘없이 말하나 뺨으로 눈물이 더욱더 흘러내려오고잇다.

〈동아일보〉 1935년 1월 1일자, 「콩트 당선」

사실 우리는 우리의 전재산인 술가락을 잡히기에는 뼈가 아팟다.

그것이 운수저라 해서보다도 우리의 결혼을 심축하면서 멀리 ××로 망명한 안해의 아버지가 남긴 오직 한 예물이엇기 때문이다.

"자 이건 자네 것 이건 자네 안해 것–세상없어도 이것을 없애서 안되네" 이러케 쓰엿던 그 편지의 말이 오히려 지금도 눈에 선하다.

그런 숟가락이건만 내것만은 잡힌지가 벌서 여러달이다. 술치 뒤에에는 축(祝)지를 좀 크게 쓰고 그 아래는 나와 안해의 이름과 결혼 이라고 해서(楷書)로 똑똑히 쓰여잇다.

나는 그것을 잡혀 쌀, 나무, 고기, 반찬거리를 사들고 집에 돌아왓다.

안해는 말없이 쌀을 받어 밥을 짓기 시작한다. 밥은 가마에서 소리를 내며 끓고잇다. 구수한 밥내음새가 코를 찌른다. 그럴때마다 나는 위가 꿈틀거림을 느끼며 춤을 삼켯다.

밥은 다되엇다. 김이 뭉게뭉게 떠오르는 밥을 가운데노코 우리 두 부부는 맞우 앉엇다.

밥을 막먹으려던 안해는 나를 똑바로 쏘아본다.

"자, 먹읍시다." 미안해서 이러케 권해도 안해는 못들은체 하고는 나를 쏘아본다. 급기야 두 줄기 눈물이 천천이 안해의 볼을 흘러 나리엇다. 웨 저러고 잇을고? 생각하던 나는 「앗!」하고 외면하엿다. 밥 먹는데 무엇보다도 필요한 안해의 술가락이 없음을 그때서야 깨달앗던 까닭이다.

윤동주, 최초의 작품 '초 한 대' 등의 시를 짓다.

〈숟가락〉 콩트가 중앙 일간지에 실린 것은 송몽규가 문단에 등용한 것이나 마찬가지였다. 이에 자극을 받아서였는지, 윤동주는 1934년 12월 자신 최초의 작품인 〈초 한 대〉, 〈삶과 죽음〉, 〈내일은 없다〉 등의 시를 남겼다. 특히 〈초 한 대〉는 크리스마스 이브에 맞춰 지은 시다.

초 한 대

초 한 대—
내 방에 품긴 향내를 맡는다.

광명(光明)의 제단이 무너지기 전
나는 깨끗한 제물을 보았다.

염소의 갈비뼈 같은 그의 몸,
그의 생명인 심지(心志)까지
백옥 같은 눈물과 피를 흘려
불 살려 버린다.

그러고도 책상머리에 아롱거리며
선녀같은 촛불은 춤을 춘다.

매를 본 꿩이 도망하듯이
암흑이 창구멍으로 도망한
나의 방에 품긴
제물의 위대한 향내를 맛보노라(1934.12.24.)

문익환은 〈초 한 대〉에 대해 윤동주의 절절한 마음이 나타나 있다고 평가했다. 그는 일본 군국주의가 욱일승천하던 1934년 크리스마스 전날 밤에, '중학교 3학년이 이렇게나 역사를 달관했나?'라며 놀라워했다. 또 그는 "윤동주 시에 일관한 것은 빛의 승리였다. 어둠이 집채 같아도 팔랑이는 작은 촛불에 밀려나지 않을 수 없다는 것을 믿는 마음이었다. 매를 본 꿩처럼 도망칠 수밖에 없다는 것을 그는 믿었다"라며 자신의 소감을 남겼다.

1935년에 들어서면서 이들 셋은 4학년 진학을 앞두고 큰 고민에 빠졌다. 이 무렵 윤동주는 〈초 한 대〉 등의 시를 쓴 뒤 8개월 만인 1935년 1월 〈거리에서〉라는 시 한 편을 남겼다. 이때부터 그는 작품의 창작 시기를 기록하기 시작했다.

거리에서

달밤의 거리
광풍(狂風)이 휘날리는
북국(北國)의 거리
도시의 진주(眞珠)
전등 밑을 헤엄치는
조그만 인어(人魚) 나,
달과 전등에 비쳐
한 몸에 둘 셋의 그림자,
커졌다 작아졌다.

괴롬의 거리
회색(灰色) 빛 밤거리를
걷고 있는 이 마음
선풍(旋風)이 일고 있네
외로우면서도
한 갈피 두 갈피
피어나는 마음의 그림자,
푸른 공상(空想)이
높아졌다 낮아졌다. (1935.1.18.)

〈거리에서〉라는 시에서 윤동주는 어수선한 당시 상황 속에서 움츠러들기도 하지만, 안일한 자세를 버리고 거리의 광풍 속으로 뛰어드는 기개를 보여준다. 이는 자신의 앞길에 대한 불안한 내면세계를 보여주고 있다고 한다.

윤동주·문익환, 숭실중학교로 전학하다.

은진중학교 재학 중 윤동주·송몽규 등은 각자의 길을 걷게 되었다. 18년을 윤동주와 같이했던 송몽규는 1935년 4월 중국 관내로 떠나 중국 중앙군관학교 낙양분교 한인반에 들어가 독립군이 되고자 하였다. 그들이 3학년을 수료한 직후였다. 송몽규는 이를 몰래 추진하였는데, 친했던 문익환조차도 이를 잘 알지 못했다. 문익환은 단지 그가 북경으로 건너가 유학을 가는 정도로만 알고 있었다고 한다.

문익환은 1935년 4월 4학년 신학기가 시작할 무렵 5년제의 평양 숭실학교로

평양 숭실학교 재학 시절(앞줄 이영헌, 뒷줄 미상, 문익환, 윤동주)

평양 숭실중학교

숭실중학교는 당시 숭실전문학교와 같은 캠퍼스를 사용했다(왼쪽부터 본관,, 과학관, 숭실중학교. 도서관) (양구인문학박물관)

전학을 갔다. 당시 5년제 중학교들은 4학년까지만 편입생을 받아들였기 때문이다. 당시 4년제 중학교를 졸업한 뒤에는 5년제 중학교에 들어가기란 거의 불가능했다. 이에 그는 3학년을 수료한 때부터 4학년 첫 학기 수업이 시작하기 전에 5년제 학교로 편입해야 했다.

문익환이 찾은 평양은 부친과 삼촌이 유학한 곳이기도 하였다. 그곳은 19세기

후반부터 서양 선교사들이 찾기 시작하여 1893년에 북장로교 선교지부가 설치되었기에 '한국의 예루살렘'이라고 불렸다.

숭실학교는 1897년 미국 북 장로교 선교사 베어드가 평양에 설립한 기독계의 중등 교육기관이었다. 당시 한국인 교사는 한학자 박자중(朴子重)이 있었고 학생은 13명이었다. 실학의 실사구시 정신을 따라 '숭실(崇實)'로 학교 이름을 지은 것은 그였다. 당시 교과목은 성경·한문·수학·음악·체조 등이었다. 1906년 10월 대학부를 설치하고 중학부는 숭실중학교, 대학부는 합성숭실대학이라 명하였다.

그런데 한국이 일제의 식민지가 되면서 상황이 달라졌다. 일제는 사립 중학교가 고등보통학교(이하 고보)로 승격하기 위해서는 새롭게 인가를 받도록 했다. 더욱이 일제가 종교계 학교의 경우 교과 과정에서 성경 과목을 뺄 것을 요구하자, 숭실학교는 새롭게 인가를 받는 것을 포기하였다. 이에 숭실학교는 이른바 잡종(雜種) 중등학교 혹은 각종 학교(各種學校)로 전락하고 말았다. 그런데 문제는 일제가 전문학교 등의 상급학교 입학 자격을 고보 졸업생으로 규정하였기에 숭실학교 졸업생들은 상급학교에 진학하는 것은 원천적으로 불가능해졌다.

그나마 다행스러운 것은 1912년 합성숭실대학이 숭실대학으로 인가를 받았고, 1925년 일제의 「전문학교규칙」에 따라 4년제 문과만으로 편성된 숭실전문학교로 개편되었다는 점이다. 또한 1928년 5월 숭실중학교는 각종 학교에서 '지정학교'로 승격하고 5년제로 변경하여 이를 졸업한 학생들도 전문학교나 대학에 진학할 수 있게 되었다.

윤동주도 문익환과 함께 숭실중학교에 전학하고 싶었지만, 어른들의 반대로 그리되지 못했다. 윤동주는 1935년 4월 4학년 1학기를 마친 후에 숭실중학교로 전학을 시도하였지만, 편입 시험에 실패하였다. 당시 숭실중학교는 시험을 통해 편입생을 받아들였다. 윤동주는 생애 첫 불합격 통보를 받고는 큰 충격을 받았다.

그런데 집안사람들이 불합격한 것을 꾸짖는 바람에 윤동주는 매우 괴로운 시간을 보내야만 했다.

윤동주는 6개월을 기다렸다가 1935년 9월 신학기에 3학년으로 학년을 낮춰 편입하였다. 문익환이 한 학년 선배가 된 것이다. 당시는 3학기제로 운영되었는데, 1학기는 4~8월, 2학기는 9~12월, 3학기는 1~3월로 구분하였다. 윤동주는 누이동생 혜원에게 편지를 보내, "그들이 나를 제 학년에 넣어주지 않는다."라며 집안에 소식을 전했다. 숭실중학교에 편입한 윤동주는 이내 평양에서의 낯선 타지 생활과 학교 환경에 곧 적응해 나갔다.

윤동주가 평양과 고향 용정을 오가는 교통수단은 매우 불편했다. 용정에서 기차를 타고 개산툰(开山屯)을 거쳐 두만강을 건너면 함경북도 온성군 상삼봉(上三峰)에 이른다. 개산툰은 입구에 형제봉이 돌문처럼 서 있다고 하여 지어진 지명인데, 돌문을 지나면 광소, 광종, 선구 자동 등의 마을들이 나타난다. 이곳에 1923년 회령과 잇닿은 천보산 ⇆ 개산툰 경편철도가 개통되었고, 1934년 조양천역을 시발점으로 용정·동성용·팔도하를 지나 개산툰에서 두만강을 넘어 회령을 지나 청진항까지 이어지는 기찻길이 완공되었다. 윤동주는 이를 이용하여 원산까지 가서 경원선으로 갈아탄 뒤 서울에 도착해서는 다시 경의선으로 바꿔 타고 평양에 도착했다. 아주 긴 여정이었다.

숙식은 학교 기숙사에서 해결했는데, 그와 관련한 시가 〈식권〉이다.

식권(1936.3.20)
식권은 하루 세 끼를 준다.

식모는 젊은 아이들에게
한때 흰 그릇 셋을 준다.

1930년대 중반 국내 및 만주 철도 관광지도

대동강 물로 끓인 국
평안도 쌀로 지은 밥
조선의 매운 고추장

식권은 우리 배를 부르게.

윤동주는 숭실중학교에 7개월밖에 재학하지 않았지만, 모두 15편의 시를 썼다. 〈공상〉, 〈창공〉(1935.10), 〈남쪽하늘〉, 〈비둘기〉(1936.2), 〈이별〉, 〈식권〉, 〈모란봉에서〉, 〈황혼〉, 〈가슴 1〉, 〈종달새〉(1936.3) 등 시 10편, 〈조개껍질〉(1935.12), 〈고향집〉, 〈병아리〉, 〈오줌싸개 지도〉, 〈기왓장 내외〉 등 5편의 동시였다. 윤동주는 『정지용 시집』에 실린 동시를 읽고 동시를 썼다고 한다. 그 중 〈조개껍질〉은 그의 첫 동시인데 이를 소개하면 다음과 같다.

조개 껍질
-바다물소리 듣고 싶어-

아롱아롱 조개 껍대기
울 언니 바다가에서
주어온 조개 껍대기

여긴여긴 북쪽 나랴요
조개는 귀여운 선물
작난감 조개 껍대기

데굴데굴 굴리며 놀다
짝 잃은 조개 껍데기

한 짝을 그리워하네
아릉아릉 조개 껍대기
나처럼 그리워하네
물소리 바다물 소리

이 시는 윤동주가 문익환과 같이 숭실 YMCA 종교부가 운영하던 주일학교에서 봉사활동하며 지은 동시로 추측한다. 북쪽 나라에서 잃어버린 다른 짝을 그리워하는 조개 껍데기에 투사된 시인의 마음을 엿볼 수 있다

윤동주는 교내 학생회가 발행하던 교지 〈숭실활천(崇實活泉)〉(1935년 10월 발행)에 시 〈공상〉을 처음 발표했다. 편입한 지 1개월 만의 일이다. 또한 그는 교지 편집을 담당했던 지육부(智育部) 부원 이영헌의 추천으로 제15호 편집에 일정 부분 관여하기도 했다. 그만큼 윤동주가 숭실학교 생활에 잘 적응했음을 보여준다.

〈숭실화천〉 학술지 표지(1927년 제6호)

숭실학교 학생회는 교사의 지도나 간섭이 없이 자율적으로 운영되었다. 학생회 부서는 지육부·종교부·체육부·음악부·의사부(議事部)·사교부(社交部) 등 6개였다. 윤동주는 문익환을 따라 종교부에 가입하여 교회 주일학교 교사로 활동했다. 당시 숭실학교 학생들은 교회 출석은 물론 교회 봉사도 의무였기에 여름·겨울·봄 방학 때면 1달여 동안 지방의 교회 주일학교 교사로 봉사했다. 이때 상급 학년의 학생이 교장을 맡았는데, 윤동주는 1935년 12월부터 1월까지 문익환이

교장으로 있던 시기에 평양 대동강변의 봉수리(鳳岫里) 교회 주일학교 교사로 봉사활동을 펼쳤다.

그런데 1936년 3월, 윤동주가 3학년을 마칠 무렵 숭실학교 맥큔[윤산온] 교장이 일제가 강요한 신사참배를 거부하면서 해임, 추방되었다. 당시 일제는 1935년 12월 일본 왕 히로히토가 둘째 아들을 낳았다고 하여 평양 시내 모든 학교의 학생에게 이른바 '등불참배'을 강요하였다. 이에 학생 대부분은 황금동 약송(若松) 보통학교 앞에 모였는데, 숭실학교 학생들도 이에 동참하였다.

그곳에 모인 학생들은 모란봉 산정 부근에 1911년에 지어진 평양 신사에 가기 위해 가파른 돌계단을 한참 올라갔다. 숭실학교 학생들은 대열에서 맨 마지막으로 올라갔는데, 중간쯤 갔을 때 당시 5학년 학생장이자 YMCA 회장이었던 임인식(林仁植)이 갑자기 "제자리 서, 뒤로 돌아"라고 고함쳤다. 이에 학생들은 "와" 하는 함성과 함께 모두 돌계단 뛰어 내려왔다.

이 일이 있고 난 뒤 1936년 1월 20일 맥큔 교장이 파면됐다. 이런 소식을 접

평양신사

한 학생들은 그해 2월 초 겨울방학 중인데도 교정에 모여들었다. 새로 학생장이 된 유성복(劉聖福)의 인솔 하에 "교장을 내놓아라."라며 시위를 시작했다. 이에 일제 경찰이 출동하여 학교를 에워쌌다. 얼마 뒤 기마경찰도 도착했다. 학생들의 저항이 쉽게 가라앉지 않을 것으로 판단한 경찰은 학교 안으로 들어왔다. 수적으로 많았던 학생들이 경찰에 달려들면서 육박전이 벌어졌다. 이런 일이 있고 난 뒤에 숭실학교는 무기 휴교를 결정하였다. 이후 숭실학교는 1938년 3월 4일, 일제의 억압적인 통치와 강제적 신사참배에 반대하며 자진 폐교하였다. 맥큔은 연금에 가까운 감시를 받다가 그해 3월 21일 조선을 떠나갔다. 이 무렵 윤동주는 〈기왓장 내외〉라는 동시를 썼다.

기왓장 내외

비오는 날 저녁에 기왓장 내외
잃어버린 외아들 생각나선지
꼬부라진 잔등을 어루만지며
쭈룩쭈룩 구슬피 울음웁니다

대궐지붕 위에서 기왓장 내외
아름답던 옛날이 그리워선지
주름잡힌 얼굴을 어루만지며
물끄러미 하늘만 쳐다봅니다.

이 시는 서로 나란히 포개 있는 암키와와 수키와를 아들을 잃어버린 노인 부부로 의인화하여 쓴 작품이다. 노인 부부는 아름답던 옛날을 그리워한다. 식민지 시대를 사는 청년의 암울한 시대 인식을 그러낸 것이 아닌가 한다.

윤동주·문익환, 숭실학교를 자퇴하고 광명학원 중학부에 입학하다.

윤동주와 문익환은 숭실학교가 폐교되기 전 1936년 2월 자퇴하고 용정으로 돌아갔다. 이들은 어쩔 수 없이 1936년 4월 히다카 헤이고로(日高丙子郞)가 운영하던 광명학원 중학부에 편입했다. 용정에는 남자 중학교로 광명을 포함하여 은진·대성·동흥 등 4개교가 있었지만, 이들 학교 중에서 5년제는 광명학원 중학교뿐이었기에 대학에 가기 위해서는 선택의 여지가 없었다. 윤동주는 4학년, 문익환은 5학년이었다.

문익환은 어떤 문제가 있어서였는지 알지 못하나, 광명학원 영어 교사 장래원이 보증을 서주어 편입학이 가능했다. 문익환은 광명중학교 편입학한 것에 대해서, "솥에서 뛰어 숯불에 내려앉은 격"이라 비유했던 만큼 내키지 않는 길이었다. 그도 그럴 것이 광명중학교에서는 모든 과목을 일본어로만 강의했다. 그래서였는지 윤동주의 성적은 중등학교 학창시절 중에서 제일 나빴다. 그 무렵 윤동주 조부 윤하현이 회갑을 맞아 용정 자택에서 잔치를 벌였다.

광명중학교 재학 시절 조부 윤하현 회갑연(1936.4.17.) 맨 뒷줄 두 번째 윤영석, 여섯 번째 윤동주.

|1부| 송몽규·윤동주, 삶

윤동주는 광명중학교에 편입한 지 두 달이 지나 〈이런 날〉(1936.6)이란 시를 지었다.

이런 날

사이좋은 정문(正門)의 두 돌기둥 끝에서
오색기(五色旗)와 태양기(太陽旗)가 춤을 추는 날
금[線]을 그은 지역의 아이들이 즐거워하다.

아이들에게 하루의 건조(乾燥)한 학과(學課)로
햇말간 권태(勸怠)가 깃들고
'모순(矛盾)' 두 자를 이해치 못하도록
머리가 단순하였구나.

이런 날에는
잃어버린 완고하던 형을
부르고 싶다.

당시는 만주국 시기였기에 학교 운동회 날에 침략자의 깃발인 오색기와 일장기가 휘날리는 가운데 조선인 아이들이 천민난만하게 즐거워하는 모습을 보고 〈이런 날〉이란 시에 자신의 느낌을 담은 것이다.

오색기는 1912년부터 1928년까지 사용되었던 중화민국 북양정부의 것을 바탕으로 노랑·빨강·파랑·하양·검정 색을 사용한 기이다. 그런데 당시 각 색깔이 상

만주국 오색기

75

징하는 민족이 달라졌다. 본래 빨강은 한족, 검정은 티베트족이었는데, 노랑 만주족, 빨강 일본, 파랑 한족(漢族), 하양 몽골족, 검정 한민족(韓民族) 등으로 바뀌었다. 오색기는 1933년 2월부터 사용되었는데, 5족이 협화하여 건국한 나라임을 의미하여 각기 다른 색으로 표현한 것이다.

윤동주는 운동회 때 남의 나라 국기가 날리는 날에 뛰어노는 조선인 아이들을 보면서 마냥 가슴이 먹먹했던 것 같다. 이런 아이들을 윤동주는 '모순' 두 자를 이해하지 못할 정도로 단순하다고 탄식했다. 그러면서 그는 완고하던 형, 송몽규를 그리워한 것으로 보인다. 당시 송몽규는 중국 제남의 일본 영사관경찰서에 체포되어 고초를 겪고 있었다. 물론 그러한 사실은 윤동주를 포함한 고향의 누구도 그런 사실을 알지 못했다.

광명중학교를 졸업하는 1938년 2월까지 윤동주는 재학 중에 많은 시를 썼다. 윤동주의 학적부를 보면, 모두 20과목을 수학하였는데, 그 중에 일본어 점수가 3학년 당시 평균 47점, 4학년 당시에는 평균 55점으로 가장 낮은 평균을 기록하였다.

재학 중에 윤동주는 시 27편, 동시 22편을 썼다. 그 중에서 윤동주는 '용주(龍舟)'라는 필명으로 〈병아리〉, 〈빗자루〉, 〈오줌싸개지도〉, 〈무얼먹고 사나〉, 〈거짓부리〉 등의 동시 5편을 중국 연길에서 발행되던 《카톨릭 소년》 어린이 잡지에 실었다. 또한 그는 세계문학전집(일본어판)과 한국인 작가의 소설과 시를 탐독했다. 특히 그는 1936년 1월 출간된 백석(1912~1996)의 시집 『사슴』이 100부밖에 찍지 않아 구할 수 없게 되자, 1937년 8월 학교 도서관에서 이를 베꼈다.

백석은 평안북도 정주 출신으로 오산고등보통학교 재학 중 선배 김소월을 동경하면서 시인의 꿈을 키웠다. 그는 1929년 졸업 후 1930년 《조선일보》 신년현상문예에 단편소설 「그 모(母)와 아들」이 당선되었을 뿐 아니라 춘해장학회(春海獎

| 1부 | 송몽규·윤동주, 삶

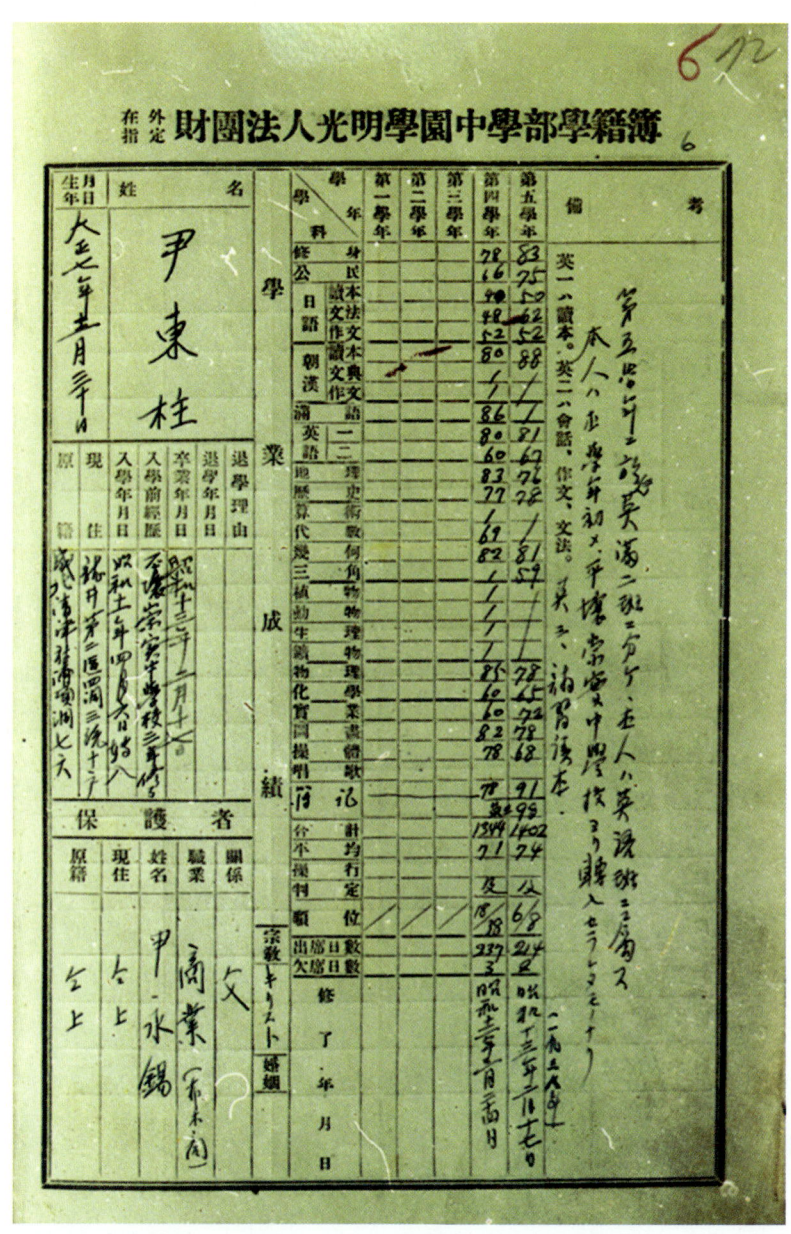

윤동주의 광명중학교 학적부

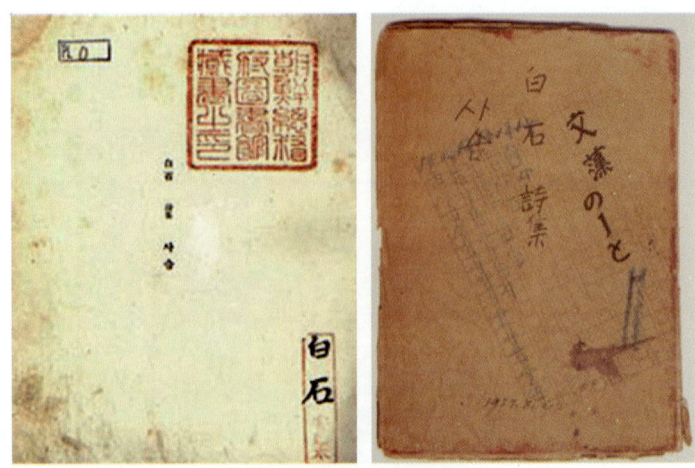

백석 시집 『사슴』 초판본. 1936년 판매 당시 2원이었는데, 2014년 7천만 원에 팔렸다. 오른쪽은 윤동주가 필사한 백석 시집 『사슴』.

學會)⁹ 장학생으로 선발되어 일본 도쿄의 아오야마 학원(靑山學院) 영어사범과에 입학하였다. 그는 유학 중 일본 시인 이시카와 다쿠보쿠(石川啄木)의 시를 매우 좋아하여 자신의 이름 백기행(白夔行) 대신에 이시카와의 '석(石)'을 자신의 필명으로 사용하였다.

백석은 1934년 졸업 후 귀국하여 조선일보사에 입사한 뒤로 소설가 허준(許浚, 1910~?), 수필가·시인 신현중(1910~1980) 등과 자주 어울렸다. 그는 1935년 10월 조선일보 자매지 《조광》 창간에 참여하였고, 그해 8월 《조선일보》에 시 〈정주성(定州城)〉을 발표하면서 등단하였다. 이후 그는 〈주막〉, 〈여우난골족〉 등의 시를 지었고 이를 모아 1936년 1월 시집 『사슴』을 선광인쇄주식회사에서 한정판으로 간행하였다. 그해에 신문사를 그만두고 함흥 영생고보의 영어교사로 부임하였는데, 그곳에서 소설가 한설야, 시인 김동명 뿐만 아니라, 기생 김진향을 만나 사

---

9 춘해장학회는 정주 출신으로 광산업을 통해 현재 가치로 1,300억 원을 벌어들인 방응모가 만든 장학회이다. 그는 1933년 경영난에 빠진 조선일보를 인수하였다. 춘해(春海)는 그의 호이다.

78

랑에 빠져 '자야'라는 이름을 지어주기도 하였다.

윤동주는 백석의 『사슴』을 필사하며 깊이 들여다봄으로써 생활의 발견과 구체성의 감각에 주목하였다. 그는 백석의 『사슴』을 통해 생활에 대한 감각과 역사적 상상력이 통합되는 점에 주목하였고, 그의 시에 나타난 구체적인 생활의 묘사와 생생한 현장성을 높이 평가했다.

겨울철이 되면, 학생들은 추위를 막고자 으레 학생복 안에 따로 천을 덧대곤 하였는데, 윤동주는 그럴 돈으로 책을 샀다. 그리고는 윤동주는 새벽 2~3시까지 자지 않고 책을 읽었다. 당시 그의 서재에 꽂혔던 책은 정지용 시집, 변영로의 시집 『조선의 마음』(평문관, 1924), 주요한의 『아름다운 새벽』, 김동환의 『국경의 밤』, 한용운의 『님의 침묵』, 이광수·주요한·김동환의 『3인 시가집』, 양주동의 『조선의 맥박』, 이은상의 『노산 시조집』, 윤석중의 동요집 『잃어버린 댕기』, 황순원의 『방가(放歌)』, 김영랑의 『영랑 시집』, 『을해(乙亥) 명시 선집』 등이었다.

송몽규, 은진중학교 재학 중 한국특무대 예비훈련소에 입교하다.

송몽규·윤동주가 1932년 4월 은진중학교에 진학할 당시는 일제의 괴뢰국인 만주국이 세워진 직후여서 하루아침에 전연 다른 세상으로 바뀌었다. 이런 가운데 만주사변이 일어난 1931년 10월부터 1933년까지 중국공산당 주도하에 연변 내 연길·화룡·왕청·훈춘 등지에 항일 유격대가 창설되었다. 대원은 모두 360여 명이었는데, 90%가량이 한인이었다. 이러한 항일 유격대를 바탕으로 1933년 9월 이후 동북인민혁명군 독립사가 세워지는 등 항일 무장 투쟁이 본격화하였다.

한편, 1932년 말부터 1935년 중반까지 연변지역에서 전개된 '반민생단 사건'에 한인 독립운동가들 431명이 밀정 혐의로 희생되는 참변이 일어나기도 하였다. 또한 1934년 연변 지역 내의 동북인민혁명군 제2군 독립사(사장 한인 주진(朱鎭))는 안도현·왕청현 일대에서 한 해에만 무려 900여 회의 크고 작은 전투를 치렀다. 2군 독립사는 1,200여 명의 병력과 980여 정의 소총으로 무장하였는데, 병력 2/3가 한인이었다.

이러한 상황 속에서 송몽규는 1932년 4월 은진중학교에 입학한 뒤부터 민족문제, 사회문제에 관심을 갖게 되었다. 당시 용정에는 《간도일보》(조선어), 《간도신보》(일본어), 《민성보(民聲報)》(중국어) 등이 간행되어 많은 정보를 얻을 수 있었다. 특히 그는 은진중학뿐 아니라 대성학교·동흥학교·명성여학교 등 많은 중등학교에서 전개된 학생운동을 비롯하여 청년운동 등을 지켜보면서 식민지 조선, 만주국 등에 대해 좀 더 이해 폭을 넓혔을 것이다.

은진중학교 역시 시대 흐름에 맞춰 변화하였다. 1920년대부터 불기 시작한 사회주의 영향에 "학교를 종교에서 개방하자"라는 '반기독운동'이 전개되면서 은진중학·대성중학·동흥중학·영신중학 등 종교계 학교들은 몸살을 앓아야 했다. 학생들에 의해 졸업식 훼방, 출석 거부, 교사 해임 요구, 교사 구타, 선교사 주택 습격 등의 사건이 끊임없이 전개되었다. 또한 광주학생운동에 영향을 받아 1930년 1월 전개된 만세시위로 은진중학은 휴교하기도 하였다. 곧이어 제3차 간도공산당사건이 일어났는데, 이를 전후로 은진중학 졸업생 상당수가 공산주의에 경도되었고 민족운동에 참여했다. 이들은 1930년대 동북지역에서 투쟁하거나, 소련 또는 중국 관내로 가서 활동하였다.

1932년 캐나다 유학을 마치고 돌아온 문재린은 용정 중앙교회 목사가 되었고, 은진중학에서 성경을 가르쳤는데, 당시를 "청년치고 공산당에 관여하지 않고는 출세를 못 할 정도였다. 기독교 학교인 은진중학교 학생들도 공산주의 서적을 학교 교과서보다 열심히 읽는 판이었다."라고 회고하였다.

송몽규를 비롯하여 학생들이 가장 큰 영향을 받은 것은 은진중학 교사 명희조(明義朝, 지리·역사)와 최문식(崔文植, 성경)이었다. 명희조는 은진중학의 전설적인 민족주의 교사로 알려져 있다. 그는 평양 출신으로 대성학교에 입학하여 안창호로부터 민족의식을 고취하였고, 1910년 학교가 폐교 위기에 처하자 연해주 수청(水淸)으로 망명하여 사립학교 교사로 근무하였다. 경술국치 이후 귀향한 그는 1921년 9월 도쿄로 건너가 동양대학(東洋大學)과 도쿄제국재학 문학부에 입학하였으나, 학비를 제대로 마련하지 못해 1925년 여름에 중퇴하고 귀향하였다. 얼마 뒤 그는 1927년 4월 박창영(朴昌英) 목사의 알선으로 은진중학교 교사로 부임하였다.

명희조에게 수업을 받은 문익환은 "국사를 동양사, 더 나아가서 세계사와의 관련 속에서 볼 수 있도록 눈을 열어 주었고 조국 광복을 먼 안목으로 내다볼 수 있도록 깨우쳐 주었다."라고 회고하였다. 일제의 기록에 따르면, 그에 대해서, "조선의 독립을 위해 학교 생도들에게 불온 강의 또는 강연을 하여 그 실행을 선동한 자"라고 할 정도로 민족의식이 남달랐다.

최문식은 기회 있을 때마다 학생들에게 "조선인은 조선인으로서의 정신을 확실히 가지고 있으면 언젠가는 좋은 때가 올 것이다." 운운하며 독립사상을 고취시키는 한편 직접 행동에 나설 것을 강조하곤 했다. 최문식은 숭실학교를 마치고 1932년 일본 도시샤 대학 신학부에 입학하였으나, 1933년 중퇴하고 1934년 평양신학교에 입학하였다. 그는 평양신학교 휴학 중인 1934년 9월, 은진중학교 성경·영어·공민 담당교사로 부임했다. 최문식은 '하나님의 나라'를 자신의 일생을 두고 연구할 과제로 삼았던 기독교 사회주의자였다.

이와 관련하여 강원룡은 다음과 같은 글을 남겼다.

> 1학년 때 우리를 가르쳤던 성경 선생님은 평양신학교를 나온 최문식이라는

사람으로 반일 독립 정신이 강한 사회주의자였다. 후일 대구 10월 폭동 때 경북 인민위원회 부위원장을 지내기도 한 그는 2학년 1학기 때 강의실에서 일경에게 연행된 후 학교를 그만두게 되었는데, 내 신앙에는 아무런 변화를 주지 못했다. 최문식 선생님과 함께 기억나는 사람으로 명희조 교감이 있다. 이분 역시 나중에 공산주의자가 되었지만, 당시엔 철저한 민족주의자였다. 그는 일본 천황이 태어난 천장절(天長節)이나 명치절(明治節) 같은 휴일이 되면 이렇게 말하곤 했다. "내일은 왜놈 명절이니까 학교는 오지 못하더라도 집에서 공부해야 한다." 그 역시 수업 중에 일경에게 붙잡혀가고 말았다(강원룡, 『역사의 언덕에서 : 젊은이에게 들려주는 나의 현대사체험 1 : 엑소더스』, 한길사, 2003, 84~85쪽).

송몽규는 은진중학교 3학년을 마치고 1935년 4월 4일 용정을 떠나 중국 관내로 들어갔다. 그런데 주위에선 그가 왜, 어디로 갔는지를 제대로 아는 이가 없었다. 늘상 같이 학교를 다녔던 윤동주조차도 그러한 사실을 제대로 알지 못했던 것 같다. 은진중학에서 같이 수학했던 문익환은 그해 신학기가 시작될 무렵 평양 숭실학교로 전학을 갔는데, 송몽규가 북경으로 건너가 유학을 가는 정도로 이해하고 있었다. 이런 점에서 보면, 송몽규는 중국 내 대학으로 유학 간다며 집을 떠난 것으로 보인다.

송몽규가 중국 관내의 남경으로 가게 되는 과정은 자세하지 않지만, 자료를 통해 대략적으로나 살펴보고자 한다. 송몽규는 1934년 3학년 재학 중 명희조 선생에게 "중국 내에 군관학교가 생겼고 우리 학교 출신 중에도 거기 간 사람이 있다"라는 얘기를 들었다고 한다. 실제 1934년 2월 김구·지청천·김원봉 휘하의 청년 92명이 하남성 낙양군관학교 한인반 제1기에 입교하여 훈련을 받고 있었다. 이들은 상해·남경·북경·천진 등지에서 모집한 17세 이상 35세까지의 청장년들이었다.

한인특별반을 설치하고 군사간부를 양성한 중앙육군군관학교 낙양분교

낙양분교 한인반 설치는 1932년 4월 김구가 이끄는 한인애국단 단원 윤봉길의 홍커우공원 의거가 계기가 되었다. 1933년 5월 중화민국 총통 장개석은 한국인의 독립 투쟁 역량을 높게 평가하고 김구를 만났다. 이때 김구와 장개석은 중앙육군군관학교 낙양 분교 내에 한인 훈련반을 설치하기로 합의하였다. 당시 장개석은 중앙육군군관학교 교장이기도 했다.

그런데 한인반은 김구가 총괄하였지만, 교육훈련은 지청천이 주관하는 이원적 지휘체제로 운영되었다. 결국 1934년 8월 낙양군관학교 한인반을 둘러싼 김구와 지청천 간의 주도권 다툼이 벌어졌다. 이에 김구는 낙양 분교에서 훈련을 받고 있던 자파 인물 25명을 남경으로 철수시켜버렸다.

이후 김구는 이들을 항일투쟁의 기반으로 활용하고자, 1934년 12월 남경성 내 목장영(木匠營) 고안리(高安里) 1호에 한국특무대(韓國特務隊)를 조직하였다. 한국특무대는 한국 혁명을 위해서, ① 무장 수양, ② 혁명 반역자 처분, ③ 일제와 정책 파괴 등 무장 투쟁, ④ 군사적 조직 완성 등을 목표로 내세웠다. 이들은 "본인은 특무대에 가맹하여 김구 선생님의 지도와 명령에 절대 복종하며 본대의 규칙을 엄수할 것을 서약함"이라고 쓴 서약서에 서명 날인하였다.

이후 김구는 안공근의 제안으로 1935년 2월 남경성 내 동관두(東關頭) 23호에 한국특무대와 별개로 예비훈련소를 설치, 운영하였다. 몽장훈련소(蒙藏訓練所)라고도 했다. 당시 김구는 1935년 8월 새롭게 문을 열기로 되어있던 제2기 한인반에 자신의 부하만으로 입교시킬 계획을 가지고 있었다. 김구 자신이 1934년 가을 이후 지청천·김원봉에게 많은 부하를 잃은 경험이 있었기 때문이었다.

1935년 4월 제1기 한인반 62명이 졸업하고, 그해 8월부터 제2기가 입교하기로 되었기에 김구는 사전에 학생을 모집하고자 한국특무대 대원들을 국내뿐 아니라 만주에까지 파견하였다. 이때 용정을 떠나 중국 관내로 향했던 송몽규가 예비훈련소에 입교하였다. 예비훈련소에 모집한 학생이 대략 30명이었다고 하는데, '김구파 훈련반생 일람표(1936.3)'를 보면 28명의 명단이 있다.

한국특무대의 독립운동 방략 중 하나가 만주국에 대원을 밀파하여 철도 등을 파괴하고 고위 관리를 암살하는 것이었으므로 만주 사정에 밝은 간도 출신을 한국특무대에 많이 가입시켜야 했다. 그래서였는지 한국특무대에는 현철진을 비롯하여 정성언(鄭成彦)·김학무(金學武)·이익성(李益成)·김덕근(金德根)·황국주 등이 은진중학 출신자들이었다. 명희조가 언급한 선배들이 이들이 아닌가 한다. 그렇다면 명희조는 한국특무대와 밀접한 관련이 있었을 것으로 판단되고 학생 모집에도 적극적으로 나선 것으로 생각된다. 은진중학교 출신의 현철진과 황국주 등이 북간도에 파견된 것도 이와 무관치 않을 것이다.

송몽규는 용정을 떠나 천진-제남-서주를 거쳐 남경에 도착하였고, 그곳에서 만난 선배 현철진(玄哲鎭)이 김구에게 자신을 소개해주었다고 한다. 그의 증언 가운데 아쉬운 부분은 명희조가 군관학교 학생을 모집하는데 어떤 역할을 하였는지에 대해 언급되어 있지 않다는 점이다.

송몽규처럼 남경에 간 은진중학 1년 선배 라사행을 통해서도 그 과정과 경로를 유추해 볼 수 있다. 라사행 역시 재학 중 명희조·최문식에게 민족의식을 고취하였다. 그런데 송몽규와 다른 점은 1935년 4월 20일 북간도에서 군관학교 생도를 모집하던 선배 황국주에게 포섭된 점이다. 그는 라사행에게 "남경은 조선독립운동의 근원지로서 혁명투사를 양성하기 위해 중앙대학·중앙군관학교(中央軍官學校) 등이 있는데, 자기가 소개하면 학비 면제로 입학이 가능하다며 그곳에 건너가 공부하여 장래 조선독립을 위해 활약할 의사는 없는가?"라며 권유했다고 한다.

라사행은 이를 승낙하고는 자택에서 하숙 중인 동창생 이인용(李麟龍)에게도 이를 권유하였다. 그 뒤 이들은 1935년 4월 25일 황국주와 함께 간도를 떠나 5월 10일 남경에 도착하였고, 현진철의 소개로 한국특무대 예비훈련소에 입소했다고 한다.

송몽규는 1935년 5월까지 각지에서 모집한 15명의 예비훈련소 명단에 포함되었는데, 은진중학교 출신으로는 그가 처음이었다. 당시 송몽규의 인상착의는 키는 5척 6치 정도, 몸은 마르고 가늘며, 얼굴은 길고 안경을 착용하였으며, 코가 높고 두발은 5부로 깎았다고 한다. 그의 뒤를 이어 라사행을 비롯하여 은진중학교 학생으로 김상희(金尙熙)·김용섭(金容燮)·마여룡(馬如龍)·마일삼(馬一森)·이용인(李容仁) 등이 입교하였다.

한국특무대 간부 양여주(楊汝舟)·안공근(安恭根) 등은 입교생들을 지도·감독하였지만, 본거지에 상주하지는 않았다. 이들을 위한 별도의 프로그램은 없었지만, 입교생 가운데 중등학교 출신자 및 중국어 가능자가 다른 입교생을 가르치곤 하였다. 훈련소 내에는 국내에서 발간되던 《조선일보》, 《동아일보》뿐 아니라 일본 《대판매일(大阪每日)》, 중국 《대공보(大公報)》(북경)·《화보(華報)》(남경) 등의 신문과 국내의 《신동아》·《신조선》 등의 잡지가 비치되어 있어 입교생들은 국내외 정보를 접할 수 있었고, 각종 서적을 소장한 도서실이 마련되어 있어 공부할 환경도 갖춰져 있었다. 이들은 1개월에 10원 씩 식비로, 용돈 2~3원을 지급받았다. 오전 7시에 기상하고 오후 10시에 소등하였는데, 외출 등은 자유로웠다.

다만, 예비훈련소는 매우 비밀로 운영되었기에 한국특무대원일지라도 간부 외에는 이를 알지 못했고, 군관학교 생도 등도 절대 출입을 불허하였다. 또한 입교생들이 한국특무단 본부에 출입하는 것 역시 금하였다. 나사행은 훗날 다음과 같은 회고 글을 남겼다.

> "1935년 8월 추석날 밤이 아주 인상 깊게 기억에 남아 있습니다. 김구 선생을 비롯한 여러 독립운동 지도자들이 그날을 우리와 함께 지내려고 오셨지요. 그래서 중국의 추석 음식인 월병(月餠)을 먹으며, 밤이 새도록 여러 이야기를 나누었지요. 지나간 나랏일들을 되새기다가 그만 격앙하여 모두 목 놓아 통곡하는 바람에 큰 울음판이 벌어지기도 했어요. 또 이탈리아의 이디오피아 침공 가능성 등 국제적으로 세계 전쟁이 다시 일어날 가능성이 보인다고 하여, 그렇게만 되면 우리도 독립할 가능성이 생긴다는 등의 세계정세 이야기도 많이 나누었지요."

그 뒤 예비훈련소는 1935년 6월 17일(6월 22일?) 강소성 의흥현(宜興縣) 장주(張州) 용지산(龍池山) 산록 소재의 징광사(澄光寺, 일명 용지사(龍池寺)라고도 칭함)로 본거지를 옮겼다. 징광사는 남경에서 100여 리 떨어진 곳에 있었는데, 3천 명쯤 수용할 수 있는 큰 사찰이었다.

이곳으로 옮겨간 것은 예비훈련소 응모자가 30여 명에 달하여 장소가 협소하였을 뿐 아니라, 일제에 발각될 낌새가 있었기 때문이었다. 실지로 1935년 6월 12일 평안도에 파견된 한국특무대원 황세청(黃世淸)이 평양에서 황세평(黃世平)·박선일(朴善一)·김길봉(金吉鳳) 등을 모집하던 중 일제 경찰에 피체되면서, 한국특무대와 학생훈련소가 탄로가 났다.

예비훈련소가 징광사에 본거지를 옮긴 뒤 입교생들은 엄항섭(嚴恒燮) 등에게 혁명운동에 필요한 훈련을 받았다. 1935년 7월 김구는 징광사의 훈련소를 찾아 자신이 절에서 삭발하던 때를 회고하고, 학생들에게 9월 초순까지 군관학교에 입학시킬 것이라 약속하며 다음과 같이 학생들을 격려하였다.

> "제군들은 부모 곁을 떠나서 타향의 땅, 더구나 이와 같은 절에서 생활하는 일은 필시 쓸쓸함을 느끼겠지. 또 한편으로 혹은 무의미하게 생각할지도 모르겠으나, 이것은 모두가 조국광복을 위한 준비교육인 것이니 착실하게 공부해 주기 바란다."

송몽규는 그곳에서 동료들의 글을 모아 잡지『신민(新民)』을 편집·간행하였다. 그는 등사판을 사다가 직접 글씨를 써서 등사로 인쇄하여 책을 만들었다. 김구가 이를 보고 칭찬하면서 '신민'이란 이름까지 지어주었다.

그 뒤 입교생들은 9월 16일부터 3일 간에 걸쳐 남경으로 되돌아 왔다. 이를 두고 징광사와의 차용 기한이 만료되었기 때문이라는 해석도 있지만, 실제는 입교생들의 반발이 주된 이유였다고 한다. 김구가 1935년 9월 초순까지 예비훈련을 한 후에 중국군관학교에 입학할 것이라고 말하였지만, 입교생들은 입학이 불가능하다는 사실을 알게 되면서 크게 동요하였다. 자포자기에 빠진 입교생들은 한국특무대 간부들에게 반항하는가 하면 절 주지에게도 폭언을 일삼거나 무리를 지어 싸움을 벌이자, 이에 분노한 주지가 퇴거를 명했다는 것이다.

이러한 상황에서 예비훈련소는 급히 남경성 내 팔보후가(八寶後街) 23호로 옮겨갔다. 이 집은 김구의 모친 곽낙연이 거주하던 집이었다고 한다. 그때 김구는 중국 측과 낙양군관학교에 입교생을 입학시킬 방안을 협의하였으나, 1935년 5월에 일어난 화북(華北) 사건 등으로 인해 교섭이 원만히 이뤄지지 않았다. 화북 사건은 화북분리공작(華北分離工作)이라고도 하는데, 일제가 오늘날 화북(華北) 지역에 있었던 하북성(河北省), 찰합이성(察哈爾省), 수원성(綏遠省), 산서성(山西省), 산동성(山東省) 등지를 자신들의 영향 하에 두고자 하였다. 이를 두고 당시 김구의 후원자였던 장개석(蔣介石)·왕정위(王精偉) 등에게 책임을 물어야 한다며 그들의 하야설이 유포되었다. 이로써 낙양군관학교 한인반은 더는 운영되지 못하게 되었다.

결국 입교생 가운데 이탈자가 생겨나기 시작하였다. 안경근이 입교생들에게 "당분간 군관학교 입학은 곤란하지만, 장래 기회를 봐서 반드시 입학시킬 것이라며 그때까지 이곳에서 자습할 것과 특별한 사유가 없는 한 외출을 허락하지 않으며 규율을 중시하고 엄숙해야 하고 폭력적인 행동을 해서는 안 될 것" 등을 훈계하였다. 하지만 소용없었다.

이들 중 몇몇이 예비훈련소에서 이탈했다가 일제 경찰에 체포되면서 송몽규 등 남아 있던 입교생들은 급히 남기가(藍旗街) 8호로 옮겨갔다. 그럴수록 입교생들의 불평불만의 목소리도 커져갔고 퇴교하는 수도 늘어만 갔다. 1935년 10월 23일, 끝까지 남아있던 송몽규 역시 임병웅(林炳雄)의 밀명을 받은 황국주를 따라서 한복·이인용·한국보(韓國寶) 등과 함께 산동성 제남(濟南)으로 떠났다. 그 뒤 예비훈련소는 더는 버티지 못하고 폐교되었다.

송몽규 등은 1935년 10월 25일경 산동성 제남에 도착했다. 당시 황국주·임병웅·현철진 등은 김구파와 김원봉파에 속해 있던 40여 명의 간도 출신 청년을 모아 산동성 주석이자 군벌인 한복거(韓復渠)의 비호 아래 남경 민족혁명당에 맞설 단체를 결성하고자 했다.

송몽규 등은 제남 오대마로(五大馬路) 위일가(緯一街) 흥운리(興雲里) 116호에 머물렀는데, 1936년 1월 말까지 특별한 활동 없이 지냈다. 이때 임병웅은 제남에서 장개석 등 남경 정부 요인 암살, 항주 비행장 폭파계획 등을 추진하였으나, 일제에 체포된 뒤 변절하여 독립운동가를 전향시키는 밀정으로 활동하였다. 그러한 사실을 알게 된 김학무가 1936년 1월 31일 그를 암살했다.

이런 혼란 속에서 송몽규는 고향을 떠난 지 1년여 만인 1936년 3월 용정으로 돌아왔고, 아버지와 큰아버지의 권유로 간도총영사관 대랍자 분주소에 자수하였다. 이후 송몽규는 본적지 웅기경찰서에서 심문을 받았다. 송몽규는 예비훈련소에 입소한 사실 이외에 특별한 활동이 없었고, 제남의 임병웅 암살 사건에도 관련된 사실이 없었다고 하여 1936년 8월 풀려났다. 송몽규는 1936년 9월 비로소 고향에 돌아왔지만, 일제 경찰의 고문 후유증에 가슴이 자꾸 안으로 구불어졌다. 그래서였는지 그는 잘 때 베개를 베지 않았다.

한편, 예비훈련소 입교생들이 일제 경찰에 체포되는 상황에서 1935년 11월 22일 은진중학교 교사 명희조·최문식 역시 수업 중에 간도총영사관 개천경찰서 경찰에 연행되었다. 이들은 1936년 3월 용정총영사관 경찰서에서 청진지방법원 검사국으로 송치되었다. 그런데 명희조·최문식은 물적 증거가 매우 부족한 데다 수사 범위가 광범하여 사실 규명에 어렵게 되자 1936년 8월 기소중지로 풀려났다.

송몽규, 대성중학교에 편입하다.

송몽규가 용정에 돌아왔을 때, 윤동주와 문익환은 광명중학교에 재학 중이었다. 그는 다시 은진중학교에 들어가고자 하였으나, 학교 측이 문제 학생을 받을 수 없다고 하여 뜻을 이루지 못했다. 더욱이 요시찰 딱지가 붙었기에 광명중학교는 생각할 수 없어 1937년 4월 대성중학교(4년제)에 4학년으로 편입했다.

옛 대성중학교 전경

송몽규가 대성중학교 재학 당시 정문 모습(대성중학교 1939년 제15회 졸업앨범)

  대성중학교는 1921년 10월 유학자 강훈 등이 설립한 학교로 설립 초기에는 5명의 교사와 50여 명의 한인 학생이 있었다. 이들은 주로 '사서오경'과 공자의 윤리와 관련한 것들을 배웠다. 그 뒤 1922년 초 공산주의자였던 이인구(李麟求)·이주화(李周和) 등이 교사로 부임해 오면서 점차 진보적인 학생들을 모집하였으며, 마르크스·레닌주의를 가르치는 '광복회'가 설립되기도 했다. 1923년 4월 이에 고무된 학생들은 공맹(孔孟)의 도를 반대하고 민주주의와 신학문(과학)을 제창하며 동맹휴학을 단행하였다. 그 뒤 대성중학교는 전통 학문에서 벗어나 영어·한어·일본어 수업이 증설됐고 일부 학생들은 방학을 이용하여 시골에 가서 문맹 타파와 공산주의를 선전하기 위한 '농민야간학교'를 열기도 했다.

대성중학교 졸업앨범 송몽규. 앨범에는 '송한범'으로 표기되어 있음 (연세대 학술정보원 소장)

그런데 1931년 9월 만주사변 이후 만주국의 사립학교 통제가 심해졌고 급기야 1935년 용정의 대성중학교·동흥중학교·농업중학교가 하나로 합쳐져 '민성중학교'가 되었다. 다행이 1년 후 학교 측과 학생들의 강한 반대에 부딪혀 1936년 대성중학교와 동흥중학교는 분리되었으나, 학교는 일본인의 손으로 넘어갔고 일본인 교원이 임명되었다. 이때 학교 측은 대성중학교 교사의 현관 지붕 모양이 고려 시대 건축물의 특색을 띠었다고 하여 방학 중에 이를 허물어 버렸다. 또한 학생들이 일본어 시간에 제대로 공부하지 않고 입만 벌려 읽는 시늉만 하는 등 이에 저항하자, 학교 동쪽 교문밖에 작은 벽돌집을 짓고 일본총영사관 분주소(分駐所)를 설치했다. 그러자 교원과 학생들은 교문을 남쪽으로 옮겨 감시와 통제에서 벗어나려 했다. 이 무렵 송몽규는 대성중학교에 편입하였고 예전처럼 윤동주 집에서 통학했다.

송몽규가 용정에 돌아와서는 윤동주·문익환 등과 다시 만났을 테지만, 그와 관련한 자료가 없다. 문익환은 1937년 3월 광명중학교를 졸업한 뒤 집과 교회에서 평범한 나날을 보내다가 조양천(朝陽川) 소학교에 교사 자리가 낫다는 소식에 주저 없이 그곳으로 달려갔다. 그는 훌륭한 선생이 되고자 수없이 많은 교사의 수기를 찾아 읽기도 했다. 하지만 1937년 7월 중일전쟁이 터지자, 그는 교사로서 자긍심보다는 실망감과 허무감에 휩싸이고 말았다. 이때 그의 부친은 길림사범학교로 진학하기를 권했지만, 1938년 그는 일본신학교로 유학을 떠났다. 이번에는 문익환이 윤동주와 송몽규의 곁을 떠나갔다.

한편, 1937년 4월 윤동주는 5학년에 진급하면서 장래 문제로 고민에 빠졌다. 그는 졸업 후 연희전문 문과에 진학하고자 했지만, 부친은 의대를 강요했다. 그의 생각은 어려운 시기에 의학을 해야만 무난히 살아갈 수 있지, 사상적인 운동에 가담해서는 안 된다며 문과 진학을 반대하였다. 둘 사이의 대립은 몇 개월 동안 지속됐다.

송몽규 역시 4학년으로 졸업반이었기에 그 또한 진학 문제가 고민거리였지만, 윤동주만큼은 아니었다. 송몽규도 연희전문을 택했는데, 부모님은 이를 흔쾌히 인정해 주었다. 부친 송창희는 "아이들은 그들의 의향대로 키워야지, 부모 욕심 따라 키우려고 한다면 안 된다"라면서 은근히 윤동주 부친의 태도를 꼬집었다.

하지만 윤동주 부친의 반대는 완강하였다. 그는 자신이 문학을 해봤지만, 아무 쓸 데가 없었다고 생각했다. 그는 기껏 신문 기자가 될 것이라며 의대를 가야만 사는 게 걱정 없다는 말만 되풀이했다. 실제 그는 북경, 도쿄로 유학하였고 영어를 배우는 등 문학을 공부했지만, 명동학교 교사를 했을 뿐이고 용정으로 이사를 한 뒤에 이것저것 손댔지만 이렇다 할 성공을 거두지 못했다. 당시 그는 포목상을 운영하고 있었다. 그는 아들에게 자신의 전철을 밟지 않도록 해주고 싶은 마음에서 그리 한 것이다.

윤동주 역시 아버지의 그런 뜻을 모르지는 않았지만, 그 또한 뜻을 굽힐 생각은 없었다. 그는 며칠씩 밥을 굶기도 하고, 집에 들어가지 않으면서 버텼다. 결국 할아버지가 나서면서 사태는 마무리되었다. 내심 할아버지도 손자가 의대를 갔으면 하고 바랐지만, 끝까지 버티는 손주를 이길 수는 없었다. 할아버지는 윤동주가 연희전문 시험을 치르기 위해 집을 나설 때, 열심히 공부해서 꼭 고등고시에 합격해서 성공하라고 당부한 것을 보면, 손자의 손을 들어준 것만은 아니었다.

서울에서의 삶

송몽규·윤동주, 연희전문학교에 입학하다.

各學校生徒募集規定 ⑦

延禧專門學校

一、募集人員
文科 五〇名
商科 九〇名
數學科 三〇名
(以上五年制中等校卒業者)
一、志願手續 三月二十六日까지
(但無試驗檢定志願者는三月
二十日까지)
一、試驗科目
1、文科(國語、英語、朝鮮語
歷史、國史及西洋史)
2、商科(國語、英語、世界地理
數學、代數、平面幾何)
3、數物學(國語、英語、數學、
代數、幾何、三角法)物理
(但、甲種商業學校卒業者는
商科志望時에는國語、英語、
商業地理、商業美術)
試驗日字、三月二十八、九兩日
試驗場所 京城府新村町本校內

金泉高等普通學校

一、募集人員 五〇名
一、志願手續 三月一日까지
一、試驗期日 三月十二日、十三
日、十四日 三日間
一、試驗場所 慶北金泉邑同校內

《동아일보》 1938년 1월 25일자, 「연희전문학교 생도 모집 규정」

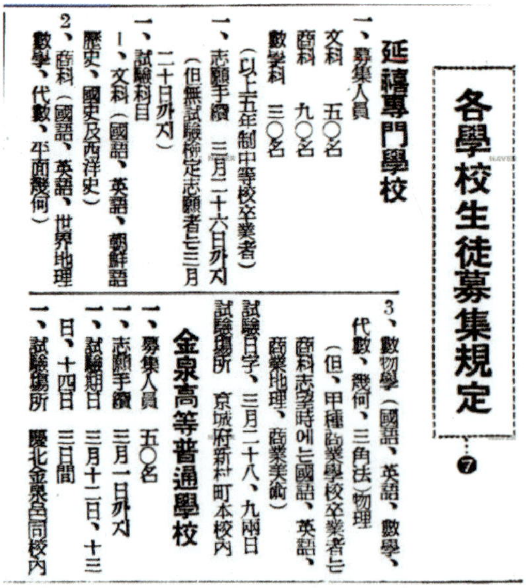

윤동주와 송몽규는 1938년 3월 26일까지 연희전문학교에 지원 수속을 밟고 3월 28일과 29일 시험을 치러야 했기에 그해 3월 초 용정을 떠났다. 이들이 지원한 문과는 입학정원이 50명이었고, 시험과목은 국어[일본어]·영어·조선어 및 역사·국사[일본사] 및 서양사였다.

이들은 서울에 아는 친척이

1930년대 경성역(현 문화역서울 284) 전경

없었기에 감리교신학교(현 감리교신학대) 2학년에 재학 중인 라사행에게 미리 편지를 보냈다. 송몽규와 같이 남경에서 활동했던 라사행은 1936년 11월 석방된 후 서울로 올라와 1937년 4월 감리교신학교(5년제)에 입학하였다.

윤동주와 송몽규는 경성역에 마중 나온 라사행을 만난 뒤, 그가 기숙하고 있던 서대문구 감리교신학교로 향했다. 둘은 이곳에서 열흘 남짓 기숙하였고, 3월 28일과 29일 이틀에 걸쳐 입학시험을 치렀다. 4월 3일 합격자를 발표했는데, 둘 다 합격하였다. 광명중학교(5년제) 출신의 윤동주는 문과 본과였지만, 4년제 대성학교를 나온 송몽규는 별과로 각기 달랐다.

연희전문학교는 1915년 3월 서울 종로의 YMCA에서 조선기독교학교로 첫 발족하고 존 언더우드(John T. Underwood) 박사의 기부금으로 경기도 고양군 연희면 창천리(현재 연세대 부지)의 대지 19만평을 구입하였다. 그 뒤 조선기독교학교는 1917년 4월 문과·상과·신과·수물과(數物科)·응용화학과·농과 등 6개 과의 전문

1915년 감리교신학교 전경(감리교신학대학교 소장)

학교로 승격하였고, 1920년 연희면 창천리에 스팀슨홀을 건립한 뒤 학교를 이전하였다. 제2차 조선교육령이 공포된 이후 1923년 3월 연희전문학교로 개칭하고 실질적으로 문과, 상과, 수물과 등 3개 과로 운영되었다.

전문학교는 고등교육기관으로 입학 자격은 5년제 고등보통학교 졸업자여야만 했다. 수업연한은 3, 4년이었고, 졸업 후 일본 내 대학에 예과 과정 없이 본과로 진학할 수 있었다. 당시 국내 전문학교는 관공립으로 경성법학전문·경성의학전문·경성공업전문·수원농림전문·경성고등상업학교·평양의학전문·대구의학전문 등이 있었고, 사립으로는 연희전문을 비롯하여 세브란스의학전문·보성전문·이화여자전문·숭실전문·경성치과의학전문·

연희전문학교 문과 본과 및 별과 합격자(조선일보 1938년 4월 3일자)

경성약학전문·중앙불교전문·경성여자의학전문 등이 있었다. 일제강점기에 대학은 1926년에 설립한 경성제국대학이 유일했다.

　윤동주·송몽규 등이 연희전문에 입학하던 1938년에 일제는 제3차 조선교육령을 개정하여 황민화 교육을 본격적으로 실시하였다. 이는 예전과 달리 학교 이름을 일본인 학교와 같게 하여 차별을 없애겠다는 것이지만, 핵심은 식민지 조선인으로 하여금 일본 왕에게 충성할 것을 강요하는 것이었다. 일본인이 사립학교 교장이나 교무주임을 맡도록 하는 한편 국어[일본어], 일본사, 수신, 체육 등의 교과를 강화하여 '충량한 황국신민 육성'을 목표로 하였다.

연희전문 본관 앞 계단에서 문과대 동기들과 함께 찍은 졸업앨범 단체 사진. 앞줄 오른쪽에서 두 번째가 윤동주, 맨 뒷줄 오른쪽 끝이 송몽규.

1930년대 연희전문학교 정면 문학관(현 언더우드관), 오른쪽 이학관(현 아펜젤러관), 왼쪽 본관(현 스팀슨관)

조선인 학생들이 남산의 조선신궁에 참배하는 장면

송몽규·윤동주, 일제의 민족말살정책을 체험하다.

　1938년 3월 윤동주와 송몽규가 연희전문에 입학한 뒤에 일제의 군국주의는 더욱 강화하였고 민족말살정책도 심화하였다. 이런 가운데 학교 차원에서 가장 큰 사건은 1938년 9월 평양에서 열린 제27회 장로회 총회에서 신사참배를 가결한 점이다. 이에 그해 10월 서울 시내 모든 감리교 경영의 전문학교를 포함 24개교 5천여 명의 학생들은 '황군(皇軍) 무운장구(武運長久)'를 기원하고자 남산의 조선신궁에 참배하였다. 또한 일본군이 중국 호북성 한구(漢口)를 점령하였을 때는 경성부가 주최하는 제등행렬(提燈行列), 기행렬(旗行列)에 연희전문 학생들도 참가해야만 했다.

윤동주·송몽규를 가르친 영문학자 이양하(좌), 국문학자 최현배 선생

한편, 1938년 2월 연희전문 '경제연구회 사건'에서 비롯된 흥업구락부 사건이 확산하면서 관련자 54명이 체포되었다. 이때 연희전문 교수들이 다수 체포되었는데, 이들 대부분은 1938년 9월 '전향성명서'를 제출한 뒤 기소유예 처분을 받고 석방되었다. 그 뒤 이들은 친일 단체에 가입하거나, 일제의 '내선일체(內鮮一體)' 정책에 협력하였다.

이와 함께 일제는 1938년 2월 '육군특별지원병령'을 공포하여 그해 6월 경성제국대학 강당에서 제1기 전기 지원병 합격자 입소식을 가졌고, 12월 후기 지원병까지 합쳐 모두 400명이 일본군에 입대하였다. 이후 특별지원병은 매년 증가하여 1939년 600명, 1940년 3,000명, 1942년 4,500명, 1943년 5,330명 등으로 모두 16,830명이 입대하였다.

윤동주는 1938년 4월 입학할 때, 신원 보증인으로 감리교신학교에서 강의하고 있던 문장욱(文章郁)[10]을 친지라고 내세웠다. 하지만 송몽규는 자신이 요시찰

---

10 충남 당진 출신으로 1925년 연희전문 문과를 졸업하고 미국에 유학하여 1930년 컬럼비아 대학을 수료하였으며, 1940년 감리교신학교 교수가 되었다. 1946년 과도정부 외무 처장을 지내고 문화 사절 단장으로 도미했다. 1948년 초대 교육부 차관이 되고 1949년 미국 오리건 대학 정치학 교수·1951년 웨슬리언 대학 교수를 거쳐 1960년 미국 텍사스 주

인물이기 때문에 그랬는지, 그의 학적부 보증인 란은 빈칸으로 남아있다.

윤동주는 만주국 통치를 받던 북간도 용정과는 전연 다른 연희전문의 전통과 학교 분위기 등에 매우 만족해했다. 광명중학교 시절 일본어로 교육을 받아야했던 것과 달리, 연희전문에서는 우리말로 수업하는가 하면 강의 과목에 조선 문학도 포함되어 있어 더욱 그랬을 것이다. 특히 윤동주는 평소 존경하던 최현배·이양하·김윤경 선생에게 가르침을 받는 것에 감격해 했다.

하지만 윤동주와 송몽규가 입학할 당시는 중일전쟁 중이었고, 일제의 회유·압박 등으로 친일파로 전향하는 인사들이 늘어나던 때였다. 연희전문학교의 교수 유억겸·이묘묵·백낙준·정인섭 등도 친일의 길로 들어서고 말았다. 이와 달리 최현배·김선기 등은 일제의 조선어학회 사건에 옥고를 치러야만 했다.

더욱이 안타까웠던 것은 숭실학교 재학 당시 문제가 되었던 신사참배가 재연되었다는 점이다. 1938년 8월 연희전문학교 총장 원한경(H.H. Underwood)은 미국 북장로회의 반대에도 불구하고 신사참배를 우상숭배의 종교적 예배에 속한 문제가 아니라며 이를 받아들였다. 그는 일제의 신사참배 강요가 고도의 정치적 행위로 보고 조선인들의 교육을 보호하기 위해서는 '대안이 없다'라면서 그리 결정한 것이다.

립 대학 교수가 되었다.

윤동주, 시로서 힘든 시기를 극복하다.

1938년 4월 연희전문에 입학한 윤동주·송몽규·강처중(姜處重, 1916~1950) 등은 기숙사에서 같은 방을 썼다. 이들은 '핀슨관 3인방'으로 불렸다. 강처중은 함남 원산 출신으로 부유한 한의사 집 맏아들로 태어났다. 그는 개성 송도고보를 졸업하고 연희전문에 입학하였다. 그는 성품이 매우 신중하고 과묵했다고 하는데, 1932년 송도고보 시절 동아일보에서 실시한 제2회 브나로드 운동에 참여하여 민중을 계몽하고 한글 보급과 문맹 타파에 헌신했다. 이듬해 그는 함경북도 덕원군의 책임 대원으로서 남녀 70여 명에게 한글을 가르치기도 하였다.

송도고보를 졸업한 강처중은 23세 때인 1938년 연희전문학교 문과 본과에 합격하였다. 영어에 능통했던 그는 문과 동기들 가운데 1, 2등을 다투어 '영어도사'라는 별명으로 얻기도 하였다. 그 또한 윤동주나 송몽규처럼 문학에 심취하여, 3학년 재학 당시 1940년 동아일보 신춘문예 단편 부문에 지원했지만 낙방하였다.

1922년 완공된 남학생 60명의 기숙사 핀슨관 모습

기숙사에서 같은 방을 썼던 윤동주, 강처중, 송몽규(좌로부터)

기숙사 내 윤동주 책상 재연(연세대 윤동주기념관)

그의 작품이 너무나 허구적이어서 실감이 없고, 특히 글에 설명이 너무 많다는 평가를 받았다. 하지만 그는 뛰어난 리더십에 매사에 적극적이었고 연희전문 문과 학생회 '문우회' 회장으로 활동하였다. 강처중과의 인연은 그 뒤로 계속되었다.

그들 방은 기숙사 3층 건물[핀슨관]에서 제일 꼭대기 층 왼쪽 방이었다. 지붕이 경사가 진 다락방 형태였다. 학교 측이 핀슨관을 지을 당시 신의주 등 북한에서 벌목한 나무와 연희전문 뒤편의 안산에서 채석한 돌을 사용됐다. 핀슨관은 연희전문에서 치원관, 스팀슨관에 이어 세 번째로 지어진 건물인데, 6.25전쟁 당시 치원관이 소실되면서 핀슨관은 현존하는 건물 중 두 번째로 오래된 건물이 됐다. 현재는 윤동주기념관으로 사용되고 있다.

윤동주는 1938년 1학년 재학 중에 8편의 시를 썼다. 그중에 몇 편을 소개하면 다음과 같다. 먼저 〈새로운 길〉(1938.5)은 그가 서울에서 새롭게 시작할 때였기에 미래 지향적이고 큰 기대 섞인 내용이 담겨 있다.

새로운 길

내를 건너서 숲으로
고개를 넘어서 마을로

어제도 가고 오늘도 갈
나의 길 새로운 길

민들레가 피고 까치가 날고
아가씨가 지나고 바람이 일고
나의 길은 언제나 새로운 길
오늘도… 내일도…

내를 건너서 숲으로
고개를 넘엇 마을로

　다음으로 소개할 윤동주가 지은 〈사랑의 전당(殿堂)〉(1938.6)은 이뤄지지 않는 슬픈 사랑을 노래한 시이다. 상대 여성이 '순(順)'으로 표현되어 있는데, 그 뒤 윤동주가 발표한 〈소년〉(1939), 〈눈오는 지도(地圖)〉(1941.3)에서는 '순이(順伊)'로 등장한다. 윤동주가 자신의 여인상을 '순'으로 표현한 것이 아닌가라는 해석도 있다. 이에 '순' 혹은 '순이'가 누구인지에 대한 궁금증을 유발케 한다.
　이러한 그의 시들은 모두 이뤄지지 않은 사랑이라는 점에 공통점이 있다. 이를 두고 '순이'가 실재했느냐, 관념적인 존재냐를 따지기도 한다. 윤동주는 잘생긴 얼굴에 용정의 여학생들로부터 인기를 끌었으나 수줍음이 많아 한 번도 여자를 거들떠보지 않았다고 한다. 그럴수록 젊은 나이에 이성에 관심이 많았겠지만, 적극적으로 표현하지 못한 자신을 빗대어 시를 쓴 게 아닌가 한다.

사랑의 전당
순아 너는 내 전(殿)에 들어 왔든 것이냐?
내사 언제 네 전에 들어왔든 것이냐?

우리들의 전당은
고풍(古風)한 풍습이 어린 사랑의 전당

순아 암사슴처럼 수정 눈을 나려감어라.
난 사자처럼 엉크린 머리를 고루련다.
우리들의 사랑은 한낱 벙어리었다.

성스런 촛대에 열(熱)한 불이 꺼지기 전

순아 너는 앞문으로 내 달려라.

어둠과 바람이 우리 창에 부닥치기 전
나는 영원한 사랑을 안은 채
뒷문으로 멀리 사라지련다.

이제 네게는 삼림(森林) 속의 아늑한 호수가 있고
내게는 준(峻)한 산맥이 있다.

마지막으로 〈슬픈 족속(族屬)〉(1938.9)은 일제의 식민 통치가 엄혹해 가는 상황을 표현한 시이다.

슬픈 족속

흰 수건이 검은 머리를 두르고
흰 고무신이 거친 발에 걸리우다.

흰 저고리 치마가 슬픈 몸집을 가리고
흰 띠가 가는 허리를 질끈 동이다.

시 가운데 '흰 수건', '흰 고무신', '흰 저고리 치마', 흰 띠' 등은 우리 한민족을 의인화한 것이다. 당시 우리 민족이 처한 역경과 시련의 무게를 보여주는 것이지만, 그 속에서도 허리띠 질끈 동여매고 희망을 잃지 않는 우리 민족의 강인함을 보여주고 있다.

송몽규·윤동주, 1학년 첫 여름방학을 맞아 귀향하다.

송몽규는 윤동주와 1938년 7월, 1학년 첫 여름방학을 맞아 귀향하였다. 일제강점기 학제는 3학기로 운영되었다. 보통은 4월 초에 입학하여 7월 중순께부터 1달여 동안 여름방학에 들어가고, 8월 중순쯤 2학기가 시작하여 12월 중하순경에 끝난다. 이후 20여 일 겨울방학을 보낸 뒤, 다음 해 1월 중순쯤부터 3학기가 시작하여 3월 중하순경 졸업식이 치러진다. 이후 다음 입학식까지는 학년말 휴업일(봄 방학)이었다.

그의 귀향길은 멀고도 멀었지만, 평양 숭실학교 때보다는 짧았다. 그들은 서울에서 경원선을 이용하여 233.7㎞ 달려 원산에 도착한 뒤, 함경선으로 갈아타고 고원·함흥·길주·청진·회령을 거쳐 두만강 변의 상삼봉에 이른다. 거리만도 666.9㎞이다. 거기서 또다시 기차를 갈아타고 두만강을 건너 용정에 도착하였다. 윤동주는 고향에 내려가서는 집안일 돕거나 동생들을 알뜰히 보살폈으며 산길, 들길을 걸었다. 그동안 읽지 못한 책도 읽었다.

연희전문학교 1학년 여름방학 '하기 아동성경학교' 참가 활동(뒷줄 오른쪽에서 두 번째가 윤동주)

이때 윤동주가 지은 시가 〈아우의 인상화(印象畵)〉(1938.9)이다. 이 시는 1938년 10월 17일 자 《조선일보》에 실렸다. 여기 아우는 누구인지 분명하지 않지만, 당시 윤동주에게는 혜원(1923~2011), 일주(1927~1985), 광주(1933~1962) 등의 동생들이 있었다. 당시 혜원은 16살로 광명소학교를 거쳐 명신여학교에 재학 중이었고, 일주는 12살로 용정 홍중(弘中)소학교에 다니고 있었다. 광주는 6살로 어린 나이였다. 그런데 "앳된 손"이라고 한다면, 광주가 아니었을까 한다.

아우의 인상화
붉은 이마에 싸늘한 달이 서리어
아우의 얼굴은 슬픈 그림이다.

발걸음을 멈추어
살그머니 앳된 손을 잡으며
'늬는 자라 무엇이 되려니'
'사람이 되지'
아우의 설은 진정코 설은 대답이다.

슬며시 잡았던 손을 놓고
아우의 얼굴을 다시 들여다본다.

싸늘한 달이 붉은 이마에 젖어
아우의 얼굴은 슬픈 그림이다.

송몽규 또한 연희전문 재학 중에 여러 편의 글을 발표했다. 그중 하나가 그가 1938년 8월에 지은 시가 〈밤〉인데, 이는 그해 9월 12일 《조선일보》에 실렸다. 이 시는 조선일보가 전국 남녀 중등학교·전문학교·대학생을 대상으로 시행한 학생작품모집에 당선된 것이다. 1935년 1월 《동아일보》 신춘문에 콩트 〈숟가락으

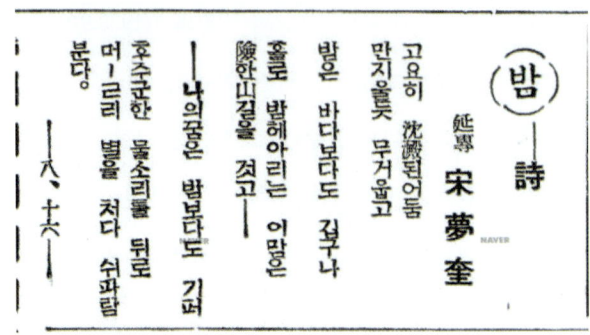

〈조선일보〉 1938년 9월 12일자

밤(1938.8.16.)

고요히 沈澱(침전)된 어둠
만지울 듯 무거웁고
밤은 바다보다 깊구나

홀로 밤 헤아리는 이 맘은
험한 산(山)길을 걷고
나의 꿈은 밤보다 깊어
호수군한 물소리를 뒤로
멀─리 별을 쳐다 쉬파람 분다.

로 당선된 바 있으니 이번이 두 번째 수상인 셈이다.

  이 시는 참담한 시대 상황 속에서도 결코 무릎 꿇지 않겠다는 의지를 드러내고 있다. 윤동주는 1939년 1월 23일 자 《조선일보》에 산문 〈달을 쏘다〉라는 제목의 글을 실었다.

윤동주, 2학년 재학 중 동경하던 정지용을 만나다.

1939년 4월 윤동주와 송몽규는 2학년에 올랐다. 이 무렵 윤동주는 기숙사를 나와 신촌, 북아현동, 서소문 등지에서 하숙 생활을 했다. 당시 신촌과 서울역 사이에는 전차가 다니는 연희역, 아현역, 서소문역 등이 있었다. 송몽규도 북아현동 240번지에서 사촌 형 송웅규와 함께 하숙하였다. 그 무렵 윤동주는 자기만의 글쓰기에 집중했다. 당시는 1937년 7월 중일전쟁이 끝나지 않았고, 일제가 식민통치를 더욱 가혹하게 하며 민족말살정책을 적극적으로 펼치려 할 때였다. 또한 일제는 군수 물자 보급과 노동력 공급을 위해 국가 차원에서 전면적으로 통제하고 강제하였다.

이때 왠지 모르지만, 윤동주는 라사행과 함께 근처에 사는 정지용(鄭芝溶, 1902~1950)을 찾아간 적이 있다. 정지용과 윤동주와는 15년 차이였다. 윤동주가 정지용을 처음 접한 것은 1935년 시문학사에서 발행한 『정지용시집』이란 책을 통해서였다. 윤동주는 이 책을 평양 숭실학교를 그만둘 무렵인 1936년 3월에 평양 서점에서 샀다.

윤동주는 그의 시집을 항상 책꽂이에 꽂아놓고 시시때때로 읽곤 했다. 윤동주는 그의 시를 읽으며 구절마다 자신의 감상을 적었다. 정지용 시를 정독하며 깊이 음미하려 한 것이다. 윤동주의 습작기에 써 놓은 상당히 많은 작품에 정지용 시의 영향을 받았다는 연구 논문도 있다. 윤동주가 정지용을 만나 무슨 얘기를 나눴는지 알 수 없다. 다만 그가 평소 동경하고 흠모했을 정지용을 만났다면 아주 깊은 얘기를 주고 받았을 것이다.

당시 정지용은 1936년 재동에서 북아현동 1번지 64호로 이주해 살고 있었다. 지금 그곳은 그의 호를 딴 지용소공원이 들어서 있다. 그의 집은 약간 높은 지대

 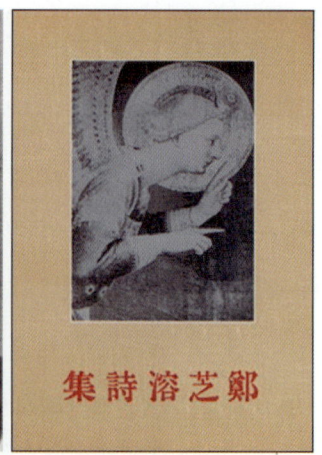

정지용(왼쪽)과 《정지용시집》 초판본(시문학사, 1935)(오른쪽)

에 있는 기와집이었는데, 당시 문인들의 사랑방으로 통했다고 한다. 그 집은 새문밖 감영 앞에서 전차 내려 한 10분쯤 걷는 곳에 자리했는데, 꾀꼬리가 우는 동네라고 했다. 그 뒤 정지용은 부천 소사, 돈암동 등지에서 살다가 1948년 녹번동으로 이주했다. 하지만 그는 안타깝게도 1950년 6·25전쟁 중에 납북되었다.

정지용은 1936년에 발표한 시, "넓은 벌 동쪽 끝으로 옛이야기 지줄대는 실개천이 회돌아 나가고, 얼룩백이 황소가 해설피 금빛 게으른 울음을 우는 곳 (…)"의 〈향수〉로 잘 알려진 시인이다. 그는 충북 옥천 출신으로 옥천보통학교, 휘문고보를 거쳐 일본 교토에 있는 도시샤 대학 영문과를 졸업하였다. 윤동주가 1942년 도쿄 릿쿄대학을 다니다가 도시샤 대학 영문과로 편입한 것은 우연이 아니었던 모양이다. 이런 인연 때문에 도시샤대학에는 정지용과 윤동주의 시비가 나란히 서 있다.

정지용은 1926년 《학조》 창간호에 〈카페·프랑스〉를 발표하면서 등단하였다. 그는 1929년 도시샤 대학 졸업 후 해방될 때까지 모교 휘문고보에서 영어 교사로 재직하였다. 그는 1930년 김영랑 등이 창간한 《시문학》 동인으로 활동하였고, 1933년 《가톨릭청년》 편집 고문으로 있으면서 이상의 시를 세상에 알렸으

| 1부 | 송몽규·윤동주, 삶

북아현동 지용소공원

며, 구인회(九人會)[11]에 가담하여 활동하였다.

특히, 그는 1939년에 《문장》 잡지의 시 부문 추천위원으로서 조지훈·박두진·박목월·김종한·이한직·박남수 등을 등단시켰다. 이 무렵 윤동주가 라사행과 함께 그의 집을 찾은 것이다. 여기서 정지용 시인의 대표적 시 가운데 하나인 〈고향〉을 소개하고자 한다.

고향

고향에 고향에 돌아와도
그리던 고향은 아니러뇨.

---

11 1933년 8월 순수 문학을 지향한 중견 작가들인 이종명·김유영·이효석·이무영·유치진·이태준·조용만·김기림·정지용 등 9명이 조직한 동인회이다. 이들은 예술의 독자성을 옹호하며 기법에 대한 자의식이 강하고, 실용성을 중심에 놓는 중산층의 물질 숭배적 가치 척도를 혐오하였다.

산꿩이 알을 품고
뻐꾸기 제 철에 울건만.

마음은 제 고향 지니지 않고
머언 항구로 떠도는 구름.

오늘도 뫼 끝에 홀로 오르니
흰 점 꽃이 인정스레 웃고.

어린 시절에 불던 풀피리 소리 아니 나고
메마른 입술에 쓰디쓰다.

고향에 고향에 돌아와도
그리던 하늘만이 높푸르구나.

〈고향〉은 그의 대표작인 〈향수〉와 달리 고향에 대한 그리움이 아닌 자신이 변하여 어릴 적 고향의 느낌을 잃어버린 상실감과 비애감을 노래한 시이다. 산꿩, 뻐꾸기, 흰 점 꽃, 풀피리 소리, 하늘 등 고향의 자연은 변함이 없는데 자신은 마음이 어수선하여 마음 속 고향의 정취를 느낄 수 없음을 안타까워한다.

이후 윤동주는 다시금 하숙집을 합동 27-1번지(현 서대문구 아현동 서소문로 51)로 옮겼다. 지금은 서울시 상수도사업본부가 그 자리를 차지하고 있다. 하숙집 앞으로 조그만 개울이 흐르고 지금의 서대문구청 자리 근처에는 두께우물[12]도 있었다. 이 무렵 그가 지은 시가 〈우물 속의 자상화〉[13](1939.9)이다. 윤동주가 연희전문 1학년 가을(1938년 9~10월경)에 몇 편의 작품을 쓰고는 거의 1년 동안의 침묵

---

12 일반적으로 두께우물은 지역 주민들의 식수 해결을 담당하던 우물을 말한다.
13 시 제목이 '자화상'으로 바뀌어 알려져 있다.

끝에 1939년 2학년 가을에 쓴 시이다.

우물 속의 자상화
산모퉁이를 돌아
논가 외딴 우물을 홀로 찾아가선
가만히 드려다 봅니다.
우물 속에는 달이 밝고 구름이 흐르고 하늘이 펼치고 파아란 바람이 불고 가을이 있습니다.

그리고 한 사나이가 있습니다.
어쩐지 그 사나이가 미워저 돌아갑니다.
돌아가다 생각하니 그 사나이가 가엽서집니다.
도로가 드려다 보니 사나이는 그대로 있습니다.
다시 그 사나이가 미워서 돌아갑니다.
돌아가다 생각하니 그 사나이가 그리워집니다.
우물 속에는 달이 밝고 구름이 흐르고 하늘이 펼치고 파아란 바람이 불고 가을이 있고 추억(追憶)처럼 사나이가 있습니다.

시인은 세 차례 우물로 찾아 가는데, 미움, 가엾음, 그리움의 세 가지 감정적 변화를 경험한다. 우물 속의 자연과 추억처럼 서 있는 사나이의 부조화는 현실과 시적 자아와의 갈등과 부조화를 함축하고 있는데, 이에는 시인의 비극적 현실 인식이 자리하고 있다. 또한 끊임없는 자기성찰을 통해 비극적 현실을 극복하고자 하는 시인의 의지가 자리하고 있다. 어두운 한 시대를 한 점 부끄럼이 없이 살아가기를 소망하는 그의 윤리의식을 내포하고 있다고 한다.

한편, 윤동주 집안은 1939년 가을쯤 용정가 제2구 1동 36호에서 용정의 정안구 제창로 1-20호의 좀 더 큰 집으로 이사했다. 그곳은 캐나다 선교부가 뿌리내린 영국조계지인 영국더기 지역이었다.

윤동주, 일제의 더욱 가혹해진 민족말살정책에 절필하다.

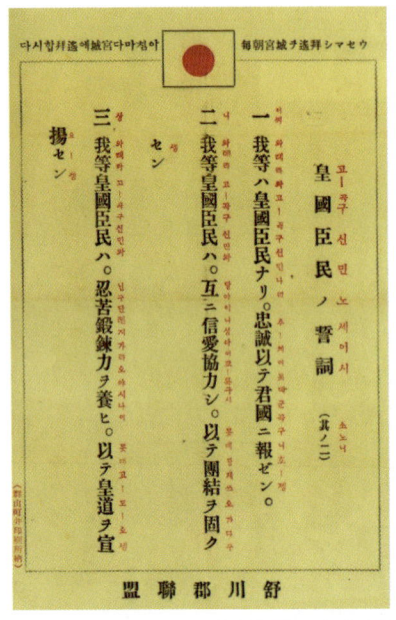

충남 서천군연맹에서 제작한 황국신민서사 (성인용)

1940년 4월, 윤동주는 3학년에 올라갔을 때 다시 기숙사에 들어갔다. 그런데 윤동주는 〈우물 속의 자상화〉를 발표한 뒤, 1939년 9월부터 1940년 12월까지 무려 1년 3개월 동안 어떤 글도 쓰지 않았다. 이때는 제2차 세계대전이 본격화하던 시기였는데, 일제는 남진 정책을 준비하며 독일·이탈리아와 3국 동맹을 체결하여 전시체제를 강화해 갔다. 이에 맞춰 조선총독부는 '내선일체(內鮮一體)'를 강화하여 한민족의 정체성을 말살하고자 하였다. 또한 일제는 신사참배 거부 투쟁을 하는 자들을 투옥, 고문하였다. 특히 1940년 2월 일제가 '창씨개명'을 강요하면서 국내는 물론 만주에까지 술렁였다. 이는 '내선일체'의 일환에서 지원병, 〈황국신민서사(皇國臣民誓詞)〉 암송, 조선어 사용 금지와 함께 시행된 것이었다.

> 황국신민서사(성인용)
> 하나, 우리는 황국신민이니 충성으로써 군국에 보답하리라.
> 둘, 우리 황국신민은 서로 신애협력(信愛協力)함으로써 단결을 굳게 하리라.
> 셋, 우리 황국신민은 인고단련(忍苦鍛鍊) 힘을 기름으로써 황도를 선양하리라.

'창씨개명'의 핵심 내용은 조선식 성명제(姓名制)를 폐지하고, 6개월 이내에 호주가 새로운 일본식 성씨(姓氏)를 정하여 신고할 것, 조선에서도 서양자(壻養子)를

《매일신보》 1940년 6월 10일자 광고. 창씨개명 신고 기한이 두 달 남았으니 좋은 이름을 골라 창씨하라는 내용.

인정하며, 서양자는 처가의 성씨를 따를 것, 이성(異姓) 양자를 인정하며, 양자는 양가의 성씨를 따를 것 등이다. 이에 따르지 않을 시에는 다음과 같은 불이익이 주어졌다.

① 창씨(創氏)를 하지 않은 사람의 자녀에 대해서는 각급 학교의 입학과 진학을 거부한다. 이미 입학한 학생은 정학 또는 퇴학 조치를 하고, 학교 차원에서 거부할 경우, 해당 학교는 폐교한다.
② 아동들을 이유 없이 질책·구타하여 아동들의 애원으로 부모의 창씨를 강제한다.
③ 창씨를 하지 않은 사람은 공·사 기관에 채용하지 않으며 현직자도 점차 해고 조치를 취한다. 다만, 일본식 씨명으로 창씨 개명한 후에는 복직할 수 있다.
④ 행정기관에서는 창씨를 하지 않은 사람의 모든 민원 사무를 취급하지 않는다.

⑤ 창씨를 하지 않은 사람은 비국민·불령선인으로 단정하여 경찰수첩에 기입해 사찰을 철저히 한다.
⑥ 창씨를 하지 않은 사람은 우선적인 노무 징용 대상자로 지명한다.
⑦ 창씨를 하지 않은 사람은 식량 및 물자의 배급 대상에서 제외한다.
⑧ 철도 수송 화물의 명패에 조선식 씨명이 쓰여진 것은 취급하지 않으며, 해당 화물은 즉시 반송 조치한다.
⑨ 창씨를 하지 않은 사람은 내지(일본 본토)로 도항할 수 없다.
⑩ 창씨개명령 제정 이후 출생한 자녀에 대하여 일본식 씨명으로 출생 신고 하지 아니할 경우에는 그 신고를 계속 반려하여 자녀와 그 부모가 창씨하도록 강제한다.

창씨개명 시행은 조선 사회의 근간을 흔드는 일이었기에 조선인들의 반발은 거셌고, 친일파들조차 혼란에 빠졌다. 창씨(創氏)의 강압 속에서도 이를 거부하고 자결한 사람도 있었으며, 부당함을 비방하다가 구속된 사람도 나타났다. 하지만 그해 8월까지 진행된 '창씨개명'에 국민의 79.3%가 이에 따랐다.

중일전쟁을 일으킨 일제는 1939년 8월부터 쌀 배급제를 실시하였다. 일제는 1939년 '미곡배급통제법'을 제정하였는데 전시 군량을 확보하기 위하여 1940년부터 이를 강제적으로 시행하였다. 일제는 미곡의 시장 유통을 금지했을 뿐 아니라, 농민들이 먹고 살려고 남겨놓은 쌀까지 헐값으로 강제 공출시켰다. 그 대신 일제는 만주 등지에서 들여오는 콩이나 피 등의 동물용 사료를 배급하였다.

1939년 10월에는 전국 규모로 만들어진 친일단체 국민정신총동원조선연맹이 국민총력조선연맹으로 기구를 개편하면서 본격적인 친일 활동을 전개하였다. 이들의 실천 강령은, ① 황국정신 현양, ② 내선 일체 완성 ③ 비상시 국민생활 혁신 ④ 전시 경제정책 협력 ⑤ 근로 보국 ⑥ 생업 보국 ⑦ 총후 후원, 즉 군인원호 강화 ⑧ 방공(防空) 방첩 ⑨ 실천망의 조직과 지도의 철저 등으로 이루어져 있었다. 특히 12

월부터는 매일 아침 궁성요배와 함께 정오 묵도를 실시토록 하였다.

윤동주, 연희전문 3학년 재학 중 정병욱을 만나다.

윤동주는 기숙사에 힘든 시절을 보내고 있을 때 2년 후배인 정병욱(鄭炳昱, 1922~1982)을 만났다. 정병욱은 경남 남해 출신으로 하동보통학교, 동래고보를 거쳐 1940년 4월 연희전문 문과에 입학하였다. 어느덧 둘은 흉금을 털어놓는 사이가 되었고, 훗날 이것이 인연이 되어 윤동주 동생 일주와 정병욱의 여동생 덕희가 결혼하였다.

1940년 6월 어느날, 이른 아침에 윤동주는 《조선일보》 한 장을 손에 쥐고 연희전문 기숙사 3층 다락방에 기숙하던 정병욱을 찾아갔다. 윤동주는 그에게 "글 재미있게 읽었습니다. 나와 같이 산보라도 나가실까요?"라며 조심스럽게 말을 건넸다. 신문 4면에는 '학생 쎅슌'란에 정병욱이 기고한 〈뻐꾹이〉라는 산문이 실려 있었다.

윤동주도 연희전문 재학 중에 쓴 시 〈아우의 인상화〉(1938.9.15.)와 산문 〈달을 쏘다〉 등이 《조선일보》에 각기 1938년 10월 17일 자, 1939년 1월 23일 자에 실렸기에 신문에 난 다른 사람의 작품들도 관

연희전문학교 재학 시절 윤동주와 정병욱

심 있게 보던 차였다. 정병욱이 연희전문 후배였기에 더욱 정감이 갔을 것이다. 정병욱은 그런 선배가 자신 방으로 찾아와 준 것에 대해 "나에게는 너무도 뜻밖의 영광이었다."라고 당시 감정을 표현했다. 〈뻐꾹이〉의 내용은 대략 다음과 같다.

청나라 시기에 옛날 어느 곳에 장정이 된 아들과 노쇠한 아버지가 살고 있었다. 그런데 추수가 끝나갈 무렵, 옆 나라 강대국이 추수한 볏섬을 강탈하기 위해 쳐들어올 것이라며 소집령이 내려졌다. 이에 아들은 군에 끌려갔는데, 전장에 나

《조선일보》 1940년 6월 17일 자, 「소품 뻐꾹이」

선 지 4개월 만에 포로가 되고 말았다. 아들은 적군의 온갖 모욕과 고난에도 고국의 명예를 위해 굴복하지 않았다. 끝내 그는 억만년에 사무칠 원한을 품고 목이 베어 죽고 말았다. 이후 아들은 뻐꾸기가 되어 마을 뒤 숲에 나타나 모를 심을 때면, "아버지 못자리 뻐꾹! 뻐꾹!" 하며 부르짖었지만, 아버지는 벼가 익어갈지라도 아들이 와야만 못자리한다며 방에서 지푸라기로 신을 삼고 자리만 짰다는 얘기다.

당시 일제의 식민지에 살아가야 했던 조선 젊은이들은 계속되는 전쟁에 언젠간 징용·징병에 끌려갈 것을 염려하고 있었다. 그런 상황이었으므로 정병욱의 글에 윤동주 또한 공감했을 것이다. 이후로 둘은 매우 가까운 선후배이자 형, 동생으로 지냈다. 기숙사에서 식사 시간에 되면 으레 윤동주가 정병욱을 찾을 정도였다. 또한 둘은 서점에 같이 가거나 교내 숲을 누비고 서강까지 산책하곤 했다.

윤동주, 기독교 신앙에 회의를 느끼다.

윤동주는 1940년에 들어서면서 예전과 달리 기독교 신앙에 회의를 느끼고 교회에 관한 관심조차 엷어졌다. 그는 유아 세례를 받고 자랐고 은진중학교 재학 중에 주일학교 교사뿐 아니라 연희전문에 입학해서도 방학 때 용정에 돌아가서는 여름 성경학교에서 아이들을 가르칠 정도로 교회 활동에 열심했기에 의아할 정도였다.

윤동주는 연희전문과 이화여전 학생들이 꾸린 협성교회에 다녔는데, 언제부턴가 의무적으로 다녔다. 당시 협성교회는 이화여전 음악관 소강당을 빌려 쓰고 있었다. 이때 그는 케이블 목사 부인이 지도하던 영어 성서반에 참석해 릴케(1875~1926, 오스트리아, 시인·소설가), 발레리(1871~1888, 프랑스, 시인), 지드(1869~1951,

연희전문·이화여전 영어 성서반원과 단체 사진(맨 뒷줄 오른쪽 끝이 윤동주)

프랑스, 소설가) 등이 지은 시와 소설을 탐독하는 한편 프랑스어를 공부했다.

그런데 윤동주가 1940년 7월, 3학년 여름방학 중에 집에 내려가서 오랜만에 가족 예배 시간에 대표 기도를 하는데, 무릎은 꿇었지만, 예전과 달리 꽤 서툴렀고 형식적이었다고 한다. 굳이 그 원인을 찾자면 1940년에 들어서 일제의 민족말살정책이 강화되면서 자유롭지 못한 처지에서 무기력해져 버린 것이 아닌가 한다. 더욱이 1938년 3월 일제가 공포한 3차 조선교육령에 일본어로 수업이 진행되는가 하면 그동안 반대하였고 거부하였던 신사참배도 받아들여만 했다.

일제의 탄압은 1940년 6월 라사행이 신사참배 반대, 창씨 개명 반대, 일제 학정 등을 비난하는 전단을 뿌렸다는 이유로 일제 경찰에 체포되자 윤동주는 적잖이 충격을 받았다. 일제의 탄압은 이에 그치지 않고 그해 10월 감리교신학교는 문까지 닫고 말았다. 그뿐만 아니라 연희전문학교 교장 원한경[언더우드 2세]이 일제의 압력으로 교장직에서 물러나고 10일간 구류처분을 받았는데, 결국 1940

년 11월 강제 추방을 당했다. 또한 1940년 8월에는 윤동주가 시를 투고하였던 《동아일보》와 《조선일보》가 폐간되었으며, 일제의 강요된 '창씨개명'에 이름과 성까지 빼앗겼으니 문학도이자 시인이었던 그로서는 견딜 수 없는 상처가 되었을 것이다. 그만큼 그의 신앙심도 잃어버린 것이 아닌가 한다.

실제 그의 집안은 히라누마(平沼)라고 창씨했다. 아마 '평(平)'은 본관 파평(坡平)에서 가져왔고, 파평 윤씨의 시조가 연못에서 나왔다는 설에서 '소(沼)'라 한 것이라고 한다. 창씨는 집안에서 결정하면 원하든지, 그렇지 않든지 간에 누구나 그리 따라야 했

강처중. 연희전문학교 졸업사진(연세대 박물관) 그는 창씨개명을 강요받자, 중국의 삼황오제 중에 한 사람인 신농씨(神農氏)가 본래 강(姜)씨였다며 '신농처중(神農處重)'라고 학적부에 올렸다.

다. 윤동주의 학적부에는 윤동주(尹東柱) 이름에 줄이 그어져 있고 평소동주(平沼東柱)라 기재되어 있다. '창씨'만 한 것이고 개명하지 않고 이름은 그대로 놔둔 것이다.

1940년 12월 윤동주, 1년 3개월 만에 다시 시를 쓰다.

1940년 12월, 윤동주는 1년 3개월 만에 시를 다시 쓰기 시작했다. 그동안 그가 시를 쓰지 못할 정도로 얼마큼 상처를 받았을지 상상이 안 된다. 그가 신앙심을 잃었을 뿐만 아니라 얼마나 많은 방황을 했음을 짐작하게 한다. 그가 다시 펜을 든 것은 3학년을 마칠 무렵이었다. 어떤 계기로 그가 다시 시를 쓰게 되었는지는 명확하지 않다. 다만, 그가 1940년 12월에 쓴 〈팔복(八福)〉, 〈위로〉, 〈병원〉 등 3편의 시를 통해 가늠해 볼 수 있을 뿐이다.

그 중에 〈팔복〉은 비신앙적이고 냉소적인 풍자의 성격을 보여준다. 당시 그의 심경을 이해할 수 있는 부분이다.

    팔복(八福)
    마태복음 5장 3~12
    슬퍼하는 자는 복이 있나니
    슬퍼하는 자는 복이 있나니
    슬퍼하는 자는 복이 있나니
    슬퍼하는 자는 복이 있나니
    슬퍼하는 자는 복이 있나니
    슬퍼하는 자는 복이 있나니
    슬퍼하는 자는 복이 있나니
    슬퍼하는 자는 복이 있나니

    저희가 영원히 슬플 것이오

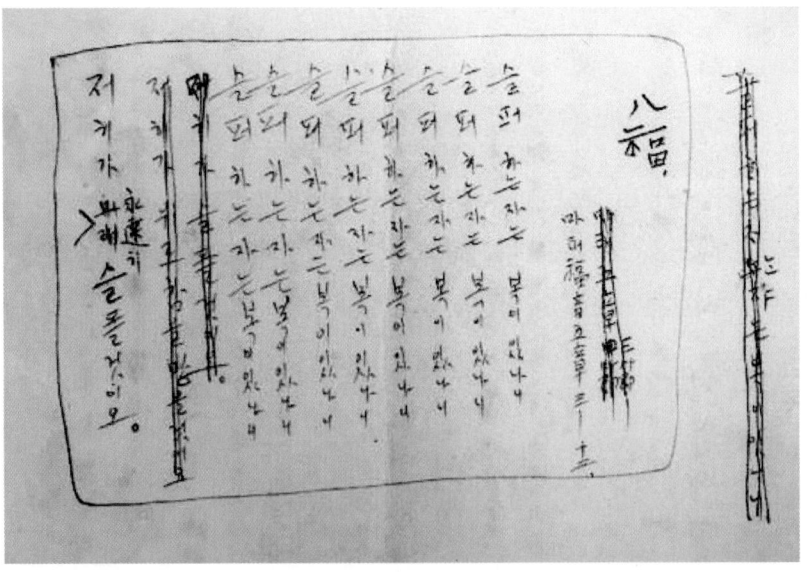

〈팔복〉 친필 원고

| 1부 | 송몽규 · 윤동주, 삶

　윤동주는 〈팔복〉 시에 관해 신약성경 마태복음 5장 3~12절에 나온 내용이라고 출처를 밝혔다. 실제는 5장 3~10절이다. 이는 예수의 '산상설교'로서 진정한 교인이 누리는 여덟 가지 복[팔복]을 열거한 것이다. 이 시는 윤동주 본인의 심리 상태를 표현한 것으로 한마디로 말해서 '절망'이고 비신앙적이며 냉소적인 풍자 시이다.

　성경의 5장 11~12절에 여덟 가지 복을 언급한 예수는 "나로 말미암아 너희를 욕하고 박해하고 거짓으로 너희를 거슬러 모든 악한 말을 할 때에는 너희에게 복이 있나니, 기뻐하고 즐거워하라. 하늘에서 너희의 상이 큼이라. 너희 전에 있던 선지자들도 이같이 박해하였느니라."하였다. 이는 화평을 위해 땅끝까지 복음을 전해야 하며, 비록 박해받는다고 할지라도 마지막엔 하나님의 아들이 되고 하늘의 상을 받는 영광을 누린다는 것이다.

　그런데 〈팔복〉 친필 원고를 보면, 윤동주는 맨 마지막 구절을 두 번이나 썼다 지웠다. 처음에는 "저히가 슬플 것이요", 다음 줄에 "저히가 위로함을 받을 것이요"라고 하였지만, 결국은 "저희가 영원(永遠)히 슬플 것이오"라고 썼다. 윤동주는

연희전문학교 재학 중 창경궁 온실 앞에서 단체 사진(오른쪽 네 번째 윤동주, 여덟 번째가 송몽규)

그 슬픔은 영원할 것이라며, 한민족이 처한 현실에 '절망'하고 있으며, 그러한 현실을 묵인하는 신에게 저항한 것이다.

〈위로〉와 〈병원〉 시 역시 일제강점기 암울한 시대를 배경으로 한다. 〈위로〉의 내용은 대략 다음과 같다. 입원한 환자가 병원 뒤뜰 난간과 꽃밭 사이에 거미가 쳐놓은 그물을 보았는데, 심보가 흉한 거미가 쳐놓은 거미줄에 그만 연약한 노란 나비가 걸려 죽음을 맞이하는 광경을 보고는 긴 한숨을 쉰다. 이 광경을 지켜보던 시인은 환자를 위로하기 위해 거미줄을 헝클었다는 내용이다.

거미줄은 식민지 상황을 표현한 것으로, 거미=가해자=일본제국주의, 나비=사나이=윤동주=식민지 조선인이라는 등식이 성립한다고 본다. 그러면서 윤동주는 "거미줄을 헝크러 버리는 것"으로 적극적인 저항 의지를 드러냈다.

위로(1940.12.3.)
거미란 놈이 흉한 심보로 병원 뒤뜰 난간과 꽃밭 사이 사람 발이 잘 닿지 않는 곳에 그물을 쳐 놓았다. 옥외 요양을 받는 젊은 사나이가 누워서 치어다보기 바르게-

나비가 한 마리 꽃밭에 날아들다 그물에 걸리었다. 노오란 날개를 파득거려도 파득거려도 나비는 자꾸 감기우기만 한다. 거미는 쏜살같이 가더니 끝없는 끝없는 실을 뽑아 나비의 온몸을 감아버린다. 사나이는 긴 한숨을 쉬었다.

나이보담 무수한 고생 끝에 때를 잃고 병을 얻은 이 사나이를 위로할 말이-
거미줄을 헝클어 버리는 것밖에 위로의 말이 없었다.

〈병원〉에는 누구도 찾아오지 않는 젊은 여자와 병명을 알 수 없는 젊은이가 등장한다. 하지만 젊은이는 절망하지 않고 둘 다 건강을 회복하기를 기원한다. 이 또한 어두운 시대를 이겨내려는 윤동주 자신의 소망을 담고 있다.

병원(1940.12)

살구나무 그늘로 얼굴을 가리고, 병원 뒤뜰에 누워, 젊은 여자가 흰옷 아래로 하얀 다리를 드러내 놓고 일광욕을 한다. 한나절이 기울도록 가슴을 앓는다는 이 여자를 찾아오는 이, 나비 한 마리도 없다. 슬프지도 않은 살구나무 가지에는 바람조차 없다.

나도 모를 아픔을 오래 참다 처음으로 이곳에 찾아왔다. 그러나 나의 늙은 의사는 젊은이의 병을 모른다. 나한테는 병이 없다고 한다. 이 지나친 시련, 이 지나친 피로, 나는 성내서는 안 된다.

여자는 자리에서 일어나 옷깃을 여미고 화단에서 금잔화(金盞花) 한 포기를 따 가슴에 꽂고 병실 안으로 사라진다. 나는 그 여자의 건강이, 아니 내 건강도 속히 회복되기를 바라며 그가 누웠던 자리에 누워 본다.

1941년 4월 윤동주는 4학년이 되어 연희전문 마지막 시절을 보내게 되었다. 당시 가장 큰 사건은 누가 뭐래도 태평양전쟁일 것이다. 1941년 4월 소련과 중립 조약을 체결한 일제는 동남아시아와 태평양 일대를 점령하고자 남진(南進) 정책을 추진했고, 그해 12월 7일 미국 하와이를 공격하여 태평양전쟁을 일으켰다. 이후 일제는 군국주의를 더욱 강화해 나갔다.

일제는 1941년에 〈조선사상법예방구금령〉·〈국방보안법〉 등을 공포하여 사상통제를 엄격히 하였고, 〈전시범죄처벌의 특례에 관한 법률〉을 공포하여 범죄자를 중형으로 처벌했다. 또한 일제는 전쟁을 확대하는 과정에서 물자를 통제하고자, 〈생활필수물자통제령〉을 공포하여 군수물자 생산 장려, 생활필수품 생산·소비 억제하였고, 〈조선고무배급통제규칙〉, 〈금속류회수령〉 등을 공포하여 고무·철·동 재료의 물자를 회수하였다. 특히 일제는 〈철제품 제조제한규칙〉를 통해 군수용 자재 우선, 제한 품목 2백여 종을 추가하였고, 〈농업생산통제령〉을 통

〈금속류회수령〉에 따른 놋그릇 공출 장면

해서는 군량 부족 해결책으로 잠업을 중단시키고 뽕밭에 간작을 실시하였다.

일제는 전국적으로 근로보국대를 조직하여 도로·철도·비행장·신사(神社) 등의 건설에 조선인을 강제 동원하였는데, 심지어는 〈국민근로보국협력령〉을 공포하여 어린 학생들을 군용비행장·방공시설·요새지 등에 강제 동원하여 노동케 했다. 이와 함께 일제는 〈국민등록〉을 실시하여 14세 이상 40세 미만 청장년을 유사시 동원하고자 했다. 이와 더불어 일제는 〈조선국민저축초조합령〉을 통해 전쟁 지원책으로 조선인들에게 보험을 강요하였다. 일제는 이에 그치지 않고 '지원병보급설전대'를 조직하여 청년·학생들에게 지원병을 촉구하기도 하였다.

| 1부 | 송몽규·윤동주, 삶

이렇듯 일제가 전쟁에 광적인 모습을 보일 때, 윤동주에게 가장 큰 충격을 던져 준 것은 문학·문화·예술 등 전 분야에 걸쳐 친일 단체가 결성되면서, 그가 좋아했던 이광수·김동환 등이 적극적인 친일의 길로 들어서거나, 이들의 주도하에 친일 일문 문예지 《국민문학》이 창간한 것이다. 연희전문 교수들 중에 친일로 돌아선 경우도 적지 않았다. 이외에도 일제의 침략전쟁에 헌신적으로 부역하기 위해 조선장로교신도애국기헌납기성회가 만들어져, 개신교가 신사참배를 넘어 전쟁용 비행기를 헌납한 것도 그에게는 충격이었을 것이다.

윤동주, 4학년 재학 중 종로구 누상동 마루터기에서 하숙하다.

윤동주는 1941년 4월, 4학년 봄 학기가 시작할 무렵, 고향 후배면서 학교 후배였던 장덕순(張德順, 1921~1996)과 함께 기숙사를 나와 2개월 정도 하숙하다가 다시 기숙사로 돌아갔다. 훗날 장덕순은 윤동주와의 일화 하나를 전했다.

장덕순

"내가[장덕순] 전문학교에 입학시험 보러 상경하였을 때의 일이다. 그때 그 학교 3학년에 재학 중인 그는 나를 위해 하숙방을 얻어 놓고 역까지 마중 나왔다. 저녁 늦게까지 내 하숙방에서 이야기하다가 그는 기숙사로 돌아간다고 나갔다. 아마 자정도 훨씬 넘은 시간이었다. 나는 여독을 풀자고 자리에 누워 깜빡 잠이 들었다. 밖에서 창문 두드리는 소리에 소스라쳐 깼다. 그가 다시 온 것이었다.

방에서 냇내가 나니 창을 좀 열고 자라고 이르는 것이다. 내가 들창문을 좀 열어 놓는 것을 보고는 그대로 어둠 속으로 사라져갔다. 그는 자정이 넘은 어두운 신촌 굴길을 타박거리고 더듬어 갔다. 뒤에 들으니, 그는 가깝지 않은 기숙사까지 다 갔다가 걱정이 되어서 다시 왔더라는 것이었다. 그 방에는 학생 하나가 냇내에 중독이 되어서 쓰러진 일도 있었다는 것이다."

그는 1941년 5월 초 일제의 배급제 식량정책에 기숙사의 식사가 너무도 부실하여 정병욱과 함께 다시 기숙사를 나와 졸업할 때까지 하숙하였다. 당시 상황을 정병욱은 다음과 같이 회고하였다.

"태평양전쟁이 벌어지자, 일본의 혹독한 식량정책이 더욱 악화되었다. 기숙사의 식탁은 날이 갈수록 조잡해졌다. 학생들은 맹렬히 항의를 했으나 막무가내였다. 당국의 감시가 철저하기 때문에 어쩔 수 없는 일이었다. 동주가 4학년으로, 내가 2학년으로 진급하던 해 봄에 우리는 하는 수 없이 기숙사를 떠나기로 작정을 했다. 마침 나의 한 반 친구의 알선으로 누상동 마루터기에 조용하고 조촐한 하숙방을 쉽게 얻을 수 있었다.
우리는 매우 명랑하고 유쾌한 하숙 생활을 한 달 동안 즐길 수 있었다. 그러나 한 달이 지난 뒤 하숙집 형편으로 그 집을 떠나야 할 신세가 되었다. 참 좋은 학숙이었는데, 실망과 아쉬움에 가득 찬 마음으로 두 사람은 새 하숙을 구하려 그 집 대문을 나섰다. 누상동에서 옥인동 쪽으로 내려오는 길목 전신주에서 우연히 '하숙 있음'이라는 광고 쪽지를 발견했다. 누상동 9번지였다. 그 길로 우리는 그 집을 찾아갔다. 그런데 집주인의 문패는 김송(金松)이라 씌어 있었다. 우리는 서로 바라보며 고개를 갸우뚱거렸다. 설마 하고 대문을 두들겨 보았더니 과연 나타난 집주인은 소설가 김송 씨 바로 그분이었다. 1941년 5월 그믐께 우리는 소설가 김송 씨의 식구로 끼어들어 새로운 하숙 생활이 시작되었다."(정병욱, 「잊지 못할 윤동주 형」, 『바람을 누비고 서 있는 말들』, 집문당, 1980, 15~16쪽).

종로구 누상동 9번지 '윤동주 하숙집 터'

누상동 9번지 하숙집(좌)과 김송(우)

　윤동주와 정병욱은 맨 처음 서촌인 종로구 누상동 마루터기에서 하숙하였다. 원래 누상동은 연산군 때 세운 누각동(樓閣洞)에서 동명이 유래되었다고 한다. 누상동은 북으로 옥인동, 동으로 누하동, 남으로 필운동·사직동·무악동과 접하며 서쪽으로는 서대문구 홍제동에 이웃한 전체 면적의 2/3가 산지(山地)로서 동북쪽에 비교적 오밀조밀하게 주택지가 밀집해 있었다.

    그들은 이곳에서 약 한 달 정도 머물다가, 그해 5월 무렵 누상동 9번지(현 종로구 옥인길 57) 소설가 김송(金松, 1909~1988)의 집으로 옮겼다. 이곳은 길 하나로 누상동과 옥인동이 갈라진다. 그들은 이곳에서 여름방학 끝날 때까지 3개월 동안 지냈다. 지금은 옛 모습은 사라지고 다세대주택 담벼락에 '윤동주 하숙집 터'라는 안내판이 붙어있다.

    김송은 함남 함주 출신으로 함흥고보를 거쳐 일본대학 예술과를 진학했지만 중퇴하고 귀국한 뒤에는 희곡을 쓰면서 연극 활동을 하였다. 그는 1930년 신흥극장이라는 극단을 만들어 작품 〈지옥〉을 조선극장에서 상연했다. 그런데 일본 유학 체험을 살려 일제의 유치장과 형무소에 대한 적개심을 드러냈다고 하여 일제 경찰이 공연을 중단시킨 일이 있다. 그는 한동안 유랑생활 끝에 1934년 함흥으로 돌아가 작은 서점을 경영하며 희곡 집필에 전념하였다. 이때 〈국경의 주막〉(1935. 8), 〈딸〉(1935. 10), 〈원정(怨情)〉(1935. 11) 등을 발표하였다.

    그런데 일제가 전시통제를 강화하던 시기에 친일적인 시나리오 쓸 것을 요구하자, 그는 울분을 참지 못하고 고향인 함흥에서 밤을 틈타 서울로 올라왔다. 당시 동료들은 일제의 올가미에 견디지 못해 끝내 지조를 굽혔다. 그는 막상 서울에 올라왔으나 이렇다 할 일이 없었다. 뜻이 있어도 길이 막혔고, 길이 있어도 뜻을 잠재울 수 밖에 없었다. 이때 그가 처음으로 자리잡은 곳이 누상동 집이었다. 이 무렵 그는 〈봉황금(鳳凰琴)〉(1939. 9), 〈가돈상경(家豚上京)〉(1940. 6), 〈추계(雛鷄)〉(1940. 12) 등을 발표하였다.

    윤동주와 같이 하숙하였던 정병욱은 당시를 다음과 같이 회상하였다.

아침 식사 전에 누상동 뒷산인 인왕산 중턱까지 산책하였고 그곳 골짜기에서 세수하였다. 학교 수업 후에는 전차로 한국은행 앞까지 가서는 충무로·명동·을지로·청계천·종로 등지를 돌며 서점, 음악다방, 영화관 등을 찾기도 하였다. 하숙집에서 저녁을 먹고 간혹 김송과 환담하곤 하였다.

이 집에 머물렀을 때 윤동주는 이전과 달리 많은 시를 발표하였다. 그 유명한 〈서시〉(1941.11)를 비롯하여, 〈무서운 시간〉(1941.2), 〈눈 오는 지도(地圖)〉(1941.3), 〈또 태초의 아츰〉(1941.5), 〈새벽이 올 때까지〉(1941.5), 〈십자가〉(1941.5), 〈돌아와 보는 밤〉(1941.6), 〈바람이 불어〉(1941.6), 〈또 다른 고향〉(1941.9), 〈길〉(1941.9), 〈별헤는 밤〉(1941.11), 〈간(肝)〉, 〈간판 없는 거리〉(1941), 〈눈 감고 간다〉(1941) 등의 시를 지었다.

당시 윤동주의 생각을 잠시 엿볼 수 있는 산문 〈종시〉를 살펴보고자 한다. 〈종시〉는 기숙사에 갇혀 지내던 윤동주가 학교라는 좁은 울타리 밖으로 나와, 서울 거리에서 대하게 된 풍경을 기록하고 그에 대한 자신의 생각과 느낌을 서술한 산문이다.

종시(終始)
종점(終點)이 시점(始點)이 된다.
다시 시점이 종점이 된다.
아침저녁으로 이 자국을 밟게 되는데 이 자국을 밟게 된 연유가 있다.
일즉이 서산대사가 살았을 듯한 우거진 송림(松林) 속, 게다가 덩그러시 살림집은 외따로 한 채뿐이었으나, 식구로는 굉장한 것이어서 한 지붕 밑에서도 팔도 사투리를 죄다 들을 만큼 모아 놓은 미끈한 장정들만이 욱실욱실하였다.
이곳에 법령은 없었으나 여인 금납구(禁納區)였다.
만일 강심장의 여인이 있어 불의의 침입이 있다면 우리들의 호기심을 저윽이 자아내었고 방마다 새로운 화제가 생기곤 하였다.

이렇듯 수도 생활에 나는 소라 속처럼 안도하였던 것이다.

사건이란 언제나 큰 데서 동기가 되는 것보다 오히려 작은 데서 더 많이 발작하는 것이다.

눈 온 날이었다.

동숙하는 친구의 친구가 한 시간 남짓한 문안 들어가는 차 시간까지를 낭비하기 위하여 나의 친구를 찾아 들어와서 하는 대화였다.

"자네 여보게 이 집 귀신이 되려나?"

"조용한 게 공부하기 자쿠나 좋잖은가?"

"그래 책장이나 뒤적뒤적하면 공분줄 아나? 전차 간에서 내다볼 수 있는 광경, 정거장에서 맛볼 수 있는 광경, 다시 기차 속에서 대할 수 있는 모든 일들이 생활 아닌 것이 없거든, 생활 때문에 싸우는 이 분위기에 잠겨서, 보고, 생각하고, 분석하고, 이거야말로 진정한 의미의 교육이 아니겠는가. 여보게! 자네 책장만 뒤지고 인생이 어더렇니 사회가 어더렇니 하는 것은 16세기에서나 찾아볼 일일세. 단연 문안으로 나오도록 마음을 돌리게."

나한테 하는 권고는 아니었으나 이 말에 귀틈이 뚫려 상푸둥 그러리라고 생각하였다.

비단 여기만이 아니라 인간을 떠나서 도를 닦는다는 것이 한낱 오락이요, 오락이매 생활이 될 수 없고 생활이 없으매 이 또한 죽은 공부가 아니랴.

공부도 생활화하여야 되리라 생각하고 불일내에 문 안으로 들어가기를 내심으로 단정해 버렸다.

그 뒤 매일 같이 이 자국을 밟게 된 것이다.

나만 일찍이 아침거리의 새로운 감촉을 맛볼 줄만 알았더니 벌써 많은 사람들의 발자욱에 포도(鋪道)는 어수선할 대로 어수선했고 정류장에 머물 때마다 이 많은 무리를 죄다 꾸역꾸역 자꾸 박아싣는데 늙으니, 젊은이, 아이 할 것 없이 손에 꾸러미를 안 든 사람은 없다.

이것이 그들 생활의 꾸러미요, 동시에 권태의 꾸러민지도 모르겠다.

이 꾸러미를 든 사람들의 얼굴을 하나하나씩 뜯어보기로 한다.

늙은이 얼굴이란 너무 오래 세파에 찌들어서 문제도 안 되겠거니와 그 젊은이들 낯짝이란 도무지 말씀이 아니다.

열이면 열 다 우수(憂愁) 그것이오, 백이면 백 다 비참 그것이다.

이들에게 웃음이란 가뭄에 콩싹이다.

필경 귀여우리라는 아이들의 얼굴을 보는 수밖에 없는데 아이들의 얼굴이란 너무 창백하다.

혹시 숙제를 못 해서 선생한테 꾸지람을 들을 것이 걱정인지 풀이 죽어 쭈그러뜨린 것이 활기란 도무지 찾아볼 수 없다.

내 상도 필연코 그 꼴일 텐데, 내 눈으로 그 꼴을 모지 못하는 것이 다행이다.

만일 다른 사람의 얼굴을 보듯 그렇게 자주 내 얼굴을 대한다고 할 것 같으면 벌써 요사하였을는지도 모른다.

나는 내 눈을 의심하기로 하고 단념하자!

차라리 감벽 위에 펼친 하늘을 쳐다보는 편이 더 통쾌하다.

눈은 하늘과 성벽 경계선을 따라 달리는 것인데 이 성벽이란 현대로서 팜플라지한 옛 금성(禁城)이다.

이 안에서 어떤 일이 이루어졌으며 어떤 일이 행하여지고 있는지 성 밖에서 살아왔고 살고 있는 우리들에게는 알 바가 없다.

이제 다만 한 가락 희망은 이 성벽이 끊어지는 곳이다.

기대는 언제나 크게 가질 것이 못되어서 성벽이 끊어지는 곳에 총독부, 도청, 무슨 참고관(參考館), 체신국, 신문사, 소방조, 무슨 주식회사, 부청, 양복점, 고물상 등 나란히 하고 연달아 오다가 아이스케이크 간판에 눈이 잠깐 머무는데, 이놈을 눈 내린 겨울에 빈집을 지키는 꼴이라든가 제 신분에 맞지 않는 가게를 지키는 꼴을 살짝 필름에 올리어 본달 것 같으면 한 폭의 고등(高等) 풍자만화가 될 터인데 하고 나는 눈을 감고 생각하기로 한다.

사실 요즈음 아이스케이크 간판 신세를 면치 아니치 못할 자 얼마나 되랴.

아이스케이크 간판은 정열에 불타는 담서가 진정코 아수롭다.

눈을 감고 한참 생각하느라면 한가지 거리끼는 것이 있는데 이것은 도덕률이란 거추장스러운 의무감이다.

젊은 녀석이 눈을 딱 감고 버티고 앉아 있다고 손가락질하는 것 같아야 번쩍 눈을 떠 본다.

하나 가차이 자선할 대상이 없음에 자리를 잃지 않겠다는 심정보다 오히려 아니꼽게 본 사람이 없으리란 데 안심이 된다.

　이것은 과단성 있는 동무의 주장이지만 전차에서 만난 사람은 원수요, 기차에서 만난 사람은 지기(知己)라는 것이다.

　딴은 그러리라고 얼마큼 수긍하였었다.

　한자리에서 몸을 비비적거리면서도 "오늘은 좋은 날씨올시다." "어디서 내리시나요?"쯤의 인사는 주고 바을 법한데 일언반구 없이 뚱─ 한 꼴들이 작으나 큰 원수를 맺고 지나는 사이들 같다.

　만일 상냥한 사람이 있어 요만쯤의 예의를 밟는다고 할 것 같으면 전차 속의 사람들은 이를 정신이상자로 대접할 게다.

　그러나 기차에서는 그렇지 않다.

　명함을 서로 바꾸고 고향 이야기, 행방(行方) 이야기를 거리낌 없이 주고받고 심지어 남의 여로를 자기의 여로인 것처럼 걱정하고 이 얼마나 다정한 인생행로냐?

　이러는 사이에 남대문을 지나쳤다.

　누가 있어 "자네 매일 같이 남대문을 두 번씩 지날 터인데 그래 늘 보곤 하는가"라는 어리석은 듯한 멘탈테스트를 낸다면 나는 아연해지지 않을 수 없다.

　가만히 기억을 더듬어 본달 것 같으면 늘이 아니라 이 자국을 밟은 이래 그 모습을 한 번이라도 쳐다본 적이 있었던 것 같지 않다.

　하기는 나의 생활에 긴한 일이 아니매 당연한 일일 게다.

　하나 여기에 하나의 교훈이 있다.

　횟수가 너무 잦으면 모든 것이 피상적이 되어 버리나니라.

　이것과는 관련이 먼 이야기 같으나 무관한 시간을 까기 위하여 한 마디 하면서 지나가자.

　시골서는 내노라고 하는 양반이었던 모양인데 처음 서울 구경을 하고 돌아가서 며칠 동안 배운 서울 말씨를 섣불리 써가며 서울 거리를 손으로 형용하고 말로써 떠벌여 옮겨 놓더란데, 정류장에 턱 내리니 앞에 고색이 창연한 남대문이 반기는 듯 가로막혀 있고, 덩구숭의 옛 궁전이 회포를 자아냈고, 화신 승강기는 머리가 휭─ 했고, 본정엔 전등이 낮처럼 밝은데 사람이 물밀듯 밀리고 전차란 놈이 윙윙 소리를 지르며 지르며 연달아 달리고─ 서울이 자기 하나를 위하여 이루어진 것처럼 우쭐했는데 이것쯤은 있을 듯한 일이다.
한데 게도 방정꾸러기가 있어
"남대문이란 현판이 참 명필이지요?"
"암 명필이구말구. 남자(南字), 대자(大字), 문자(門字) 하나하나 살아서 막 꾸물거리는 것 같데."
어느 모로나 서울 자랑하려는 이 양반으로서는 가당한 대답일 게다.
이분에게 가현동 고개 막바지에, ―아니 치벽한 데 말고,― 가차이 종로 뒷골목에 무엇이 있던가를 물었더면 얼마나 당황해 했으랴.
나는 종점을 시점(始點)으로 바꾼다.
내가 내린 곳이 나의 종점이요, 내가 타는 곳이 나의 시점이 되는 까닭이다.
이 짧은 순간 많은 사람들 속에 나를 묻는 것인데 나는 이네들에게 너무나 피상적이 된다.
나의 휴머니티를 이네들에게 발휘해 낸다는 재주가 없다.
이네들의 기쁨과 슬픔과 아픈 데를 나로서는 측량한다는 수가 없는 까닭이다.
너무 막연하다.
사람이라 횟수가 잦은 데와 양이 많은 데는 너무나 쉽게 피상적이 되나 보다.
그럴수록 자기 하나 간수하기에 분주하나 보다.
시그날을 밟고 기차는 왱― 떠난다.
고향으로 향한 차도 아니건만 공연히 가슴은 설렌다.
우리 기차는 느릿느릿 가다 숨차면 가정거장(假停車場)에서도 선다.
매일같이 웬 여자들인지 주룽주룽 서 있다.
제마다 꾸러미를 안았는데 예의 그 꾸러민 듯싶다.
다들 방년된 아가씨들인데 몸매로 보아하니 공장으로 가는 직공들은 아닌 모양이다.
얌전히들 서서 기차를 기다리는 모양이다.
판단을 기다리는 모양이다.
경망스럽게 유리창을 통하여 미인판단을 내려서는 안 된다.
피상적 법칙이 여기에도 적용될지 모른다.
투명한 듯하여 믿지 못할 것이 유리다.

얼굴을 찌개논 듯이 한다든가 이마를 좁다랗게 한다든가 코를 말코로 만든다든가 턱을 조개 턱으로 만든다든가 하는 악희(惡戲)를 유리창이 때때로 감행하는 까닭이다.

판단을 내리는 자에게는 별반 이해관계가 없다손 치더라도 판단을 받는 당자에게 오려던 행운이 도망갈는지를 누가 보장할소냐.

여하간 아무튼 투명한 꺼풀일지라도 깨끗이 베껴버리는 것이 마땅할 것이다.

이윽고 터널이 입을 벌리고 기다리는데 거리 한 가운데 지하철도 아닌 터널이 있다는 것은 얼마나 슬픈 일이야.

이 터널이란 인류 역사의 암흑시대요, 인생행로의 고심상이다.

공연히 바퀴 소리만 요란하다.

구역질날 악질의 연기가 스며든다.

하나 미구에 우리에게 광명의 천지가 있다.

널을 벗어났을 때 요즈음 복선공사에 분주한 노동자들을 볼 수 있다.

아침 첫차에 나갔을 때에도 일하고, 저녁 늦차에 들어올 때에도 그네들은 그대로 일하는데 언제 시작하여 언제 그치는지 나로서는 헤아릴 수 없다.

이네들이야말로 건설의 사주들이다.

땀과 피를 아끼지 않는다.

그 육중한 트럭을 밀면서도 마음만은 요원한 데 있어 트럭 판장에다 서투른 글씨로 신경행(新京行)이니 북경행이니 남경행이니 라고 써서 타고 다니는 것이 아니라 밀고 다닌다.

그네들의 마음을 볼 수 있다.

그것이 고력(苦力)에 위안이 안 된다고 누가 주장하랴.

이제 나는 곧 종시(終始)를 바꿔야 한다.

하나 내 차에도 신경행, 북경행, 남경행을 달고 싶다.

세계 일주행이라고 달고 싶다.

아니 그보다도 진정한 내 고향이 있다면 고향행을 달겠다.

이수하여야 할 시대의 정거장이 있다면 더 좋다.

송몽규·윤동주, 《문우(文友)》 잡지를 발간하다.

윤동주는 1941년 6월 연희전문 문과 학생들과 함께 잡지 《문우(文友)》를 발간하였다. 당시 송몽규는 문예부장으로 활동하였고, 강처중은 편집 겸 발행인이었다. 잡지 광고는 주로 학교 주변 서점 및 양복점, 학교지정 운동구 판매점 등이었다. 서문에는 명예 교장(총장)인 H. H. 언더우드의 메시지가 실려 있다.

《문우》는 1932년 창간되었지만, 꾸준히 간행되지 못하다가 이때 속간되었다. 하지만 이는 마지막 발행판이 되고 말았다. 잡지의 다른 내용은 모두 일본어로 되어 있지만, 시만큼은

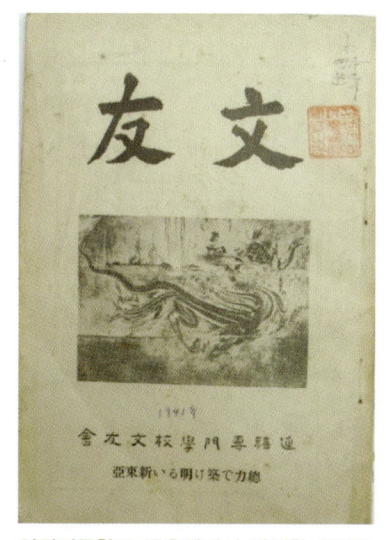

연희전문학교 문우회에서 발행한 《문우》 (1941.6)

한글로 표현되어 있다. 당시 일제가 자행하고 있던 창씨개명, 조선어 사용 금지, 《조선일보》·《동아일보》 폐간 등의 상황을 생각하면, '시'의 특성상 한글이 아니면 감정을 그대로 드러내기 어렵다는 것을 감안했는지 모르지만, 이를 그대로 사용했다는 점에서 의미가 크다.

잡지에 윤동주는 예전에 발표했던 〈새로운 길〉(1938.5), 〈우물 속의 자상화〉(1939.9) 두 편을 실었다. 송몽규는 창씨개명한 이름이 아닌 자신의 이름을 순 한글로 쓴 '꿈별'이란 필명으로 〈하늘과 더브러〉를 게재하였다. 〈하늘과 더브러〉는 일제에 모든 것을 잃은 조국을 '조각난 하늘'로 형상화하여 깊이 슬퍼하면서도 마음속 깊이 조국의 광복을 소망하였다.

발행 후기에 송몽규의 폐간 인사 및 발간 과정의 고충이 담겼다. 《문우》 표지에

는 '총력으로 구축하여 밝은 신동아(総力で築け明るい新東亜)'라는 글귀가 적혀있고, 잡지 앞쪽의 삽화 옆에는 '황국시민의 서사(皇国臣民の誓詞)'가 게재되어 있다. 당시 시대상을 반영한 것이다. 다음은 일본어로 된 발행 후기를 반역한 것이다.

> "원고에다 광고에다 검열에다 교정에다 (…) 도저히 2~3명으로는 어림도 없다는 것을 느꼈다. (…) 이 잡지를 받아 든 사람들은 내용이 빈약하고 편집이 형편없다는 점에 얼굴을 찌푸릴 것이다. 그러나 이것은 어리고 경험이 없는 학생들의 손으로 만들어졌다고 하는 것과 동분서주하며 모은 대부분 원고를 게재할 수 없었던 점을 양해해 주었으면 한다.
> 국민총력운동에 통합한 학원의 새로운 체재를 확립하기 위하여 문우회는 해산하게 되었다. 그렇기에 교우회의 발행으로는 이것이 마지막 잡지가 될 것이다. 그러나 잡지 발행 사업은 연맹에 계승되어 더욱더 좋은 잡지가 나오리라 생각한다. 우리들은 새로운 것에 합류하는 것을 기뻐하고 그것에 힘쓸 것을 맹세하며 이번 마지막 호를 내보낸다. (…)

송몽규는 그동안 발간하지 못한 《문우》 잡지를 마지막으로 발간하려 하였다. 이를 돕는 일손이 부족하여 매우 힘들었지만, 이를 완성하였다. 《문우》는 1960년 연세대 문과대 학생들에 의해 복간되었다.

하늘과 더브러

하늘-
얽히어 나와 함께 슬픈 쪼각 하늘
그래도 네게서 온 하늘을 알 수 있어 알 수 있어

푸름이 깃들고
태양이 지나고
구름이 흐르고

달이 엿보고
별이 미소하여

너하고만은 너하고만은
아득히 사라진 얘기를 되풀고 싶다

오오, 하늘아-
모든 것이 흘러흘러 갔단다
꿈보다도 허전히 흘러갔단다
괴로운 사념들만 뿌려주고
미련도 없이 고요히 고요히

이 가슴엔 의욕의 잔재만
쓰디쓴 추억의 反芻(반추)만 남어
그 언덕을
나는 되씹으며 운단다

그러나
연인이 없어 고독스럽지 않아도

고향을 잃어 향수(鄕愁)스럽지 않아도

인제는 오직-
하늘 속에 내 맘을 잠그고 싶고
내 맘 속에 하늘을 간직하고 싶어

미풍이 웃는 아침을 기원하련다.

그 아침에
너와 더불어 노래 부르기를 가만히 祈願(기원)하련다

윤동주와 송몽규는 1941년 7월 여름방학을 맞아 고향을 찾았다. 이때 송몽규는 자신이 펴낸 《문우》 잡지를 가져가고서는 이를 두고 왔다. 둘은 윤동주의 조부 윤하현에게 인사를 드렸는데, 졸업 후의 진로에 관해 얘기를 주고받았다. 윤하현은 "사회에 나가 자리 잡아 활동하고 일가를 이끌어가기를 바란다."라는 취지로 말을 꺼냈다. 이에 송몽규는 "저희가 그렇게 살아가기 위해 공부하는 줄 아십니까"라며 말대꾸하였다. 반면에 옆에 있던 윤동주는 그를 말리려 "쉬, 쉬"할 뿐이었다.

윤동주와 송몽규 역시 불확실한, 그것도 전쟁통이었으니 앞날에 대한 걱정이 컸을 것이다. 이 무렵 윤동주가 발표한 시가 〈길〉과 〈또 다른 고향〉(1941.9)이다. 윤동주가 처한 상황을 표현한 것이다. 당시 윤동주는 졸업반이었기에 자신의 앞길을 생각하느라 고민이 많았다. 전쟁 시국에다가 가정에 대한 걱정까지 겹쳐 진학할 것인지, 아니면 졸업할 것인지를 두고 갈등했다.

졸업앨범에 실린 윤동주와 연희전문 친구들(연세대박물관)(맨 오른쪽 책을 들고 서 있는 이가 윤동주).

〈길〉이라는 시에서는 '방'·'우물'·'길' 등의 이미지로 현실에 번뇌하는 자신의 심경을 담았다. 돌담을 넘을 수 없는 현실은 일제강점기 당시 조국의 비극적 현실을 직시하는 모습이다. 돌담을 더듬어 가면서 하늘을 보며 부끄러움을 느끼지만, 그래도 현실 속에서 잃어버린 본질적 자아를 찾기 위해 끝없이 성찰하며, 자아 회복에 대한 갈망을 노래하고 있다.

길(1941. 9)
잃어버렸습니다.
무얼 어디다 잃었는지 몰라
두 손이 주머니를 더듬어
길에 나아갑니다.

돌과 돌과 돌이 끝없이 연달아
길은 돌담을 끼고 갑니다.

담은 쇠문을 굳게 닫아
길 위에 긴 그림자를 드리우고

길은 아침에서 저녁으로
저녁에서 아침으로 통했습니다.

돌담을 더듬어 눈물짓다
쳐다보면 하늘은 부끄럽게 푸릅니다.

풀 한 포기 없는 이 길을 걷는 것은
담 저쪽에 내가 남아있는 까닭이고

> 내가 사는 것은, 다만,
> 잃은 것을 찾는 까닭입니다.

그러한 윤동주의 고뇌는 〈또 다른 고향〉에도 드러나 있다. 이 시의 '백골'은 조부 윤하현이 말한 "사회에 나가 자리 잡아 활동하고 일가를 이끌어가기를 바란다"라는 집안의 바람일 거다. 예전만 못한 집안 형편을 보면서, 서울 유학까지 하는 자신이 사회에 나가 돈벌이해야 하는 것은 어찌 보면 당연한 귀결일 수도 있다.

하지만 그에게는 또 다른 자아가 있다. '아름다운 혼'이다. 자신의 이상을 말하는 것이다. 둘 중 하나를 택해야만 하는 '지조 높은 개'가 어둠을 짖듯이 자신에게도 이상을 향해 나아가라고 짖는 것처럼 느낀 것이다. 이때 윤동주가 일본으로의 유학을 결심한 것이 아닌가 한다.

또 다른 고향(1941. 9)
고향에 돌아온 날 밤에
내 백골(白骨)이 따라와 한 방에 누웠다.

어둔 방은 우주로 통하고
하늘에선가 소리처럼 바람이 불어온다.

어둠 속에서 곱게 풍화 작용하는
백골을 들여다보며
눈물짓는 것이 내가 우는 것이냐
백골이 우는 것이냐
아름다운 혼이 우는 것이냐

지조 높은 개는

밤을 새워 어둠을 짖는다.

어둠을 짖는 개는
나를 쫓는 것일 게다.

가자 가자
쫓기우는 사람처럼 가자.
백골 몰래
아름다운 또 다른 고향에 가자.

윤동주, 정병욱과 함께 북아현동에서 하숙하다.

윤동주는 연희전문에서의 마지막 여름방학을 보내고 서울로 돌아와서는 하숙집을 옮겼다. 집주인 김송이 요시찰 인물이라 거의 매일 저녁 일본 고등계 형사들이 찾아와서는 윤동주와 정병욱의 서가에 꽂혀 있는 책 이름을 적어 가거나 고리짝까지 뒤져 편지를 빼앗는 등 갖은 행패를 부렸기 때문이다. 이러한 이유로 전에 있던 하숙생들도 오래 버티지 못하고 나갔던 모양이다.

윤동주와 정병욱은 1941년 9월 송몽규가 하숙하던 북아현동 240번지 근처로 옮겨갔다. 윤동주는 그해 12월 말 졸업할 때까지 이곳에서 머물렀다. 그곳은 7~8명이 북적이는 전문 하숙집이었다.

북아현동에는 윤동주의 부친 친구가 살고 있었다. 교사를 하다가 실업계에 투신한 분이었다. 윤동주는 그분을 매우 존경했고 가끔 그분 댁을 찾아가기도 했다. 그 집에는 이화여전 졸업반 딸이 하나 있었다. 그녀는 협성교회에 다녔고 케이블 목사 부인이 맡고 있던 영어 성서반에서 활동하였다. 윤동주가 협성교회에

다니고 영어 성서반에 들어가게 된 것도 딸과의 인연 때문에 그런 것이 아닌가 한다.

 그 뒤 윤동주는 청신하고 아름다운 또 하나의 명시, 〈별헤는 밤〉(1941.11)을 썼다. 이 시를 처음 지었을 때는 마지막 연 "그러나 겨울이 지나고 나의 별에도 봄이 오면 무덤 위에 파란 잔디가 피어나듯이 내 이름자 묻힌 언덕 위에도 자랑처럼 풀이 무성할 거외다."라는 부분이 없었다고 한다. 정병욱이 〈별헤는 밤을〉을 읽어 보고는, "딴은 밤을 새워 우는 벌레는 부끄러운 이름을 슬퍼하는 까닭입니다."라고 끝나면 좀 허하다 느낀다고 하여 이를 덧붙였다고 한다.

  별헤는 밤(1941. 11)
  계절이 지나가는 하늘에는
  가을로 가득 차 있습니다.

  나는 아무 걱정도 없이
  가을 속의 별들을 다 헤일 듯합니다.
  가슴속에 하나둘 새겨지는 별을
  이제 다 못 헤는 것은
  쉬이 아침이 오는 까닭이요,
  내일 밤이 남은 까닭이요,
  아직 나의 청춘이 다하지 않은 까닭입니다.

  별 하나에 추억과
  별 하나에 사랑과
  별 하나에 쓸쓸함과
  별 하나에 동경(憧憬)과
  별 하나에 시와
  별 하나에 어머니, 어머니,

어머님, 나는 별 하나에 아름다운 말 한마디씩 불러 봅니다. 소학교 때 책상을 같이 했던 아이들의 이름과, 패(佩), 경(鏡), 옥(玉), 이런 이국 소녀들의 이름과, 벌써 아기 어머니 된 계집애들의 이름과, 가난한 이웃 사람들의 이름과, 비둘기, 강아지, 토끼, 노새, 노루, '프랑시스 잠', '라이너 마리아 릴케' 이런 시인의 이름을 불러 봅니다.

이네들은 너무나 멀리 있습니다.
별이 아스라이 멀듯이.

어머님,
그리고 당신은 멀리 북간도에 계십니다.

나는 무엇인지 그리워
이 많은 별빛이 내린 언덕 위에
내 이름자를 써 보고
흙으로 덮어 버리었습니다.

딴은 밤을 새워 우는 벌레는
부끄러운 이름을 슬퍼하는 까닭입니다.

그러나 겨울이 지나고 나의 별에도 봄이 오면
무덤 위에 파란 잔디가 피어나듯이
내 이름자 묻힌 언덕 위에도
자랑처럼 풀이 무성할 거외다.

〈별헤는 밤〉은 여느 시와 달리 서정성이 유감없이 드러나 있다. 그는 가을밤에 별을 세면서 북간도에서의 소년 시절이나 어머니를 그리워하고 있다. 그러면서 윤동주는 "나는 아무 걱정도 없이"라고 하면서, 별빛이 내린 언덕 위에 자신의 이름을 쓰고 덮었는데, 봄이 오면 그곳에도 자랑스럽게 풀이 무성할 것이라면서 희망을 노래하고 있다. 윤동주는 일본 유학을 결정하였기에 지난날의 고민이 사라진 것을 의미하며, 자신의 앞날에 대해 큰 기대를 하고 있다.

윤동주, 첫 시집 『하늘과 바람과 별과 시』를 내다.

윤동주는 1941년 말 졸업을 앞두고 그 해 11월에 쓴 〈서시〉를 포함하여 19편의 시를 묶어 시집을 출판하려 했다. 처음 시집 제목은 '병원'이었다고 한다. 당시 세상은 온통 환자투성이였고, 병원은 앓는 사람을 고치는 곳이기에 그들에게 도움이 될 수 있지 않겠느냐는 생각에서였다고 한다. 그런데 〈서시〉를 쓴 뒤에 『하늘과 바람과 별과 시』로 바꿨다.

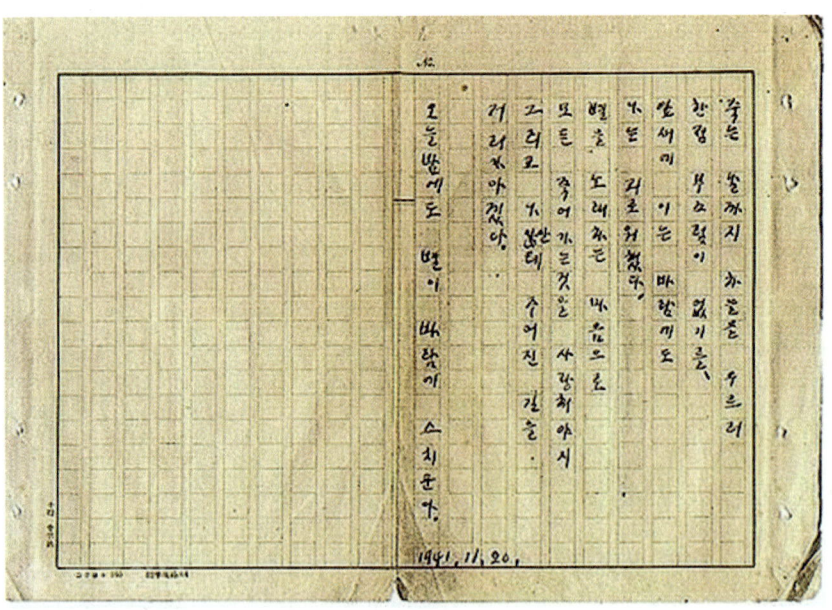

윤동주 〈서시〉 친필 원고

서시(1941. 11)

죽는 날까지 하늘을 우러러
한 점 부끄럼이 없기를,
잎새에 이는 바람에도
나는 괴로워했다.
별을 노래하는 마음으로
모든 죽어 가는 것을 사랑해야지
그리고 나한테 주어진 길을
걸어가야겠다.

오늘 밤에도 별이 바람에 스치운다.

정병욱의 회상에 따르면, 이양하 교수가 만류하여 윤동주의 시집 간행이 중단되었다고 한다. 그 까닭은 〈십자가〉, 〈슬픈 족속〉, 〈또 다른 고향〉 등의 시가 일

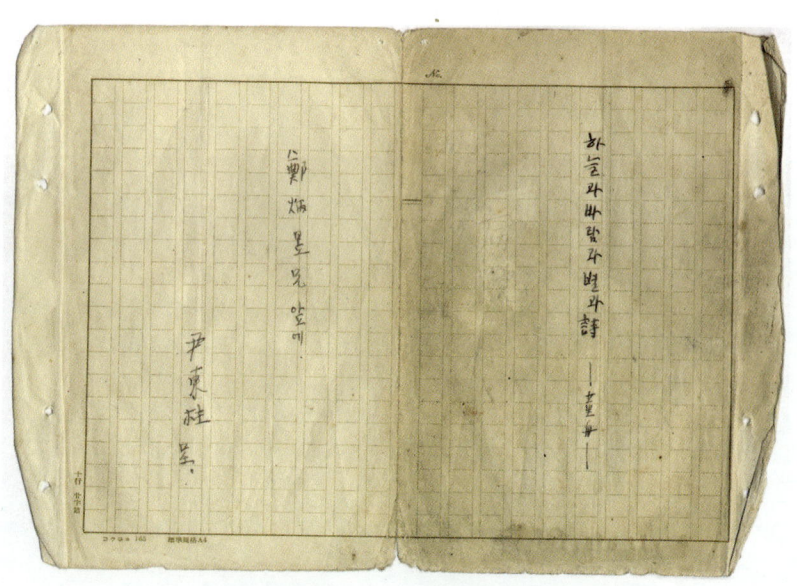

정병욱에게 준 『하늘과 바람과 별과 시』의 자필 원고

제의 검열에 통과되기 어려울 것이며, 더욱이 그의 신변에 위험이 따를 것이라는 게 이유였다고 한다.

그런데 졸업 직후 고향으로 돌아간 윤동주가 부친과 시집 간행을 의논한 것으로 미뤄보면, 검열이나 신변 위험 등이 문제가 된 것 같지는 않다. 물론 그런 위험이 전연 없었던 것은 아니지만, 결국은 재정 문제였다고 본다. 그는 용정에서 시집을 강행하고자 하였으나, 300원을 마련하지 못해 포기했다고 한다. 그렇다면, 재정적인 어려움에 부닥치게 되자, 이양하 교수가 그리 둘러댄 것이 아닌가 한다.

여하튼 윤동주는 안타깝고 아쉬운 마음에 시집 필사본을 3부 만들어 자신이 하나 갖고 정병욱·이양하 등에게 한 부씩 주었다. 그런데 정병욱이 보관한 원고만 남아 오늘날까지 전해지고 있다. 윤동주 동생 윤혜원에 따르면, 묘비에 '시인(詩人)'이라 붙인 이유에 대해서 조부와 부친이 '시인(詩人)'이라 붙이기로 하였고, 윤동주의 자선 육필 시집을 이미 보았기 때문이라고 했다. 그렇다면 윤동주가 시집 한 부를 고향으로 가져가 가족들에게 선보였다는 것으로 보인다. 하지만 이 육필 시집은 행방을 알 수 없다.

윤동주의 원고를 숨겼던 광양 정병욱의 옛집

| 1부 | 송몽규·윤동주, 삶

현재 정병욱 가옥

정병욱은 1943년 10월 학병으로 끌려가게 되자, 전남 광양 고향집으로 내려가 어머니에게 윤동주 시집을 건네면서 어떤 일이 있어도 일본인에게 절대 발각되지 않게 잘 보관해 달라고 신신당부하였다. 만약 자신이 죽고 못 돌아오거든 해방을 기다렸다가 연희전문에 가서 발간을 상의하라고도 했다. 어머니는 날이 어둡기를 기다려 마룻장을 뜯고 항아리 속에 원고를 넣어 일제의 감시를 피했다. 습기가 찰까 봐 볏짚을

정병욱의 부친 정남섭과 모친 박씨

깔고, 마룻장 위는 나무 책상으로 가렸다.

광양 고향집은 섬진강이 남해로 흘러드는 진월면 망덕포구에 있다. 이 집은 양조장과 살림집을 겸한 주택이었다. 정병욱의 부친 정남섭은 경남 남해 태생인데 1919년 3.1운동을 주도한 독립운동가이다. 그는 1927년 교원 발령을 받아 하동으로 옮겨가 교편을 잡았고, 1934년 이곳으로 옮겨온 뒤 양조장을 운영했다고 한다.

한편, 윤동주는 자신 뜻대로 시집을 낼 수 없게 되자, 좌절감에 1941년 11월 〈간(肝)〉이란 시를 썼다. 그는 〈구토지설〉, 프로메테우스 신화 등 동서양의 고전을 원용하여 시대에 대한 울분과 자신의 의지를 드러냈다.

간(1941. 11)
바닷가 햇빛 바른 바위 위에
습한 간(肝)을 펴서 말리우자.

코카서스 산중(山中)에서 도망해 온 토끼처럼
들러리를 빙빙 돌며 간을 지키자.

내가 오래 기르는 여윈 독수리야!
와서 뜯어 먹어라, 시름없이
너는 살찌고
나는 여위어야지, 그러나

거북이야!
다시는 용궁(龍宮)의 유혹에 안 떨어진다.

프로메테우스, 불쌍한 프로메테우스.

| 1부 | 송몽규·윤동주, 삶

불 도적한 죄로 목에 맷돌을 달고
끝없이 침전(沈澱)하는 프로메테우스.

윤동주, 창씨개명에 〈참회록〉을 짓다.

윤동주가 〈간〉이란 시를 발표하고 9일 뒤인 1941년 12월 8일 일제가 태평양전쟁을 일으켰다. 일본군이 선전 포고 없이 미국 하와이의 진주만을 기습 공격한 것이다. 이에 윤동주·송몽규의 졸업식은 3개월이나 앞당겨져 그해 12월 27일 거행되었다. 졸업생은 송몽규와 윤동주를 비롯한 문과 21명과 상과 50명, 이과 18명이었다. 이들은 3년 반 만에 졸업하는 모양새가 되었다. 졸업앨범은 뒤늦게 제작되었고, 윤동주는 이를 받아보지 못한 것으로 보인다.

윤동주는 졸업 기념으로 곤색 더블 신사복을 새로 맞춰 입었다. 교장 윤치호가 졸업식을 주재하였다. 이전 교장 원일환은 태평양전쟁이 일어난 그날 일본 경찰에 체포되어 감리교신학교에 연금되어 있었기에 참석하지 못했다. 원일환은 6개월 뒤인 1942년 5월 31일 석방되었고, 바로 다음 날 본국으로 강제 추방되었다.

졸업식에 윤동주의 부친은 오지 못하고 송몽규의 당숙인 송창근 목사가 자리를 함께해 줬다. 당시 송몽규는 졸업 성적이 2등으로 우등상을 탔다. 그는 상장과 부상으로 책 한 보따리

윤동주와 송몽규 연희전문학교 졸업 사진(연세대윤동주기념관)

151

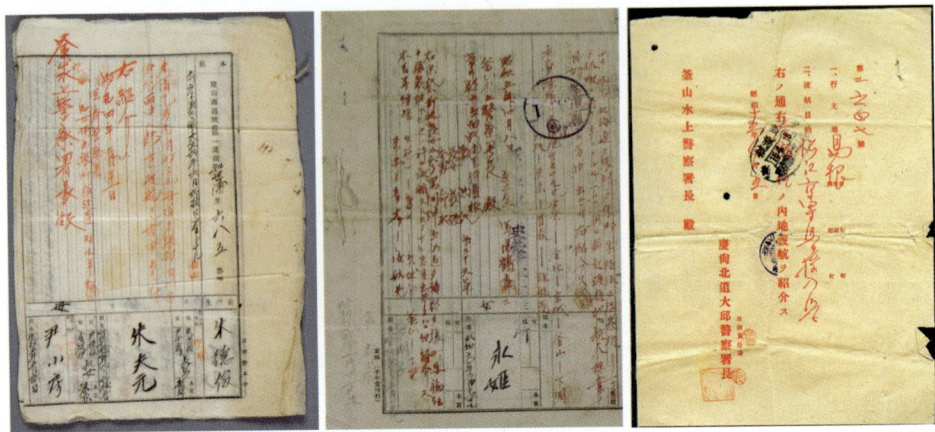

일본으로 건너간 사람의 도항증명서. 1930년 4월 경상남도 의령경찰서장이 부산수산경찰서장에게 보낸 소개장(서울역사박물관)

를 받았다. 그런데 책은 일제가 선전하던 '대동아공영권'과 관련한 것들뿐이었다. 송몽규는 "에이 그런 영감, 차라리 아주 주지나 말지, 상이라면서 이따위 것을 준다."라며 내던져 버렸다.

졸업 후 윤동주와 송몽규는 일본의 대학으로 유학하기로 결정되었기에 도항증명서를 발급받아야 했다. 먼저 거주지 경찰로부터 호적등본 뒤에 소개장을 써 넣어 부산수상경찰서에 제시하여 심사받아야 했다. 심한 경우 지방경찰서에서 일본 행선지 경찰서장의 승낙이 없으면, 도항증명서를 발급해 주지도 않기도 했다. 당시 밀항자가 급증하였기 때문이다.

이에 더해서 윤동주와 송몽규는 출신교 연희전문 학적부와 호적등본의 이름이 일치해야 했다. 그런데 용정의 윤동주와 송몽규 집안은 이미 1940년에 히라누마(平沼)·소무라(宋村)라고 창씨개명하였지만, 연희전문에 신고서를 제출하지 않아 두 사람은 여전히 창씨가 안 된 '윤동주', '송몽규'라는 이름으로 졸업했다. 이것이 문제가 되었다.

| 1부 | 송몽규·윤동주, 삶

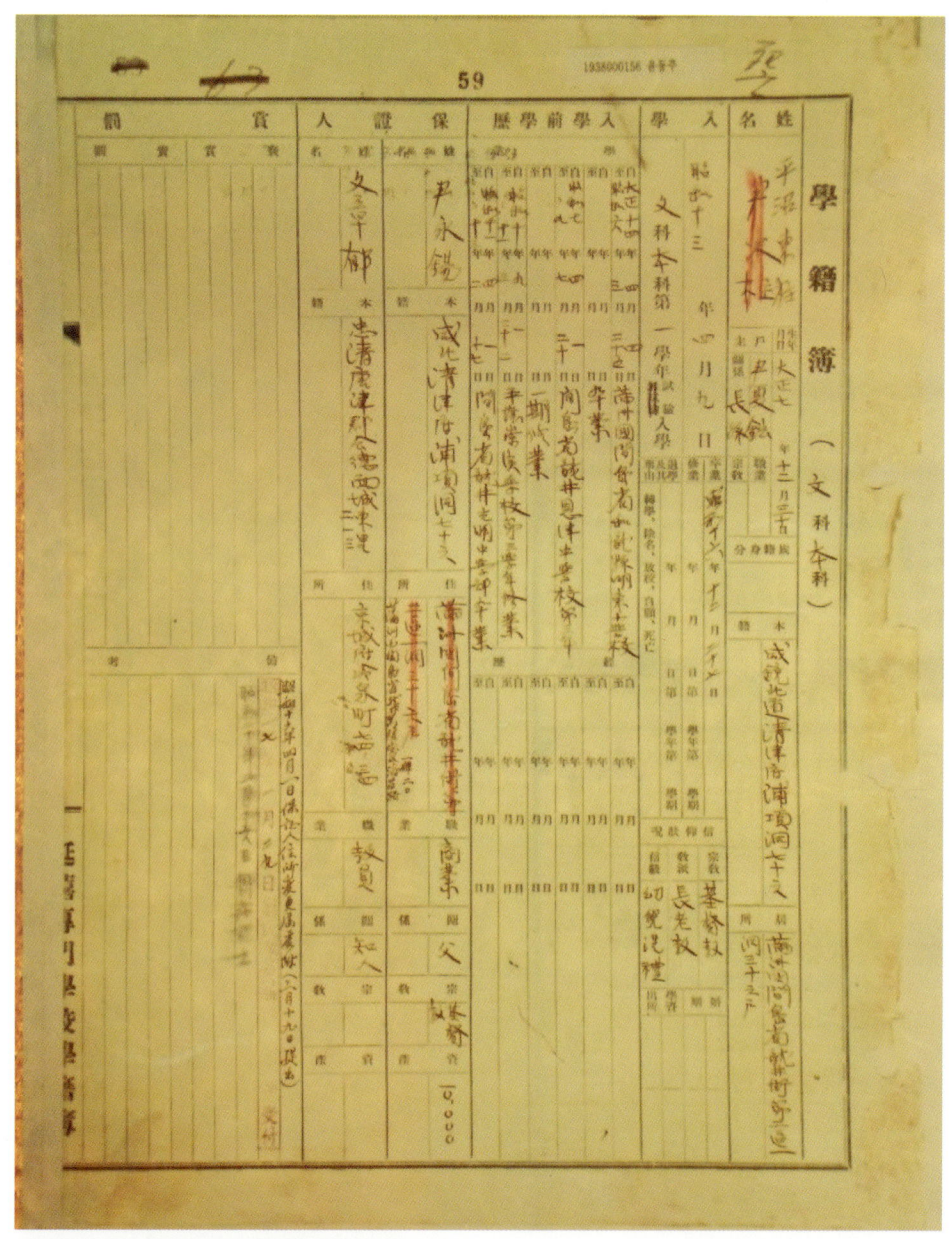

윤동주의 연희전문학교 학적부(윤동주문학관)

이들은 부리나케 용정에 내려와서는 호적을 떼서 올라와 연희전문에 '창씨개명계'를 제출했다. 이에 윤동주는 1942년 1월 29일, 송몽규는 그해 2월 12일 창씨한 이름으로 바뀌었다. 왜, 서로 일자가 다른 지는 확인할 수 없지만, 송몽규는 최대한 늦춰 '창씨개명계'를 제출하지 않았을까 한다. 이와 관련하여 윤동주는 그해 1월 24일 〈참회록〉을 썼다.

참회록(1942. 1)
파란 녹이 낀 구리거울 속에
내 얼굴이 남아있는 것은
어느 왕조의 유물이기에
이다지도 욕될까.

나는 나의 참회의 글을 한 줄에 줄이자.
– 만 이십사년 일개월을
무슨 기쁨을 바라 살아왔던가.

내일이나 모레나 그 어느 즐거운 날에
나는 또 한 줄의 참회록을 써야 한다.
– 그때 그 젊은 나이에
왜 그런 부끄런 고백을 했던가.

밤이면 밤마다 나의 거울을
손바닥으로 발바닥으로 닦아 보자.

그러면 어느 운석 밑으로 홀로 걸어가는
슬픈 사람의 뒷모양이
거울 속에 나타나 온다.

| 1부 | 송몽규·윤동주, 삶

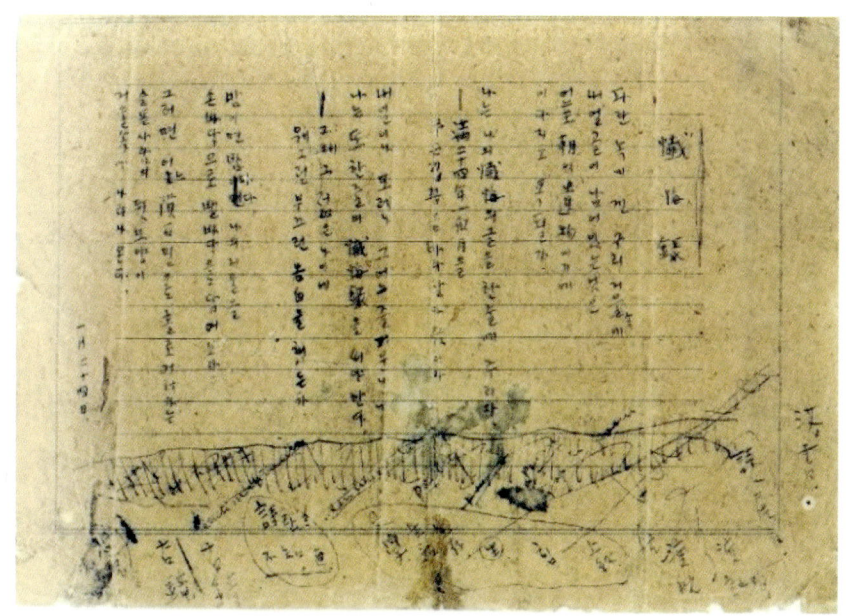
당시 고민 흔적을 보여주는 낙서 〈참회록〉 육필 원고

〈참회록〉은 나라를 상실한 상황에서 '만 24세 1개월'을 살아온 자신의 무력한 삶에 대해 부끄러워하며 참회하면서 자신을 성찰하는 내용이다. 그러면서도 그는 더 나은 미래를 희망하며 과거 참회의 글을 썼던 것을 오히려 참회하고 있다. 이는 〈참회록〉 원문의 여백에 낙서한 "시인의 고백, 도항증명, 상급(上級), 힘, 생(生), 생존, 생활, 문학, 시란", 부지도(不知道), 고경(古鏡), 비애 금물" 등의 글들을 통해서도 그의 고뇌 어린 참회를 엿볼 수 있다.

윤동주는 일본으로 떠나기에 앞서 자기가 쓰던 앉은뱅이책상, 책들과 자신이 지은 시 원고들을 강처중에게 맡겼다. 해방 후 강처중은 신문 기자로 활동하였는데, 용정에서 건너온 윤동주의 동생 일주에게 자신이 보관하던 윤동주의 유품을 넘겨줬다. 이외에도 그는 뒤늦게 제작된 졸업앨범과 윤동주의 연희전문 바클 등도 함께 건네줬다.

일본에서의 삶

송몽규·윤동주 일본에 유학하다.

송몽규와 윤동주는 교토제국대학에 진학하고자 하였다. 교토제국대학은 도쿄제국대학에 버금가는 일본 내 최고의 대학 중의 하나였다. 도쿄제국대학은 법학과 상경 계열이 뛰어나고 일본 최고의 대학인만큼 관료적인 학풍이 강했던 반면에, 교토제국대학은 자유로운 학풍에 인문과 기초과학 분야가 뛰어났다. 교토제국대학 출신자들 가운데 노벨 수상자가 많은 것도 이와 무관하지 않다고 한다.

둘 중에 송몽규만 1942년 4월 교토제국대학 사학과 서양학과 선과(選科)에 합격했다. 도쿄 니혼신학교 재학 중이었던 문익환은 송몽규가 교토제국대학에 합격한 것을 "하늘의 별 따기를 한 것"이라 극찬하였다. 낙방한 윤동주는 도쿄에 있는 성공회 미션학교 릿쿄대학(立敎大學) 문학부 영문과 선과에 입학했다. 이로써 둘은 헤어지게 되었다. 그들은 전문학교를 졸업하였기에, 본과 혹은 예과로 들어가지 못하고 선과로 들어갈 수밖에 없었다. 사립대학의 경우 예과(3년)를 두었는데, 이를 마치면 무시험으로 본과에 진학하였지만, 졸업할 때는 '선과', '본과' 구분 없는 졸업장을 받았다.

교토대학 정문

릿교대학

윤영춘. 가수 윤형주의 부친

둘은 입학 문제가 해결된 뒤 잠깐 윤동주의 당숙 윤영춘이 머물고 있던 도쿄 YMCA 회관에서 지내며 시내를 둘러봤다. 이때 명동학교 소학교 동창이자 윤동주와 외사촌인 김정우를 오랜만에 만나 회포를 풀기도 하였다.

하지만 윤동주의 릿쿄대학 생활은 편치 않았다. 윤동주와 송몽규는 1942년 3월경 일본에 건너왔다. 당시 일제는 진주만을 기습공격한 뒤, 전선의 주도권을 잡고자 솔로몬제도를 점령하고 이를 발판으로 파푸아뉴기니 포트 모르즈비를 점령하며 파죽지세로 동남아시아와 남태평양 일대를 석권하고 여러 해전에서 승리하며 인도, 호주까지 위협하였다. 이처럼 일제가 군국주의 길로 접어드는 때에 윤동주가 릿쿄대학에 입학한 것이다.

이때 학교 측은 '전시체제에 맞춰 질실강건(質實剛健)한 기풍을 진작하고자 한다'라며 학생들의 머리를 모두 깎도록 하였다. 이에 윤동주도 머리를 짧게 깎아야만 했다. 그뿐만 아니었다. 당시 일본군 대좌 이지마 노부유키(飯島信之)가 릿쿄대학의 군사훈련 담당했는데, 남학생들은 누구나 매주 1시간씩 군사훈련을 받아야 했다.

당시 윤동주는 교련을 거부하여 교련복을 입지 않고 버텼다. '교련 출석 정지'를 당하면 대학생의 '징병 연기'가 취소되어 입대를 해야만 하는 상황이었는데도 말이다. 더군다나 이지마 대좌는 한국인 유학생들에게 "너희들은 일본 사상에 젖어들지 않았다", "너희들은 일본국에 필요 없다" 등의 폭언을 일삼거나 열외시키는 등 마구 괴롭혔다.

이때 그가 남긴 시가 〈흰 그림자〉(1942.4), 〈흐르는 거리〉(1942.5), 〈사랑스런 추억〉(1942.5), 〈쉽게 씌어진 시〉(1942.6), 〈봄〉(연대 미상) 등 5편이다. 이들 시는 모두 강처중에게 보내졌다. 당시 한글 사용이 철저하게 금지되었기에 한글로 시를 쓴다는 것 자체가 힘든 시기였다. 강처중은 한글로 쓴 편지는 폐기하고 시만 고이 간직하였다가 해방 후 윤일주에게 넘겨줬다.

5편 시중에서 〈흐르는 거리〉와 〈사랑스런 추억〉은 그가 심한 향수병에 걸려 있음을 보여준다. 강압적인 릿쿄대학 시절이라 더욱 그랬을 것이다.

흐르는 거리(1942. 5)
으스럼히 안개가 흐른다, 거리가 흘러간다.
저 전차, 자동차, 모든 바퀴가 어디로 흘리워 가는 것일까?
정박할 항구 없이, 가련한 사람들을 싣고서
안개 속으로 잠긴 거리는,

거리 모퉁이 붉은 포스트 상자 붙잡고 섰을라면
모든 것이 흐르는 속에 어렴풋이 빛나는 가로등,
꺼지지 않는 것은 무슨 상징일까?
사랑하는 동무 박(朴)이여! 그리고 김(金)이여!
자네들은 지금 어디 있는가?
끝없이 안개가 흐르는데,

'새로운 날 아침 우리 다시 정답게 손목을 잡아보세'
몇 자 적어 포스트 속에 떨어뜨리고,
밤을 세워 기다리면서 금위장(金徽章)에 금단추를 삐었고
거인처럼 날아다니는 배달부,
아침과 함께 즐거운 내림(來臨)

이 밤을 하염없이 안개가 흐른다.

〈흐르는 거리〉는 윤동주가 타국 생활 속에서 고달픔 심정을 노래하면서 고향에 대한 그리움을 드러내고 있다.

사랑스런 추억(1942. 5)
봄이 오던 아침, 서울 어느 쪼그만 정거장에서
희망과 사랑처럼 기차를 기다려,

나는 플랫폼에 간신한 그림자를 떨어뜨리고,
담배를 피웠다.

내 그림자는 담배 연기 그림자를 날리고
비둘기 한 떼가 부끄러운 것도 없이
나래 속을 속, 속, 햇빛에 비춰 날았다.

기차는 아무 새로운 소식도 없이
나를 멀리 실어다주어,

봄은 다 가고—— 동경 교외 어느 조용한 하숙방에서, 옛 거리에 남은 나를
희망과 사랑처럼 그리워한다.

오늘도 기차는 몇 번이나 무의미하게 지나가고
오늘도 나는 누구를 기다려 정거장 가차운 언덕에서 서성거릴게다.

—— 아아 젊음은 오래 거기 남아 있거라.

〈사랑스런 추억〉은 윤동주가 희망을 품고 일본 도쿄로 유학해 왔지만, 과거 자기 모습에 대한 그리움으로 가득하다. 미래 역시 뚜렷한 희망이 보이지 않지만, 그럼에도 윤동주는 희망을 품었던 과거를 잊어서는 안 된다며 의지를 보였다.

| 1부 | 송몽규 · 윤동주, 삶

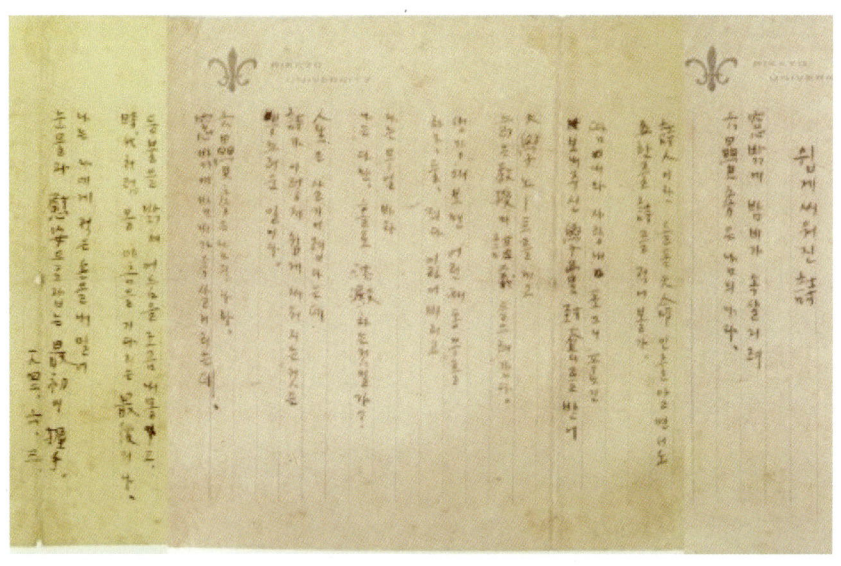
릿쿄대학 원고지에 쓴 〈쉽게 씌어진 시〉 육필 원고

윤동주는 향수병을 점차 극복해 나가면서 모국을 식민지로 만든 일본에서의 현실을 노래한 〈쉽게 씌어진 시〉를 썼다. 윤동주는 자신의 2층 하숙집 '육첩방'에서 이 시를 썼다. 윤동주는 비참한 조국의 현실을 떠나 일본 유학 생활 가운데 자아 성찰을 통한 암울한 현실의 극복 의지를 드러내고자 하였다. 윤동주는 이 시를 릿쿄대학 원고지에 썼다.

쉽게 씌어진 시(1942. 6)
창밖에 밤비가 속살거려
육첩방(六疊房)은 남의 나라,

시인이란 슬픈 천명인 줄 알면서도
한 줄 시를 적어 볼가,

땀내와 사랑내 포근히 품긴

보내주신 학비 봉투를 받아

대학 노―트를 끼고
늙은 교수의 강의 들으러 간다.

생각해 보면 어린 때 동무를
하나, 둘, 죄다 잃어버리고

나는 무얼 바라
나는 다만, 홀로 침전하는 것일가?

인생은 살기 어렵다는데
시가 이렇게 쉽게 씨워지는 것은
부끄러운 일이다.

육첩방은 남의 나라,
창밖에 밤비가 속살거리는데,

등불을 밝혀 어둠을 조곰 내몰고,
시대처럼 올 아침을 기다리는 최후의 나,

나는 나에게 적은 손을 내밀어
눈물과 위안으로 잡는 최초의 악수.

윤동주가 1942년 릿교대학 재학 중 쓴 시 중에서 〈봄〉은 1942년 6월에 쓴 시로 추정하여 윤동주의 마지막 작품으로 알려져 있다. 이 시는 역사적 오두 속에서도 불굴의 의지로 자신의 정체성과 문학적 소명을 지키려 했던 자신의 심정을 반영하고 있다 한다.

봄(1942. 6 추정)

봄이 혈관 속에 시내처럼 흘러
개나리, 진달래, 노—란 배추꽃
삼동을 참아 온 나는
풀포기처럼 피어난다
즐거운 종달새야
어느 이랑에서나 즐거웁게 솟쳐라.
푸르른 하늘은
아른아른 높기도 한데…
돌, 돌, 시내 가차운 언덕에

일본 유학 첫해인 1942년 여름방학을 맞아 귀향 후 찍은 기념사진(앞줄 윤영선(윤동주의 당숙 윤영춘의 동생), 송몽규, 김추형(윤영선의 조카사위), 뒷줄 윤길현(윤동주 조부의 육촌 동생), 윤동주.

윤동주, 도쿄 릿교대학에서 교토 도시샤 대학으로 옮겨가다.

1942년 7월 하순, 윤동주와 송몽규는 1학년 첫 학기를 마치고 여름방학을 맞아 고향 북간도 용정을 찾았다. 비록 보름 정도밖에 안 되는 기간이었지만, 향수병을 달래는 좋은 기회였을 것이다. 당시 윤동주는 동생들에게 "우리말 인쇄물이 앞으로 사라질 것이니 무엇이나, 악보까지도 사서 모으라"라고 당부하였다고 한다. 한글로 시를 쓰는 사람으로서 일제 강압에 한글을 쓰지 못하게 된 현실을 매우 안타까워하면서도 언젠가는 다시 한글을 마음대로 쓸 그때를 기약하고자 한 것이 아닌가 한다. 하지만 그들에게는 마지막 고향 방문이 되고 말았다.

모친이 병환 중임에도 윤동주가 고향에 머문 날이 짧았던 것은 동북제국대학에 다니던 친구로부터 편입 시험을 치르려면 절차를 밟아야 하니 빨리 돌아오라는 전보를 받았기 때문이다. 하지만 윤동주는 어찌 되었는지, 교토의 도시샤 대학(同志社大學)에 입학하였다. 이 무렵 문익환이 윤동주의 도쿄 하숙집을 찾았고 이삿짐 싸는 것을 도왔다. 릿쿄대학 학적부에는 '1942년 12월 19일 일신상의 이유로 퇴학'으로 기재되어 있다.

윤동주는 1942년 가을학기가 시작되기 전 교토로 옮겨가 10월 1일 사립대학인 도시샤대학 문학부 영어영문학 전공(선과)에 편입했다. 이 대학은 1875년 니지마 조(新道襄, 1843~1890)가 세운 도시샤 영어학교 후신으로 개신교 조합교회파의 미션계 학교였다. 개신교계 대학이지만, 학생들에게 교내 예배 선택권을 인정하여 신앙을 강요하지 않았다.

윤동주가 평소 존경했던 정지용이 이 대학 1929년 졸업생이었기에 교내에 두 사람의 시비(詩碑)가 있다. 정지용 시비는 2005년 10월 옥천군·옥천문화원·정지용기념사업회가 세웠다. 윤동주 시비는 도시샤교우회 코리아클럽 발의로 그가 순

도시샤대학 정문(위)과 정지용(좌)·윤동주(우) 시비

국한지 50주년을 맞아 1995년 2월 16일 건립, 제막되었다. 윤동주의 시비에 새겨진 시는 그의 대표작 〈서시〉 자필 원고 그대로이다. 정지용의 시비에는 윤동주가 '걸작'이라고 칭찬했던 〈압천(鴨川)〉이란 시가 새겨있다. 압천은 도시샤 대학 근처에 있는 하천이다.

압천

압천(鴨川) 십리(十里)ㅅ벌에
해는 저물어…… 저물어……

날이 날마다 님 보내기
목이 자졌다…… 여울 물소리……

찬 모래알 쥐여짜는 찬 사람의 마음,
쥐여 짜라. 바시여라. 시언치도 않어라.

역구풀 욱어진 보금자리
뜸북이 홀어멈 울음 울고,

제비 한 쌍 떠ㅅ다,
비마지 춤을 추어,

수박 냄새 품어오는 저녁 물바람.
오랑쥬 껍질 씹는 젊은 나그네의 시름.

압천 십리ㅅ벌에
해가 저물어……저물어……

교토조형예술대학 캠퍼스 내의 윤동주 하숙집 터에 세워진 〈서시〉 시비

한편, 송몽규는 사쿄구(左京區) 히가시히라이초(東平井町) 60번지 시미즈 에이이치(淸水榮一) 집에서 하숙하였다. 도쿄제국대학과는 600여 미터 떨어져 8분 거리에 있었다. 윤동주가 이사한 하숙집은 그로부터 도보로 5분 정도의 거리에 있던 사쿄구 다나카 다카하라초(田中高原町) 27번지 다케다(武田) 아파트였다. 1936년에 지어진 2층 목조건물로 주로 교토대학과 도시샤대학 학생 70여 명이 살았다고 한다. 그 건물은 1944년 혹은 1945년 화재로 전소되었고, 지금은 교토조형예술대학(京都造形藝術大學)이 자리하고 있다. 대학 정문 왼편에 2006년에 세운 '윤동주유혼지비(尹東柱留魂之碑)'가 세워져 있다. 그 옆 시비에는 윤동주의 대표적인 시인 〈서시〉가 한국어와 일본어로 새겨져 있다.

윤동주는 송몽규와 달리 1942년 겨울방학 동안에 용정집에 가지 않았다. 늘 방학 때면 고향을 가곤 했던 그가 이번에는 그리하지 않은 것이다. 그 이유는 분명하지 않지만, 윤동주가 미야기현의 동북제대(東北帝大)가 아닌 교토의 도시샤대학에 전학한 것에 부친의 노여움이 컸기 때문이라 한다. 대신에 윤동주는 1942년 섣달그믐께 도쿄에 있던 당숙 윤영춘을 만나 회포를 풀었다. 밤늦게 거리에 나가 야시장에서 오뎅, 삶은 돼지고지, 두부, 참새고기 등을 실컷 먹었다. 하숙집에 돌아와서는 밤이 깊도록 시에 관한 얘기를 나눴다. 다음날 음력설에 둘은 일본 최대 호수인 시가현(滋賀県)의 비파호(琵琶湖)를 찾아 새해를 맞았다.

어느덧 겨울방학이 끝나고, 1942학년도 3학기(1월 초~3월)를 맞았다. 하지만 송몽규는 혼자 겨울방학에 용정을 찾았다가, 병을 얻어 3학기 수업에 참여하지 못하고, 1943년 1학기가 시작하는 4월경 교토에 돌아왔다. 그 뒤 또다시 7월 중순 여름방학에 들어갔다. 지난 겨울방학 때와 달리 둘은 고향을 가기로 하고 귀성 준비에 바쁜 나날을 보냈다. 윤동주는 고향에 편지를 보내 귀향 여비를 보내달라고 요청하고, 받는 즉시 출발하겠다고 전했다.

1943년 6월경 도시샤대 유학 시절 친구들과 송별회를 위해 찾은 교토 우지(宇治)강의 아마가세(天ヶ瀬) 구름다리 위에서 단체 사진. 윤동주의 생전 마지막 사진(앞줄 왼쪽 두 번째가 윤동주)

　윤동주는 귀국에 앞서, 1943년 6월경 도지사대학 친구들과 송별회를 겸하여 교토 외곽의 우지(宇治) 강을 찾았다. 비록 짧은 기간이나마 공부하며 정들었던 친구들과의 마지막 만남을 기억하고 싶었던 것이다. 그는 강변에서 식사 후 바위에 걸터앉아 이야기를 나누고 있을 때, 누군가 '노래 한 곡 불러 주지 않겠어?'라는 말을 건넸다. 그는 주저하지 않고 '아리랑'을 불렀다. 모두 조용히 듣고 있던 친구들은 노래가 끝나자 모두 우레와 같이 손뼉을 쳤다. 그가 '아리랑'을 부른 것은 자신의 송별회에 마련해 준 친구들에 대한 고마움과 자신이 조선인임을 자각시켜 주기 위한 것이 아니었을까 한다.

　그들은 우지강변의 '아마가세 쓰리바시(天ヶ瀬)' 구름다리 위에서 단체 사진을 찍었다. 그런데 어느 누구도 그와 마지막이 될 것으로 생각하지 못했다. 2017년

10월 일본 시민들로 구성한 '시인 윤동주 기념비 건립위원회'가 교토 우지 강변에 윤동주를 기리는 '기억과 평화의 비'를 제막했다.

송몽규·윤동주, 일본에서 비밀결사를 조직하려다 특고경찰에 체포되다.

1942년 4월 송몽규와 윤동주가 일본에 유학할 무렵 미군의 도쿄 공습이 감행되면서 일본 내에서의 위기의식은 고조되어 갔다. 그럴수록 재일 조선인과 일본인 간의 직접적인 마찰이나 폭력 양상이 두드러졌다. 더욱이 재일 조선인 사회에서는 태평양전쟁 발발로 일제는 곧 패망할 것이고, 전승국 미국과 영국은 조선을 독립시킬 것이라는 소문이 파다하였다. 이를 기회로 재일 조선인·학생들은 소규모 비밀결사를 결성하거나, 이를 만들려는 움직임이 활발하였다.

그런 만큼 일제 경찰은 단속을 강화하였고 치안유지법 위반으로 검거된 재일 조선인 수가 격증하였다. 이들은 일제 패망을 예견하고 조선독립 후 새로운 국가 건설을 준비하고자 하였다. 일본 내 조선인 치안유지법 위반으로 검거된 재일 조선인은 1933년 최고점에 달한 후 점점 줄어들었는데, 1940년대에 접어들면서 다시 상승하여 1941년 293명으로 최고 정점을 찍었다.

이후 재일 조선인의 검거 숫자는 점차 줄어들어 200명 선을 유지했지만, 소규모의 비밀 단체의 수는 증가하였다. 이러한 단체는 일본 내 각 급 학교나 학교 간 연대 형태로 민족주의나 사회주의를 학습하는 독서회 형태가 주를 이뤘다. 일제는 이러한 비밀결사단체를 '민족주의 그룹', '공산주의 그룹' 등으로 지칭하였다.

이러한 시대적 흐름 속에서 송몽규와 윤동주 역시 학생 비밀 단체를 만들고자 하였다. 그런데 이들은 돌연 1943년 7월 여름방학을 맞아 고향 용정으로 돌아갈 준비를 하였고, 그러던 중 송몽규는 7월 10일(토), 나흘 뒤인 7월 14일(수) 윤동주·고희욱(高熙旭, 高島熙旭)· 백인준(白仁俊, 白山仁俊)·송원휘충(松原輝忠)·백야성언(白野聖彦) 등이 특별고등경찰에 체포되어 시모카모(下鴨) 경찰서 유치장에 갇혔다. 이들은 그동안 요주의 인물로 특고경찰의 사찰을 받고 있던 송몽규와 모임을 같이 했던 학생들이었다.

고희욱은 당시 22세로 교토 제3고등학교에 재학 중이었고, 송몽규와 같은 하숙집에서 거주했다. 그는 1943년 7월 14일 졸업시험이 끝나기 하루 전 등교하려던 차에 체포되었다. 고희욱과 윤동주는 송몽규의 소개로 여러 번 만나 식사를 같이하는 정도의 사이였다. 백인준은 평북 운산 출신으로 1938년 평양고보를 졸업하고 윤동주 등과 같이 연희전문에 입학하였다. 그런데 그는 2학년 때 중퇴하고 일본에 유학하여 도쿄의 릿쿄대학에 다녔는데, 이때 송몽규·윤동주 등과 교류한 듯하다. 송원휘충(松原輝忠)은 누구인지 확실하지 않다. 백야성언(白野聖彦)은 장성언(張聖彦)이라고 하는데, 그는 도시샤 대학생이었다.

특별고등경찰은 1911년부터 1945년까지 존속했는데, 반체제 언론·사상·종교·사회단체에 대해 사찰, 탄압했던 일본의 비밀경찰을 일컫는다. 이를 줄여서 특고경찰이라 한다. 이는 무정부주의자들이 일본 왕을 암살하려던 소위 '대역사건(大逆事件)'을 계기로 도쿄 경시청 산하의 고등경찰에서 분리되어 설치되었는데, 사회운동에 대한 대응을 전담하였다. 특고경찰은 엘리트 집단이었기 때문에 명문대 출신의 학력자가 많았다.

특고경찰은 1922년 일본공산당이 결성되자, 1923년에 오사카(大阪), 교토(京都)를 비롯한 주요 9개 부현(府縣)의 경찰부에도 설치되었다. 특고경찰은 1925년 제정된 치안유지법을 근거로 사상을 탄압하였는데, 지방장관이나 경찰부장을 거치지 않고 내무성 경보국 보안과의 직접 지휘를 받았다.

이들의 감시 대상은 ① 사회주의자, ② 토지복권[국유(國有)]을 외치는 자, ③ 무정부주의자, ④ 공산주의자, ⑤ 국가의 존재를 부인하는 자, ⑥ 조선인이면서 배일사상을 가진 자 등이었다. 특히 1916년 7월 〈요시찰조선인시찰내규(要視察朝鮮人視察內規)〉가 별도로 만들어지면서 재일 조선인에 대한 감시체계가 강화되었다. 이에 특고경찰은 조선인의 동정을 시찰하였다. 특고경찰은 조선인을 미행하면서 방문 장소에서의 대화내용, 소요시간, 숙박 처, 전화횟수, 지나가며 하는 이야기, 귀가시간 등과 신분, 직업, 시찰사유, 교류자, 인상, 특징, 경력의 개요, 자산, 가족성명, 세력 및 신용 정도 등을 매우 세세하게 기록하였다.

1935년 일제는 일본 공산주의운동이 궤멸하자 감시 대상을 '공산주의·사회주의·무정부주 요시찰인과 기타 특별요시찰인으로 구분하였다. 이외에 "민족주의를 신봉하는 자는 물론, 어떤 주의자가 아닐지라도 시사에 관한 언동이 불온 과격하고 치안을 해칠 우려가 있는 자, 기타 경찰상 주의를 요하는 자로 특히 시찰을 요한다고 인정되는 자"도 대상에 포함하였다.

이때 관서지방과 도쿄 등지에서는 워싱턴의 일본 대사관에 태극기가 달렸다거나, 한국 학생들이 독립을 청원하고자 미 대통령 루스벨트, 중국 장개석 총통 등을 찾아가던 중 체포되었다면서, 일본 경찰이 한국 유학생들을 마구 잡아가는 판국이라는 얘기가 나돌았다. 이런 상황에서 송몽규와 윤동주도 특고경찰의 집중적인 감시를 받기 시작하였다. 이들과 관련한 재판 내용을 토대로 그들의 활동을 정리하고자 한다.

1942년 11월 하순경 윤동주는 하숙집인 좌경구(左京區) 전중고원정(田中高原町) 27번지 무전(武田) 아파트에서 같은 대학에 재학 중인 장성언[白野聖彦]과 그해 10월에 있었던 조선어학회 회원 검거를 논하면서 "문화의 멸망은 필경 민족의 궤멸에 틀림"없다면서, "조선 문화의 앙양에 힘써야"한다는 말을 주고받았다. 또한 이들은 그해 12월 초순 좌경구(左京區) 은각사(銀閣寺) 부근에서 만나 개인주의 사상을 배격하며 개인적 이해를 떠나 민족 전체의 번영을 초래하는 마음을 가질 필요가 있다고도 했다.

송몽규는 1942년 12월 초순경 좌경구(左京區) 북백천(北白川) 동평정정(東平井町) 60번지 시미즈(淸水榮一) 하숙집에 같이 거주하는 교토 제3 고등학교 학생인 고희욱에게 "종래의 독립운동은 외래 사상에 편승하여 확고한 이론을 가지지 못했기에 단순히 충동적인 감정의 폭동으로서 실패"했다며, "앞으로 자신들이 독립운동을 전개함에 있어서는 학구적 이론적으로 하지 않으면 안 된다"라며, 과거의 독립운동을 비판하며 장래의 방책을 제시하며 독립 의지를 고취하였다.

이를 통해 본다면, 송몽규와 윤동주는 비밀결사를 만들기 위해 각기 자신들의 하숙집에서 동지들을 모은 것으로 보인다. 하지만, 송몽규는 그만 병을 얻어 1942년 12월 용정으로 돌아가는 바람에 윤동주 혼자 동지를 모았다. 1943년 2월 초순경 윤동주는 하숙집에서 마쓰바라 데루타다(松原忠輝)를 만나서 조선 내 학교에서 조선어 과목 폐지를 비판하고, 조선어 연구를 장려해야 한다고 하면서, 일제의 '내선일체' 정책을 비판하며 조선 문화의 유지와 민족 발전을 위해서는 독립 달성이 필수임을 강조하였다.

그 뒤 윤동주는 1943년 2월 중순경 하숙집에서 마쓰바라를 다시 만나 조선의 교육기관 학교 졸업생의 취직 상황 등의 문제를 논하였는데, 특히 일본과 조선 간에 차별 압박이 있음을 지적하고 조선 민족의 행복을 위해서는 독립이 급무임을 역설하였다.

교토로 돌아온 송몽규는 1943년 4월 중순경 자신의 하숙집에서 윤동주를 만나 병 요양 차 약 4개월간 고향에 머물면서 견문했던 만주국·조선 등의 정세를 전했다. 이에 따르면, 조선총독부 압박에 소학생·중등학생 대부분 국어(일본어)를 사용하고 있고 조선어 및 조선문은 점차 소멸할 상황에 처해지고 있다고 전했다. 또한 그는 만주국에서 주요 식량의 배급과 관련하여 조선인은 일본인에게 차별적 대우를 받고 있다고도 했다. 또한 그는 징병제를 비판하며 민족적 입장을 견지하면서도 오히려 조선의 독립 실현을 위해 위력을 더 해야 한다며 독립의지를 굳건히 하였다.

송몽규·윤동주는 1943년 4월 하순경 교토의 후지산이라 불리는 히에이잔(比叡山) 기슭의 야세(八瀨) 유원지에서 릿쿄대학 유학생 백인준(白仁俊, 시로야마)을 만났다. 그는 윤동주가 릿쿄대학 재학 당시 알게 된 유학생이 아닌가 한다. 이들은 일제의 징병제를 비판하면서도 조선인이 무기를 갖게 된 이상 일제가 태평양전쟁에서 패전한다면, 민족적 무력 봉기를 결행하여 독립을 실현해야 하며, 독립 후에는 군인 출신자의 강력한 독재 통치가 이뤄져야 한다고 하면서, 독립 실현에 공헌하기 위해서는 각자 실력 양성에 전념할 필요가 있다는 인식을 공유하였다.

1943년 5월 초순, 윤동주는 시라노 기요히코와 함께 자신의 하숙집에서 조선 고전 예술의 탁월함을 언급한 뒤, 문화적으로 침체된 조선의 현재 상황을 타파하고 고유문화를 발양하기 위해서는 조선 독립을 실현해야만 한다고 역설하였다. 1943년 5월 하순, 윤동주는 하숙집에서 마쓰바라와 만나 태평양전쟁은 독립 달성의 문제와 관련하여 살펴야 한다며, 이런 좋은 기회를 놓치면 독립 가능성을 잃어버려 결국 일본에 동화될 것을 우려하며 조선 민족이 번영을 이루기 위해서는 일본의 패전을 기해야 한다는 견해를 나눴다.

윤동주는 1943년 6월 하순, 하숙집에서 시라노를 다시 만났는데, 시라노는 민족의식을 강화하기 위하여 자신이 소장한 〈조선사 개설〉을 대여하고 조선사 연구를 종용하는 등 민족의식 앙양에 힘쓰고, 국체를 경혁해야 한다는 것을 논하였다.

1943년 6월 하순경, 송몽규는 하숙집에서 고희욱과 함께 태평양전쟁은 무력에 의한 해결이 곤란하므로 결국 강화조약에 의해 종결될 가능성이 크고, 그 회의에 버마(미얀마), 필리핀 등은 독립국으로서 참가하려고 할 그 시기에 조선 독립의 여론을 환기시켜 세계 각국의 동정을 얻어 한꺼번에 소기의 목적을 달성해야 한다고 역설하면서 민족의식의 유발에 노력하였다고 했다.

1943년 6월 하순, 송몽규는 윤동주 하숙집에서 찬드라 보슈(Chondro Boshu, 1897~1945)를 지도자로 하는 인도 독립운동에 관하여 논의하고, 조선은 강력한 일본에 정복되어 있기에 당장 찬드라와 같은 위대한 독립운동 지도자를 얻는 힘들지만, 민족의식은 오히려 왕성하기 때문에 일본의 전력이 피폐하여 기회가 찾아왔을 때는 찬드라와 같은 위대한 인물이 반드시 출현할 것이라며, 이를 기회 삼아 독립 달성을 위하여 궐기해야 한다며 서로 격려하였다.

1943년 7월 중순경, 윤동주는 마쓰바라와 하숙집에서 문학은 어디까지나 민족의 행복 추구의 견지에 입각해야 한다는 뜻으로 민족적 문학관을 강조하는 등 민족의식의 유발에 부심하였다.

이렇듯 송몽규와 윤동주는 장성언·고희욱·백인준 등을 동지로 포섭하고자 하였다. 그러나 그들의 계획은 이들을 포섭하지 못하면서 실패한 듯 보인다. 이에 그들은 귀향하고자 하였고, 차표를 예매하고 짐까지 수화물로 부치기까지 하였다.

그런데 특고경찰에 의해 1943년 7월 10일 송몽규가, 7월 14일에는 윤동주와 고희욱이 체포되어 시모카모(下鴨) 경찰서 유치장에 갇혔다. 이때 윤동주를 면회한 것은 당숙 윤영춘(윤형주 부친)과 명동학교 동창이자 외사촌인 김정우였다. 윤영춘은 윤동주가 교토경찰서에 검거되었다는 소식을 듣고는 한걸음에 달려갔다. 당시는 식량이 부족하여 배급받는 상황이었는데, 그는 윤동주에게 밥을 차입할 생각에 이리저리 쌀을 구하였고, 이를 알게 된 YMCA 총무 정기련이 선뜻 비상용

쌀 한 말을 내주었다. 그는 발각되지 않도록 트렁크 속에 이를 넣어 가지고 왔다. 그런데 윤영춘이 윤동주의 하숙집에 들리기도 하고, 도시샤 대학 학생 책임자 교수를 찾아가 물어도 누구도 자세한 내막을 알지 못했다. 겨우 그가 시모카모 경찰서에 갇혀있다는 사실을 알아냈다. 부랴부랴 도시락 두 개를 만들고는 면회를 청했으나, 일본 경찰은 처음에는 면회가 다음 날로 미뤄졌다며 난색을 표하더니 선심 쓰듯이 친척이니 허락한다고 하여 겨우 윤동주를 만날 수 있었다. 그러면서 경찰은 집 소식 이외는 일절 다른 말은 하지 말라며 엄중히 경고했다.

윤영춘은 취조실에서 윤동주를 마주하였다. 그의 얼굴은 파리했다. 윤동주에게 가져온 도시락을 건넸는데, 형사가 이를 자기 책상 앞으로 가져가고서는 시간이 다 되었다며 나가라고 다그쳤다. 윤동주는 "아저씨, 염려 마시고 집에 돌아가서 할아버지와 아버지, 어머니에게 곧 석방되어 나간다고 일러주세요"라는 말을 남기고는 끌려 나갔다. 이게 윤동주의 마지막 인사말이었고 면회였다. 생전에 그를 만난 최후의 순간이었다. 그 뒤 이들은 송몽규를 면회하고자 하였으나, 허락되지 않았다. 윤영춘은 이들이 1년 정도 옥고를 치르고 나오리라 생각했다.

송몽규·윤동주, 교토 검사국에 송치되어 재판을 받다.

송몽규 등 3명은 5개월 동안 경찰 조사를 받은 뒤, 1943년 12월 6일 검찰에 송치되었다. 특고경찰이 증거 자료로 내놓은 문건에는, 언제 몇 시에 하숙방 불이 꺼졌다든지, 어느 식당에서 송몽규·윤동주·고희욱 등 3명이 만나 회식을 했다든지, 언제 몇 시까지 송몽규의 방에서 무슨 얘기를 나눴는지 등이 자세히 기록되어 있었다. 나머지 4명은 풀려났다. 백인준은 풀려나자마자 학병으로 일본군에 징집되어 태평양전쟁에 끌려갔다. 그는 종전 후 살아 귀국하여 1946년에 고향으로 돌아갔고 작가로서 활동했다.

　1943년 12월 일본 내무성 경보국 보안과가 발행한 〈특고월보(特高月報)〉에 송몽규와 윤동주의 독립운동과 관련한 '재 교토(京都) 조선인 학생 민족주의 그룹 사건 책동 개요'라는 글이 게재되었다. 내용은 다음과 같다.

> **재 교토(京都) 조선인 학생 민족주의 그룹 사건 책동 개요**
>
> 　(…)
>
> 　(2) 교토로 온 이후 책동
> 　두 사람은 1941년 12월 8일 태평양전쟁이 일어나자, 전쟁의 종국에 가서는 반드시 일본이 패전할 것이라 망단(妄斷)하고, 일본의 국력이 피폐한 틈을 타서 조선 독립의 여론을 환기해 민중을 봉기케 하여 일거에 독립을 완수시킬 것을 의도하여, 경도에 있는 조선인 학생 수명을 지목하여 충동함으로써 동지를 얻는 데 노력한 결과, 제삼고등학교 학생인 고희욱을 얻어 1942년 10월경부터 금년(1943년) 7월경까지 경도의 시내 각처에서 3명이 가끔 회합하여 민족의식의 앙양 내지는 구체적인 운동방침 등에 관하여 협의해 왔던바 이제 그 주요한 사항을 적기(摘記)하면 다음과 같다.
>
> 　(가) 조선의 현황을 보건대, 제나라 말도 글도 쓸 수 없게 되어 조선 민족은 바야흐로 멸망하기에 이르렀다. 우리는 조선인이라는 의식을 잊지 말고 조선 고유의 문화를 연구하고, 조선 문화의 유지 향상을 도모하는 것이 민족적 문화인의 사명이다. 조선 민족은 결코 열등 민족이 아니고 문화적으로 계몽만 하면 고도한 문화민족이 될 것이다. 문화적으로 깨치고 민족의식을 자각하기에 이르면 조선의 독립은 가능한 것이다.
>
> 　(나) 민족의식의 계몽은 문화의 힘에 의지할 것인바, 연극·영화 등은 효과적이기는 하지만, 장소적인 제약을 받기에 문학작품, 특히 대중문학에 의존하는 것이 가장 감화력이 크고 또한 아무런 제한이 없어 영향력도 크기 때문에 이 방향으로 노력해야 한다.
>
> 　(다) 조선도 '대동아공영권' 속의 약소민족으로 해방되어야 한다. 그러나 이를 위해서는 조선 민족의 민족적 결점이 시정되지 않으면 안 된다.

(라) '대동아공영권' 일환으로 조선이 독립해야 하는 것은 일본 역사적 필연성이다. 그러나 그렇게 되려면 조선 민족이 문화적인 자각을 가지고 적극적으로 독립을 요망하지 않으면 안 된다. 조선 독립의 선결문제는 민족 문화 수준의 향상에 있고 그 책임은 우리에게 있다.

(마) '대동아전쟁[태평양전쟁]'의 강화조약에 즈음하여 조선의 독립 문제가 반드시 조건으로서 제기되어야 한다. 만일 제기되지 않더라도 일본의 국력이 약해지거나, 또는 일본이 패전하는 기회를 틈타 독립운동을 전개하면, 조선인은 모두 우리들도 목숨을 바쳐 궐기해야 한다.

(사) 독립봉기가 일게 되면, 조선인인 이상 거족적으로 결합할 것이기 때문에 구태여 동지 획득을 서두를 필요는 없다. 동지 획득에 관해서는 세심한 주의가 필요하다.

(아) 독립 후의 정치 주권자는 누가 될 것인가 하는 것은 얼마 동안 군인 출신의 독재 정치에 맡겨야 한다.

(자) 교토에 있는 조선인 학생 백인준·송산용한 등에 대하여 가끔 민족적 선동 계몽을 수행했다.

(차) 학교에서의 조선어 수업 폐지와 한글로 된 신문 잡지 등의 폐간은 조선 문화 즉 고유한 민족성을 말살하고 조선 민족을 멸망케 하려는 것이므로 어떤 일이 있어도 조선 문화의 유지에 힘쓰지 않으면 안 된다.

(카) '내선일체(內鮮一體)' 정책은 일본 정부의 조선 민족 회유 정책으로서 조선 민족을 기만하고 민족 문화와 민족의식의 소멸을 꾀함으로써 조선 민족을 멸망시키려는 것이다.

(타) 조선 문화를 유지하고 민족의식을 앙양하려면 민족의 고유문화를 역사적으로 연구하여 체계화할 필요가 있다. 독일에서는 마티니[주세페 마치니]라는 사람이 『청년 이탈리아』라는 저서를 통해 국민의 자각을 불러일으켰다고 한다. 조선 독립을 위해서도 이러한 민족의 나아갈 길을 연구하고 조선 민족의 결점을 시정하지 않으면 안 된다.

> (파) '대동아공영권' 이론은 동아(東亞)의 각 민족으로 하여금 제가끔 그 자리를 얻게 하는 것이기에 조선도 독립할 가능성이 충분히 있다. 다만 조선 민족 자신이 조선 독립의 의식을 보이고 독립 후의 정치도 자주적으로 실천하려는 의도를 표명하지 않으면 안 된다.
>
> — 특고월보(特高月報) 1943년 12월 —

검찰에 송치된 송몽규·윤동주·고희욱은 4면이 모두 밀폐된 독방에 갇혔다. 벽 꼭대기에 나 있는 작은 창을 통해 약간의 햇빛이 비춰는 정도였다. 식사는 거의 꽁보리밥에 단무지 몇 쪽, 묽은 된장국이 전부였다. 1944년 1월 19일 고희욱은 검사국에 넘겨온 지 40여 일 만에, 체포된 지 6개월 만에, 기소유예로 풀려났다. 하지만, 송몽규와 윤동주는 1944년 2월 22일 기소되었다.

송몽규와 윤동주는 각기 다른 재판부에서 재판을 받았다. 윤동주는 1944년 3월 31일 교토지방재판소 제2형사부에서, 송몽규는 그해 4월 13일 교토지방재판소 제1형사부에서 각기 재판을 받았다.

검사는 모두 징역 3년을 구형하였는데, 둘 다 '치안유지법' 제5조를 걸어 징역 2년형을 선고 받았다. 윤동주는 4월 1일, 송몽규는 4월 17일 형이 확정되었다. '치안유지법' 제5조는 "국체(國體) 변혁의 목적을 가지고 결사를 조직하거나, 또는 그 지원이나 준비를 위한 목적으로 결사를 조직하려는 그 목적 사항의 실행에 관하여, 협의 또는 선동, 선전 기타 그 목적 수행을 위한 행위를 한 자는 1년 이상 10년 이하의 징역에 처할 것"을 규정한 것이다.

그런데 송몽규는 윤동주와 달리 미결 구류일 수를 포함하지 않았다. 이에 둘의 출소 예정일이 달랐다. 윤동주는 1945년 11월 30일, 송몽규는 이보다 훨씬 긴 1946년 4월 12일이었다. 그러니 윤동주는 2년, 송몽규는 2년 6개월을 선고받은 셈이다.

송몽규가 형이 확정되자 교토제국대학은 1개월여가 지난 그해 5월 18일 퇴학 처분을 내렸다. 송몽규가 기소되었을 때, 대학은 1944년 3월 23일 그에게 '무기 정학' 처분을 내린 바 있었다. 이와 달리 윤동주가 다녔던 도시샤 대학은 학사 처리가 불명확했으며 처리가 늦었다. 그가 체포되었음에도 계속 강의를 받은 것으로 되어 있는가 하면, 1948년 12월 24일에서야 "교수회 결의에 따라 장기 결석 학비 미납 제명' 결정이 내려졌다.

1944년 4~6월 일본 사업성 형사국에서 발행한 〈사상월보〉 제109호에 '치안유지법 위반 피고 사건(조선독립운동)'라는 제목하에 송몽규와 관련한 판결문만 수록되어 있다. 윤동주와 관련해서는 검사 구형량, 판결 확정 일자가 기록되어 있다.

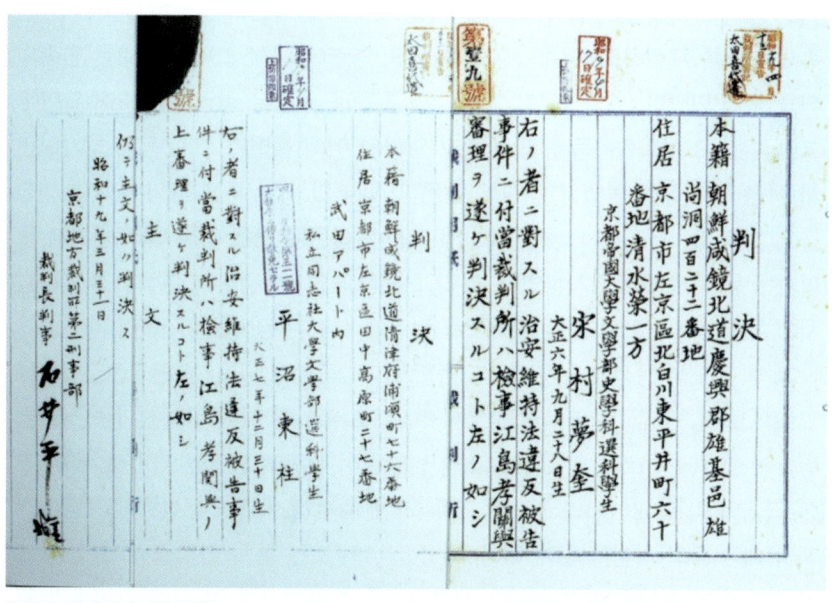

윤동주와 송몽규 판결문

송몽규 판결문

본적 조선 함경북도 경흥군 웅기읍 웅상동 422번지

주거 교토시 사쿄우쿠 기타시라카와 히가시히라이초 60번지 시미즈 에이이치 방, 교토제국대학 문학부 사학과 선과 학생

소우무라 몽규
다이쇼 6년(1917) 9월 28일생

상기 자에 대한 치안유지법 위반 피고 사건에 대해서 당 재판소는 검사 에지마 다카시 관여하에 심리를 거쳐서 판결하니 아래와 같다.

주문
피고인을 징역 2년에 처한다.

이유
피고인은 만주국 간도성에 거주하는 조선인 학교 교사의 집에서 태어나 그곳에서 중학교 교육을 받았다. 하지만 어릴 때부터 중화민국인의 박해를 받아 민족적 비애를 체험하고, 민족학교 교육 등의 영향에 의해 일찍이 치열한 민족의식을 품게 되었다. 쇼와 10년(1935) 4월경 선배 권유로 학업을 중도에 그만두고, 남경의 조선독립운동 단체인 김구 일파의 아래 들어가 그 운동에 참가하면서 점점 그 의식을 높였다. 나중에 같은 파 내부의 파벌 투쟁 등의 추악한 내정을 알게 되자, 1935년 11월경 제남의 조선 독립운동 단체 이웅 일파 산하에 들어가는 등의 활동에 종사하였다. 쇼와 11년(1936) 4월경부터 본적지 웅기경찰서에 유치되어 취조받고, 같은 해 8월 말경에 석방된 경력을 가진 자이다.

그 후 간도성 용정에 있는 국민고등학교[대성중학교]와 경성 연희전문학교를 거쳐서 쇼와 17년(1942) 4월 교토제국대학교 문학부 사학과에 선과생으로 입학하여 현재에 이르게 되었다. 그러나 변함없이 민족적 편견을 가지고, 특히 조선 국내의 각 학교에서의 조선어 교수 과목 폐지와 함께 언문에 의한 신문 잡지의 폐간 등의 사실을 알게 되어, 제국 정부의 조선 통치 정책을 두고 필경 조선의 모든 특수성을 몰각시키고, 고유문화를 절멸시켜서 결국 조선 민족의 멸

망을 의도한다고 망상하고, 그 시정을 깊이 원망하고 책망한 결과, 조선 민족의 자유와 행복을 위해서는 조선을 제국 통치권에서 벗어나도록 하여 독립 국가를 건설하는 방법 외에는 없고, 그것의 실현을 위해서는 당면 조선인 일반 대중의 문화 수준을 앙양시켜서 민족적 자각을 유발, 상기하도록 하여 점차 독립의 기운을 양성시키지 않으면 안 된다는 결의를 굳혔다. 이 목적 달성을 위하여,

제1, 쇼와 17년(1942) 12월 초순 경 하숙집인 교토시 사쿄우쿠 기타시라카와 히가시 히라이초 60번지 시미즈 에이이치(淸水榮)에서 같은 민족의식을 품고 있던 제3고등학교 생도인 **다카시마 희욱(高島熙旭)**에게 종래 조선 독립운동은 외래사상에 편승한 것이므로 확고한 이론을 가지지 못했기에 단순히 충동적인 감정의 폭동으로서 실패했기에 앞으로 자신들이 독립운동을 전개하기 위해서는 학구적 이론적으로 해야 한다고 하여 과거의 독립운동을 비판하고, 장래의 방책을 지시하여 동인의 독립의식의 앙양을 도모했고,

제2, 쇼와 18년(1943) 4월 중순쯤 전기의 하숙집에서 소학교 시절부터 친구로서 같이 민족의식을 품고 있었던 도시샤대학 문학부 학생 **히라누마 동주**에게 피고인이 병 요양을 위해 약 4개월간 귀성 중에 견문했던 만주국 조선 등의 객관적 정세에 대해서, 최근 조선에서는 총독부의 압박으로 소학생 중등 학생은 거의 다 국어[일본어]를 사용하고 있고, 조선어 및 조선문[한글]은 점차 소멸할 상황에 부닥쳐지고 있다는 것, 혹은 만주국에서 주요 식량의 배급과 관련하여, 조선인은 내지인으로부터 차별적 대우를 받고 있다는 것 등을 알려서 이러한 것을 교대로 토론한 것 외에, 조선에서의 징병제도에 관하여 민족적 입장에서 상호 비판을 덧붙이고, 해당 제도를 오히려 조선의 독립 실현을 위해 일대 위력을 더해야 하는 것이라고 논단하는 등 상호 독립의식의 앙양에 노력하였고,

제3, 1943년 4월 하순께, 교토 시외 야세(瀨) 유원지에서 **히라누마 동주** 및 같은 민족의식을 품고 있던 릿쿄대학 학생 **시로야마 인쥰(白山仁俊)**과 회합하여 교대로 조선에서의 징병제도를 비판하고, 조선인은 과거에 무기를 몰랐지만, 징병제도의 실시로 인하여 새로이 무기를 가지고 군사 지식을 체득하기에 이르러, 장래 대동아전쟁(태평양전쟁)에서 일본이 패전에 봉착할 때 틀림없이

우수한 지도자를 얻어서 민족적 무력 봉기를 결행하여 독립 실현을 가능하게 해야 한다며 민족적 입장에서 해당 제도를 구가하였다. 혹은 조선 독립 후의 통치 방식에 대해서 조선인은 당파심 및 시기심이 강하므로 독립하게 되면 군인 출신자의 강력한 독재에 의존하지 않으면, 통치가 곤란하게 될 것이라고 논단한 끝에 독립 실현에 공헌하기 위해서는 각자 실력의 양성에 전념할 필요가 있음을 서로 강조하는 등, 상호 독립의식의 강화를 도모했다.

제4, 1943년 6월 하순 무렵, 앞의 하숙집에서 **다카시마 희욱(高島熙旭)**에게 '대동아전쟁'은 무력에 의한 해결이 곤란하므로 결국 강화조약에 의해 종결될 가능성이 크고, 해당 회의에는 버마·필리핀 등은 독립국으로서 참가하려고 할 그 시기에 조선 독립의 여론을 환기해 세계 각국의 동정을 얻음으로써 한꺼번에 소기의 목적을 달성해야 한다고 역설하면서 민족의식의 유발에 노력하였고,

제5, 1943년 6월 하순 무렵 교토시 사쿄쿠 기타시라카와 다케다아파트에서 **히라누마 동주**와 함께 찬드라 보스14를 지도자로 하는 인도 독립운동의 대두에 대하여 논의한 뒤, 조선은 일본에 정복당한 지 그리 오래되지 않았으며, 또한 일본의 세력이 강대하기에 현재 당장 그와 같은 위대한 독립운동 지도자를 얻으려고 해도 쉬이 얻어지지 않는 한편, 민족의식은 오히려 왕성하므로 언젠가 일본의 전력이 약화하여 호기가 도래하는 날에는 그와 같은 위대한 인물의 출현도 필요하니 각자 좋은 때를 잡아서 독립 달성을 위해 궐기하지 않으면 안 된다고 서로 격려하며 국체를 변혁하려는 목적으로 그 목적 수행을 위한 행위를 하였다.

증거를 살펴보니, 판시 사실은 피고인의 해당 공정에서 판시, 동 취지의 진술로 인정되었다. 법률에 비추어보건대, 피고인의 판시 소위는 치안유지법 제5조에 해당하므로 소정의 형기 범위 내에서 피고인을 징역 2년에 처하기로 한다.

---

14 수바스 찬드라 보스(1897~1945)를 가리킨다. 인도의 급진적 독립운동가로. 인도 국민회의 총재와 자유 인도 임시 정부의 수반 겸 인도 국민군 최고 사령관을 지냈다. 그는 벵골인으로, 지도자라는 의미인 '네타지'라는 경칭으로 불리기도 했다. 제2차 세계대전 중 나치 독일과 일제의 도움을 받아 인도를 대영 제국으로부터 독립시키려고 하였다.

따라서 주문과 같이 판결함
쇼와 19년(1944) 4월 13일
교토 지방 재판소 제1형사부
재판장 판사 고니시 노부하루(小西宜治)
판사 후쿠시마 노보루(福島昇)
판사 호시 도모타카(星智孝)

윤동주 판결문

본적 조선 함경북도 청진 부포항정 76번지
주거 교토시 사쿄구(左京區) 다나카 다카하라초(田中高原町) 27번지 다케다(武田) 아파트 내 사립 도시샤 대학 문학부 선과 학생

히라누마 도주
다이쇼 7년(1918) 12월 30일생

상기 자에 대한 치안유지법 위반 피고 사건에 대하여 당 재판소는 검사 에지마 다카시(江島孝) 관여로 심리를 마쳐 판결함에 아래와 같다.

주문
피고인을 징역 2년에 처한다. 미결 구류일 수 중 120일을 위 본형에 산입한다.

이유
피고인은 만주국 간도성의 반도 출신 중농의 가정에 태어나 같은 곳 중학교를 거쳐 경성에 있는 사립 연희전문학교 문과를 졸업하고, 쇼와 17년(1942) 3월 내지에 도래한 이후 잠시 도쿄 릿쿄대학 문학부 선과에 재학하였으나, 동년 10월 이후 교토 도시샤 대학 문학부 선과로 옮겨 현재에 이르렀다.

유년 시절부터 민족적 학교 교육을 받아 사상적 문학서 등을 탐독하고 교우의 감화 등에 의해 치열한 민족의식을 품고 있던바, 성장하며 내선(內鮮; 일본과 조선) 간 소위 차별 문제에 대하여 깊이 원망하는 마음을 품는 동시에 우리의 조선 통치 방침을 보고 조선 고유의 민족 문화를 절멸시키고 조선 민족의

멸망을 꾀하는 그것으로 생각한 결과, 이에 조선 민족을 해방하고 그 번영을 초래하기 위해서는 조선이 제국 통치권의 지배로부터 이탈하여 독립 국가를 건설하는 방법 말고는 없으며, 이를 위해 조선 민족이 현재 가진 실력 또는 과거에 있었던 독립운동 실패의 자취를 반성하고, 당면한 조선인의 실력, 민족성을 향상해 독립운동의 소지를 배양할 수 있도록 일반 대중의 문화 앙양 및 민족의식 유발에 힘써야 한다고 결의하였다.

특히 대동아전쟁[태평양전쟁]의 발발에 직면하자 과학력으로 열세인 일본의 패전을 몽상하고 그 기회를 틈타 조선 독립의 야망을 실현할 수 있다고 망신하여 더욱 그 결의를 굳히고, 그 목적 달성을 위해 도시샤 대학으로 전교 후, 이미 같은 의도를 품고 있던 교토 제국대학 문학부 학생 **소무라 무게이(宋夢奎)** 등과 빈번히 회합하여 상호 독립의식 앙양을 꾀한 외에 조선인 학생 **마쓰바라 데루타다(松原輝忠), 시라노 기요히코(白野聖彦)** 등에 대하여 그 민족의식 유발에 전념해 왔는데 그 중,

제1, **소무라 무게이(宋村夢奎)**에 대해서는,

(가) 쇼와 18년(1943) 중순 하숙처인 교토시 사쿄구(左京區) 기타시라카와히가시히라이초(北白川東平井町) 60번지 시미즈사카(淸水榮)에 쪽에서 회합하여 조선, 만주 등의 조선 민족에 대한 차별 압박의 근황을 청취한 뒤, 서로 이를 논란 공격함과 함께 조선의 징병제도에 관하여 민족적 입장에서 상호 비판을 가하고, 조선의 독립 실현을 위한 입장에서 상호 비판, 그 제도는 오히려 조선 독립 실현을 위해 일대 위력을 더할 것이라 논단,

(나) 1943년 4월 하순 시외 야세(瀨) 유원지에서 같은 민족의식을 갖고 있던 **릿쿄 대학 학생 시로야마(白山仁俊)**와 회합, 상호 조선의 징병제도를 비판하고, 조선인은 종래의 무기를 알지 못하나, 징병제도 시행으로 새로이 무기를 갖고 군사 지식을 체득함에 이르러 장래 대동아전쟁[태평양전쟁]에서 일본이 패전에 봉착할 시, 반드시 우수한 지도자를 얻어 민족적 무력 봉기를 결행하여 독립 실현이 가능하도록 민족적 입장에서 그 제도를 구가하고, 또는 조선 독립 후 통치 방식에 관하여 조선인은 당파심 및 시기심이 강하여 독립의 날에는 군인 출신자의 강력한 독재에 의하지 아니하면 통치는 곤란할 것이라 논증한 끝에 독립

실현에 공헌하도록 각자 실력의 양성에 전념할 필요가 있음을 서로 강조,

(다) 1943년 6월 하순 피고인의 거주처인 교토시 시쿄구 다나카 다카하라초(田中高原町) 27번지 다케다 아파트에서 찬드라 보스를 지도자로 하는 인도 독립운동의 대두를 주제로 논의하고, 조선은 일본에 정복되어 일천하고 또한 일본은 세력이 강대하므로 현재 곧바로 찬드라와 같은 위대한 독립운동 지도자를 얻으려 해도 용이치 아니한 상태지만, 한편 민족의식은 오히려 왕성하므로 다른 날 일본의 전력이 피폐하여 호기가 도래하는 날에는 찬드라와 같은 위대한 인물이 반드시 출현하므로 각자 그 호기를 잡아 독립 달성을 위하여 궐기해야 한다고 서로 격려하는 등, 상호 간 독립의식 격발에 노력,

제2, **마쓰바라 데루타다(松原輝忠)**에 대해서는,

(가) 1943년 2월 초순 다케다 아파트에서 조선 내 학교의 조선어 과목이 폐지됨을 논란하고 조선어의 연구를 권장한 뒤, 소위 내선일체 정책을 비방하고 조선 문화의 유지, 조선 민족의 발전을 위해서는 독립 달성이 필수인 까닭을 강조,

(나) 1943년 2월 중순 같은 장소에서 조선의 교육기관 학교 졸업생의 취직 상황 등의 문제를 파악하고 더욱이 내선 간에 차별 압박이 있다고 지적한 뒤, 조선 민족의 행복을 초래하기 위해서 독립이 급무임을 역설,

(다) 1943년 5월 하순 같은 장소에서 대동아전쟁에 대해 그 전쟁은 항상 조선 독립 달성의 문제와 관련하여 고찰함을 요하며, 이 호기를 놓칠 시 가까운 장래에는 조선 독립의 가능성을 상실하여 결국 조선 민족은 일본에 동화되어 버릴 것이므로 조선 민족인 자는 그 번영을 이루기 위하여 일본의 패전을 기해야 한다는 자기 견해를 누누이 피력,

(라) 1943년 7월 중순쯤 같은 장소에서 문학은 어디까지나 민족의 행복 추구의 견지에 따라야 한다는 뜻으로 민족적 문학관을 강조하는 등 민족의식의 유발에 부심,

제3, **시라노 기요히코(白野聖彦)**에 대해서는,

(가) 쇼와 17년(1942) 11월 하순 같은 장소에서 조선총독부의 조선어학회에 대한 검거를 논란한 뒤, 문화의 멸망은 필경 민족의 궤멸이 틀림없는 것임을 역설하고 조선 문화의 앙양에 힘써야 함을 지시,

(나) 1942년 12월 초순 교토시 사쿄구 긴카쿠지 부근 길거리에서 개인주의 사상을 배격 손가락질한 뒤, 조선 민족인 자는 어디까지나 개인적 이해를 떠나 민족 전체의 번영을 초래하는 마음을 가질 필요가 있다고 강조하고,

(다) 쇼와 18년(1943) 5월 초순 앞서 서술한 다케다 아파트에서 조선에 있어서 고전 예술의 탁월함을 지적한 뒤, 문화적으로 침체하여 있는 조선의 현재 상황을 타파하고 그 고유문화를 일으키기 위해서는 조선 독립을 실현해야만 한다는 뜻을 역설,

(라) 1943년 6월 하순 같은 장소에서 민족의식을 강화하기 위하여 자기가 소장한 〈조선사 개설〉을 대여하고 조선사 연구를 종용하는 등 민족의식의 앙양에 힘쓰고, 그로써 국체를 변혁시킬 목적으로 하여 그 목적 수행을 위한 행위를 하였다.

증거를 보건대, 판시 사실은 피고인의 당 공판의 판시와, 같은 취지의 공술에 의하여 이를 인정한다. 법률에 비추어 피고인의 행위는 치안유지법 제5조에 해당하므로 그 소정 형기 범위 내에서 피고인을 징역 2년에 처하며 형법 제21조에 의하여 미결 구류일 수 중 120일을 상기 본형에 산입하도록 한다.

이에 주문과 같이 판결함.
쇼와 19년 3월 31일
교토 지방 재판소 제2형사부
재판장 판사 이시이 히라오(石井平雄)
판사 와타나베 스네조(渡邊常造)
판사 기와라타니 스에오(瓦谷末雄)

송몽규·윤동주, 후쿠오카 형무소에 투옥되어 순국하다.

이들은 형이 확정된 뒤, 이들은 기결수가 되어 1944년 5월 11일 교토구치소에서 멀리 떨어진 후쿠오카형무소로 이감되었다. 그 이유에 대해 당시 재일 조선인 가운데 독립운동 관련자들은 후쿠오카 아니면 구마모토에 수용했다고 한다. 후쿠오카 형무소는 1965년 교외로 이전했고, 그 자리에 아파트와 빌딩들이 많이 들어섰고 구치소가 새롭게 설치되었다.

송몽규는 윤동주와 머리를 짧게 깎고 각기 죄수번호 '624번'(송몽규), '645번'(윤동주)을 단 푸른 죄수복 입고 수감 생활을 시작하였다. 이들은 사상범이었기에 사방이 밀폐된 독방에 처넣어졌고, 강제 노역에 시달렸다. 윤동주는 북3사(北3舍) 108호 갇혔다. 문 옆에는 사상범이라 표시하는 '엄정(嚴政)' 패찰이 꽂혔다.

형무소 감방문은 하루 5번 정도 열렸다. 아침 청소·묵상·식사·변기 교환·운동 등이고, 가끔 목욕, 실내 작업 거리 반출입할 때 정도였다. 아침 5시에 기상(겨울에는 5시 30분)하면 감방 마룻바닥을 물걸레 청소하고 이후 정좌하여 30분간 묵상하면 간수 부장의 감방 점검이 시작된다. 간수가 감방 자물쇠 손잡이를 잡으며 '번호'라고 외치면, 죄수는 본인의 수형 번호를 외쳐야 한다. 변기 교환할 때는 본인이 직접 변기통을 들고 나와 복도 한 가운데 내놓고 나무 조각으로 이어 만든 새 용기를 들고 들어간다. 윤동주는 이마저도 힘겨웠는지 힘들게 변기통을 들고 나와서는 주위를 둘러보지도 않고 그냥 감방 안으로 들어가곤 했다. 대부분은 맞은편의 간수와 눈인사를 나누곤 하였는데 그는 그런 기력조차 없었다.

윤동주는 감옥살이에 쉽게 적응하지 못하고 고열에 시달린 적이 적지 않았다. 그럴수록 윤동주는 야위어져만 갔다. 며칠에 한 번씩 목욕할 때는 감방 안에 옷을 벗어놓고 발가벗은 채 수건 하나만 들고 복도에 나와서 목욕탕에 줄지어 이동

후쿠오카 형무소 정문(1940년대)

후쿠오카 형무소 전경

하곤 하였는데, 그의 몰골은 처참했다. 그의 어깨·양팔·다리·가슴 부위의 뼈가 그대로 드러나 마치 뼈에 가죽을 입혀놓은 듯했다고 한다. 그래서였는지, 윤동주는 아침 운동에도 나가지 못했고, 제대로 식사조차 하지 못했다.

그나마 그에게 위안이 되었던 것은 한 달에 한 번씩 지급되는 엽서였다. 윤동주는 일어로 쓴 엽서에 용정에 계신 부모님께 자신의 소식을 전하거나 친구들에게 시를 지어 적어 보내곤 했다. 이곳 형무소에서 복역할 당시 가족들 가운데 어느 누구도 면회를 간 적은 없다. 너무 먼 거리였다. 다만, 가족들은 우편으로 편지와 함께 미숫가루와 엿 등을 보내곤 했다. 하지만 이러한 것들은 막상 윤동주에게 전해지지 않았다. 형무소 규칙상 밖의 음식을 반입하지 못하게 되어 있기 때문이다.

1945년 2월 16일 오전 3시 36분. 윤동주가 숨을 거뒀다. 그의 나이 겨우 만 27세. 후쿠오카 형무소에 갇힌 지 10개월여 만의 일이었고, 특고경찰에 체포된 뒤로부터 19개월이 흘렀을 때였다. 해방을 불과 6개월을 남겨 둔 시점이었다. 그의 주검을 지켜봤던 일본인 간수는 "외마디 소리를 크게 지르고선 운명했다"라고 한다.

윤동주의 사망 원인을 두고 명확히 밝혀진 게 없다. 그의 유해를 가지러 간 부친과 윤영춘이 처음으로 그의 시신을 확인했다. 윤동주가 사망한 지 10일이 지난 뒤였다. 그들은 후쿠오카 형무소에 도착해서는 먼저 송몽규를 찾았다. 그들이 면회 절차를 밟고 있는데, 그들 서류에 '독립운동'이라는 글자가 눈에 띄었다. 간수는 면회할 때, 주의사항으로 일본어로 할 것, 너무 흥분된 빛을 보여주지 말며, 시국에 관해서는 절대 얘기하지 말라며 주의를 줬다. 그들이 면회실로 가는 복도에 들어섰을 때, 푸른 죄수복을 입은 한국 청년 50여 명이 주사를 맞기 위해 시약실 앞에 줄지어 서 있었다고 한다.

송몽규는 반쯤 깨진 안경을 걸치고선 그들에게 달려갔다. 오랜만에 고향 사람을 만났으니 그럴 만도 했다. 그런데 처음에는 그가 너무 피골이 상접하여 몰라볼 뻔했다. 송몽규는 힘없는 목소리로 중얼거리듯 어떻게 용케 찾아왔느냐며 물었다. 이때 윤동주의 사망 소식을 접한 송몽규는 "동주!"하며 눈물을 흘렸다. 그는 한국말로 "왜 그 모양이냐"라는 질문에 "저놈들이 주사를 맞으라고 해서 맞았더니 이 모양이 되었고, 동주도 이 모양으로…"라며 말소리를 흐렸다. 얼마 뒤 간수가 면회 시간이 다 되었다고 하여 떠밀리듯 그곳을 나왔다. 송몽규는 마지막을 직감했는지 윤영춘의 손목을 꼭 붙잡았다. 그로부터 20여 일 뒤에 그 또한 저세상 사람이 되었다.

이를 근거로 윤동주와 송몽규가 생체 실험을 당했고 그로 말미암아 사망했을 그것이라는 얘기들이 나돌았다. 그런데 이 부분은 공식 문서로 확인된 바 없다. 그러한 사실은 추정뿐이었다. 송몽규도 윤동주와 별반 다르지 않았을 것이다. 송몽규는 고향인 용정에서 윤동주의 장례식이 치러진 다음 날 1945년 3월 7일(수) 생을 마감했다. 윤동주가 저세상으로 간 지 19일 만이다.

2부
주검과 추모 그리고 기억

正音社

고향 용정에서
윤동주를 기리는 사업

윤동주 유해, 고향에 돌아오다.

　1945년 2월 18일 일요일에 용정 윤동주 집에 사망 통지 전보가 날아들었다. "2월 16일 평소동주(平沼東柱) 사망, 시체 가지러 오라(トウチユウシボウシタイタイトリニコイ)"는 내용이었다. 이를 받아 든 것은 동생 윤일주였다. 집에는 관절염에 꼼짝 없이 집에 누워 계시는 할아버지와 어린 동생 광주밖에 없었다. 그는 정신없이 집에서 1㎞ 정도 떨어진 용정 중앙교회에 달려가 예배 중인 할머니와 아버지에게 소식을 전했다. 예배를 마친 교인들이 몰려왔고 집안은 초상집이 되었다.

　이날 어머니는 공교롭게도 화룡현 남양평의 친척 결혼식에 준비차 가 있었다. 그가 큰 충격을 받을까 염려하여 사람을 보내 집에 급한 일이 있다며 돌아오라고 둘러댔다. 그런데 어머니는 의외로 아들의 안타까운 소식을 들었지만 하늘이 무

용정 중앙교회. 해방 후 연길현문화관으로 사용되다가 헐려 상가로 변했다(이광평 제공)

용정 중앙교회 옛터. 동성구강병원이 들어서 있음

너지는 슬픔을 삼켰다.

동생 윤혜원은 화룡현 대랍자의 송몽규 집에 살고 있었다. 용정에서 회령 가는 길에 40리 떨어진 곳이다. 그곳에서 송몽규 부친 송창희가 7도구 소학교 교장을 지낸 뒤 대랍자촌 촌장을 맡고 있었다. 모친 윤신영이 조카 윤혜원을 몹시 예뻐했는데, 명신여학교를 졸업한 그를 대랍자 소학교에 추천하여, 1944년 여름부터 교사로 근무하고 있었다. 윤혜원이 오빠 소식을 들은 것은 전보가 용정 집에 도착한 바로 다음 날이었다. 언제나 보고프고 그리던 오빠였고 돌아올 날만을 손꼽아 기다리던 중 갑작스런 오빠의 주검 소식은 큰 충격이 아닐 수 없었다.

윤동주의 유해를 가지러 가는 것은 험난했다. 일본 후쿠오카까지 가는 길이 멀기도 했지만, 전쟁 중이라 상황이 녹록하지 않았다. 더욱이 여행 수속과 도항증을 받는 것 또한 여간 어려운 일이 아니었다.

그런데 뜻하지 않게 할아버지가 아들 윤영석이 손자의 유해를 가지러 가는 것을 반대했다. 손자 윤동주를 몹시도 사랑하였지만, 미군 폭격에 대한해협을 건너다가 혹여 자신의 아들마저 잃을 수 있다는 걱정에서였다. 그렇다고 아버지로서 머나먼 타국에 죽은 아들의 시신을 그냥 놔두는 것은 자신이 죽는 것보다 못할 일이었다. 윤영석은 당시 만주국 수도였던 신경(新京; 지금 장춘)에 가서 윤영춘을 만나 안동(현재 단동)을 거쳐 후쿠오카로 건너갔다.

윤영석이 집을 떠난 며칠 뒤, 어처구니없게도 후쿠오카 형무소로부터, "동주 위독함. 원한다면 보석할 수 있음. 만약 사망 시에는 시체를 인수할 것. 아니면 큐슈제국대학에 해부용으로 제공할 것임. 속답을 바란다."라는 통지문이 도착했다. 이는 발송한 지 10일이나 지난 뒤였다. 그의 병명은 뇌일혈이었는데, 그때 이미 돌이킬 수 없는 지경이었다.

윤영석·윤영춘은 후쿠오카 형무소에 도착한 뒤, 그때만 해도 살아있던 송몽규를 먼저 만나고 시체실로 가서 윤동주를 마주했다. 관 두껑을 열었는데, 큐슈 제국대학에서 방부제를 써서 몸은 아무렇지 않았다. 일본 간수가 따라와서 하는 말이 "아하, 동주가 죽었어요, 참 얌전한 사람이… 죽을 때 무슨 뜻인지 모르나 외마디 소리를 높게 지르고는 운명했지요"라며 그날 일을 전했다.

윤영석은 아들의 시신을 인계받고는 후쿠오카 화장터로 가서 화장했다. 그는 한 줌의 재로 변한 윤동주의 유골함을 들고 귀국길에 올랐다. 윤동주가 평소 용정 집으로 향할 때처럼 말이다. 오는 길에 재는 현해탄 바다에 날렸다. 도착 예정일에 맞춰 집안사람들은 두만강 옆 개산툰 다리를 건너 북한의 상삼봉역까지 마중 나갔다. 그곳부터는 동생 윤일주가 형의 유골함을 건네받았다. 다들 아무 말도 없이 그 뒤를 따랐다.

윤동주 유해, 용정 동산의 중앙교회의 묘지에 묻히다.

윤동주의 장례는 1945년 3월 6일(화) 때늦은 눈보라가 매섭게 몰아치는 날 집 앞뜰에서 치러졌다. 그가 세상을 떠난 지 18일 만이다. 관을 마련하여 유골 상자를 그 안에 안장했다. 장례식을 치르기 전날 깊은 밤, 어머니는 윤동주 관을 어루만지며 소리 없이 눈물을 흘렸다. 아들을 보내는 어머니의 마지막 이별이었다. 장례식은 용정 중앙교회 목사 문재린이 주관했다. 이날 연희전문 재학 시절 그가 교내 잡지 《문우》에 발표하였던 〈우물 속의 자상화〉와 〈새로운 길〉이 낭독되었다. 용정 집에 1941년 6월 문우회에서 발행한 《문우》 잡지가 있었던 모양이다.

장지는 용정 동산의 중앙교회의 묘지에 마련되었다. 지금 용정시 동북쪽 합성리(合成里)에 자리한다. 합성리 서쪽으로 긴 산등성이가 있는데, 마을 부근의 전답을 빼고는 대부분 공동묘지이다. 윤동주의 묘는 이 동산의 8부 능선쯤에 있다. 이

용정 집에서 치러진 윤동주 장례식 장면. 사진 오른쪽 조부 윤하현과 부친 윤영석. 왼쪽 문재린 목사. 사진 위에 "윤동주군 장례식 강덕(康德) 12년 3월 6일 강덕 12년 2월 16일 오전 3시 36분 재(在) 복강시(福岡市) 별세 시년(時年) 29세"라고 적혀있다.

곳에 윤동주를 묻었지만, 땅이 풀리는 5월에서야 묘에 떼를 입히고 꽃을 심었다.

 1945년 단오날(음력 5월 5일) 6월 14일, '시인 윤동주지묘(詩人 尹東柱之墓)'라고 새긴 묘비를 세웠다. 윤동주가 시인으로 알려지지 않은 시절이었음에도, 조부와 부친은 '시인(詩人)'이라 붙였다. 장례식 날 그의 시를 낭독한 것과 맥을 같이 한다. 이보다 먼저 세운 송몽규 묘비에 '학문으로써 세상에 자신의 자리와 지위를 확고히 세운 선비'라는 의미의 '문사(文士)'라고 새긴 것도 영향을 받았을 것이다. 비문은 해사(海史) 김석관(金錫觀)이 썼다.

 김석관은 1910년대 윤동주 부친이 북경에 유학 갈 때 동행했던 5명 중 한 사람이다. 그는 북경에서 돌아온 후 명동학교에서 교편을 잡았는데, 한문에 능했고 붓글씨도 잘 썼다고 한다. 비는 할아버지가 돌아가시면 사용하려고 준비해 둔

시인 윤동주 묘비 바로 왼쪽 두 번째 줄 조부, 부친, 오른쪽 앞줄 윤광주와 모친 김용(연세대 윤동주기념사업회)

것인데, 손자가 먼저 이를 썼다. 묘비 전면은 폭 39.5㎝, 높이 100㎝이고, 측면은 폭 17㎝, 높이는 93㎝이다.

묘비의 또 하나 특이점은 묘비 건립 일자를 서기로 쓴 점이다. 당시는 만주국 시기였기에 연호를 사용했음에도 그리하지 않은 것이다. 송몽규 비문에는 당시 연호 '강덕(康德)'이라 새겨져 있다. '강덕'은 만주국에서 '대동(大同)'이란 연호 다음으로 푸이(溥儀)가 만주국 황제로 즉위한 1934년부터 1945년까지 12년 동안 사용되었다.

윤동주 묘소(2024.12)

그 후 80년, 송몽규와 윤동주

윤동주 묘비

윤동주의 묘비에 '강덕' 연호 대신에 서기로 쓴 것에 대해 윤동주의 매제 오형범은, "윤동주는 한국 사람이지요. 더구나 젊은 나이에 억울하게 잡혀가서 일본 감옥에서 죽었지 않았습니까. 그러니 어떻게 일본이 세운 만주국 연호를 쓰겠습니까"라며 그 이유를 설명했다.

윤동주 비문 내용 (한자로 되어 있는 것을 번역한 것임)

전면 시인 윤동주 묘

후면 오호, 고(故) 시인 윤동주는 본관이 파평이다. 어릴 때 명동소학교를 졸업하고, 다시 화룡현립 제1교 고등과에 들어가 배웠고, 용정 은진중학에서 3년을 배운 뒤, 평양 숭실중학에 전학하여 학업을 쌓으면서 1년을 보냈다. 다시 용정에 돌아와 마침내 우수한 성적으로 광명학원 중학교를 졸업하고, 1938년 서울 연희전문학교 문과에 진학하여 4년 겨울을 보내고 졸업했다. 공부 이미 이루었음에도 그 뜻 오히려 남아 다음 해 4월에 책을 짊어지고 일본으로 건너가 교토 도지샤 대학부에서 진리를 갈고 닦았다. 그러나 어찌하랴. 배움의 바다에 파도 일어 몸이 자유를 잃으면서 배움에 힘쓰던 생활이 변하여 새장에 갇힌 새[鳥籠]의 처지가 되었고, 거기서 병까지 더하여 1945년 2월 16일에 운명하니 그때 나이 스물아홉. 그 재질 가히 당세에 쓰일만하여 시로써 장차 사회에 울려 퍼질만 했는데, 춘풍무정(春風無情)하여 꽃이 피고도 열매를 맺지 못하니, 아아 아깝도. 그는 하현 장로의 손자이며 영석 선생의 아들로서, 영민하여 배우기를 즐긴데다 신시(新詩)를 지어 작품이 많았으니 그 필명을 동주(童舟)라 했다.

측면 1945년 6월 14일
해사 김석관 짓고 쓰다. 아우 일주, 광주 삼가 세우다.

송몽규 유해, 고향에 돌아와 장채촌 뒷산에 묻히다.

송몽규의 옥사 소식은 윤동주와 마찬가지로 전보로 전해졌다. 1945년 3월 7일 그가 세상을 떠났으니 2, 3일 후인 3월 9일이나 10일경쯤이었을 것이다. 그날은 3월 6일 윤동주의 장례를 치른 직후였기에 슬픔은 더했다. 윤동주의 주검 소식을 들은 송몽규 가족들은 설마설마 했는데 그만 현실이 되고 말았다. 어머니는 땅에 뒹굴면서 자기 가슴을 세차게 두드리며 통곡했다. 이를 지켜본 사람 중에 울지 않는 이들이 없었다고 한다. 송몽규의 부탁이라면 무엇이든지 다 들어줄 정도로 아꼈던 아들이었는데, 주검으로 돌아왔으니 오죽했을까.

아버지 송창희의 슬픔도 이루 말할 수 없을 정도로 참담했을 게다. 그는 그러한 슬픔을 뒤로 하고 아들 유해를 가지러 후쿠오카로 향했다. 일본어를 할 줄 아는 6촌 동생 송희규와 함께였다. 며칠 걸려 후쿠오카 형무소에 도착한 송창희는

송몽규 묘소(2024.12)

아들의 유해를 넘겨받았다. 그런데 윤동주와 달리 송몽규 얼굴은 처참했다. 피골이 상접한 얼굴에 수염이 헝클어져 있고 눈을 뜬 채 죽은 모습이었다. 송창희는 복받치는 서러움을 삼키고, "아버지가 왔다. 이제 눈을 감아라!"라며 아들의 눈을 감겨주었다.

송창희 역시 아들의 시신을 가지고 후쿠오카 화장터에서 화장했다. 이때 그는 타고 남은 뼈를 절구에 넣고 빻았는데, 뼛가루가 주위에 튀자, "어찌 몽규의 뼛가루 하나라도 이 원수의 땅에 남기겠느냐?"라며 주위의 흙을 모조리 쓸어 모아 비닐 주머니에 담아 가져왔다.

그런데 안타깝게도 송몽규 장례식에 관하여 알려진 바가 없다. 다만, 윤동주 장례식이 그가 사망한 지 18일이 지나 치러진 만큼, 송몽규 장례식은 3월 25일쯤 치러졌을 것이다. 송몽규의 유해는 장재촌 뒷산에 묻혔다. 그해 5월 20일 송창희는 아들 묘 앞에 '청년문사송몽규지묘(青年文士宋夢奎之墓)'라고 새긴 묘비를

| 2부 | 주검과 추모 그리고 기억

송몽규 묘비

세웠다. 묘비에 '청년문사'라는 수식어를 붙인 것은 매우 이례적이었다. 제대로 뜻을 피어보지 못하고 죽은 아들에 대한 아버지, 어머니의 애절한 통한과 깊은 애정이 담긴 것이었을 것이다. 그로부터 20여 일 뒤인 6월 14일 세워진 윤동주의 묘비에는 '시인'이란 관용어가 붙었다. 송몽규 비문도 역시 윤동주와 같이 김석관이 짓고 글씨도 그가 썼다.

송몽규 비문 내용

전면 靑年文士宋夢奎之墓
뒷면 天下可惜者非一而才器之花謝尤可慟 亡故文海宋君夢奎 余交昌禧氏之胤子以 丁巳八月十三日呱呱於明東里 十四歲在明東小學校卒業後 卽種班和龍縣立第一校高等科是年冬畢業 十五歲入學龍井恩眞中學校 歲甲戌轉學吉林

文光中學校 翌年乙亥由東亞日報賞得新春文藝 君所者短篇小說撰膺首選馳譽文壇 是歲升入南京國立大學豫科 翌年因該校停辦怏怏而歸 戊寅春在大成中學校卒業 是歲入學京城延專文科 辛巳冬卒業歲 壬午榮升京都帝大學部 不幸學海孤舟興水同 逝乙酉三月七日也

 뒷면 康德十二年乙酉五月二十日
   海史 金錫觀 撰幷書
   弟 宇奎
   瑞奎 謹竪

 전면 청년문사 송몽규 묘
 뒷면 천하에 몹시도 안타까운 사람이 비일비재하지만 재기(才器)를 꽃 피우지 못하고 져 버렸으니 더욱 애통하다. 망자 고 문해(文海) 송몽규는 내 친구 창희(昌禧)의 장남으로 정사년(丁巳年, 1917) 8월 13일 명동에서 태어나 14세에 명동학교를 졸업 후 즉시 화룡현립 제1교 고등과를 그해 겨울에 마치고 15세에 용정 은진중학교를 입학하였다. 갑술년(1934) 길림 문광중학교(文光中學校)로 전학하였고, 다음해인 1935년 동아일보 신춘문예에 당선되었다. 몽규는 단편소설을 지어 으뜸으로 인정받아 문단에 오르는 영예를 얻었다. 이 해에 그는 남경 국립대학 예과에 진학하였으나 다음 해 학교가 문을 닫자 아무렇지 않게 돌아왔다. 무인년(1938) 대성중학교를 졸업 후, 그해 경성 연희전문학교에 입학하여 신사년(1941) 겨울 졸업하고 임오년(1942) 영광스럽게 교토 제국대학에 진학하였으나, 불행하게도 학문을 다 마치기 전에 을유년(1945) 3월 7일 세상을 떠났다.
 측면 강덕 12년 을해 5월 22일 해사 김석관 찬, 병서했고, 동생 우규와 서규가 세움.

1985년 5월, 잊혀졌던 윤동주 묘소를 찾다.

윤동주와 송몽규의 죽음, 유해 송환, 장례 등은 애틋한 가족사에 불과했다. 시간이 흐르면서 윤동주와 송몽규는 잊혀 갔다. 일제가 패망하면서 만주국이 무너진 뒤, 1948년 9월 4일 윤동주 할아버지가, 바로 이어서 그해 9월 26일 모친이 세상을 떠났다. 이보다 먼저 윤동주 남동생 윤일주는 1946년에, 여동생 윤혜원은 1948년에 각각 한반도로 내려갔다. 그곳에 남아있던 막냇동생 윤광주가 1962년 11월 30일에, 마지막으로 부친 윤영석이 1965년 4월 20일에 작고하면서 용정에 있던 윤동주의 직계들은 모두 저세상 사람이 되었다.

이로써 윤동주 묘소를 직접 돌봐줄 유가족이 없는 상황이 되었다. 더욱이 남북이 분단되고 중화인민공화국이 성립되면서 연변은 갈 수 없는 곳이 되고 말았다. 또한 당시만해도 그의 이름이 세상에 널리 알려지지 않았기에 어느 누구도 그에 관심을 갖지 않았다.

그로부터 한참이 지난 1984년 8월 미국에 살던 의학자 현봉학(玄鳳學, 1922~2007)이 재미교포 13명을 인솔하고 용정을 찾게 되면서 윤동주가 그곳 사람들에게 조금씩 알려지게 되었다. 현봉학은 우리에게는 1950년 12월 흥남철수의 주인공으로 널리 알려진 인물이다. 그는 함북 성진군 성진면 욱정리에서 함흥 영생고녀 교목을 지낸 현원국(玄垣國) 목사와 장로교 여전도회장을 신애균(申愛均) 사이에서 태어나 함흥고보와 세브란스 의전을 졸업했다. 그는 해방 후 가족과 함께 38선을 넘어 월남했고, 1947년 서울 적십자

현봉학(출처 : 자서전 『나에게 은퇴는 없다』)

병원에서 일했다. 이후 그는 이화여대에서 영어를 가르치던 윌리엄스 부인의 주선으로 미국 버지니아주립 의과대학에 유학하여 2년만에 임상병리학 펠로우십을 수료했다.

현봉학은 1950년 3월 귀국 후 세브란스 병원에서 일하다 6.25전쟁을 맞았다. 그는 그해 10월 중순, 해병대사령관 신현준과 미 제10군단장 에드워드 M. 알몬드와의 통역 문관으로 복역했는데, 알몬드 10군 사령관의 민사부 고문으로 스카우트 됐다. 그는 그해 12월 흥남 철수 작전 당시 알몬드에게 북한 주민의 승선을 요청했고 마침내 9만 8천여 명을 미 군함에 태우게 되면서 한국판 '모세의 기적'을 이뤄냈다. 이후 그는 미국에 돌아가 뉴저지주 플레인필드에 있는 뮐렌버그 메디칼센터 병리전문의, 연구소장을 지냈다.

1984년 봄, 현봉학은 경향신문 부사장을 지낸 신태민 집에서 『하늘과 바람과 별과 시』초판본을 읽고 감동받았다. 신태민은 미국 필라델피아에 거주하고 있었다. 이때 그는 처음으로 윤동주를 알게 되었다. 이를 계기로 현봉학은 그해 8월 재미교포 13명과 함께 연변을 찾게 된 것이다. 그는 연변 유지들을 만나거나, 연변조선족자치주 정부를 방문하여 윤동주 묘소를 찾아 달라고 부탁하였다. 그런데 당시만 해도 어느 누구도 윤동주를 알지 못했으며, 아무런 관심조차 없었다. 윤동주가 죽은 지 40년이 다 되었을 뿐 아니라, 1945년 2월 윤동주가 저세상 사람이 되었을 때도 그리 널리 알려진 인물은 아니었다. 결국 현봉학은 윤동주 묘소를 찾지 못하였다.

한편, 1984년 여름 성균관대 건축공학과 교수 윤일주가 일본 도쿄에 머무르고 있을 때, 와세다대 오무라 마쓰오(大村益夫) 교수가 연변대학 교환교수로 가게 됐다는 사실을 알고 그를 찾아갔다. 일본은 1972년에 이미 중일수교를 체결한 상태였지만, 우리는 여전히 국교가 단절되었기에 마음대로 중국을 방문할 수 없었다. 한중수교가 체결된 것은 1992년 7월이었다.

윤일주는 1927년 11월 명동촌에서 둘째 아들로 태어나 집안이 용정으로 이사한 뒤 줄곧 그곳에서 자랐다. 그는 용정 공립흥중소학교,

오무라 마쓰오(좌)와 윤일주(우)

영신중학교를 졸업하고, 해방 후 1946년 3월 봉천의과대학에 입학했지만, 2개월 뒤 중퇴하고 그해 8월 중국을 떠나 서울로 월남하였다. 그는 부산으로 내려가 영도에서 고학을 한 끝에 서울대에 합격하여 이듬해 1947년 3월, 서울대 공과대학 건축학과에 입학하였다. 그해 6월 윤일주는《문학예술》잡지에 자작시〈설조(雪朝)〉,〈전야(前夜)〉등의 시를 실어 정식 등단하였다.

그는 6.25전쟁 중인 1951년 2월 졸업한 뒤 1951년 3월 해군 장교로 임관하였고, 7년만인 1958년 4월 예비역 해군 대위 예편했다. 전역 후 그는 부산대·동국대 건축학 교수를 거쳐 1971년 성균관대로 자리를 옮겼고 1985년 11월 간암으로 세상을 떴다. 사후 2년이 지난 1987년 6월 그의 유고 동시집『민들레 피리』(정음사)가 간행되었다.

윤일주는 오무라 교수에게 연변에 가거든 윤동주의 묘소가 동산 교회 묘지에 있다며 찾아 달라고 부탁하면서 용정과 명동의 여러 지점을 지도로 그려주었다. 묘비 앞에서 찍은 가족사진도 건넸다.

윤일주가 오무라 교수에게 건넨 윤동주 묘비 사진. 왼쪽부터 매형 오형범, 막내동생 윤광주, 여동생 윤혜원, 당숙 윤영선, 6촌 윤갑주

오무라 교수는 1985년 4월 12일 연길에 도착하였다. 오무라는 무엇보다 먼저 연변 문학가들에게 윤동주를 물었으나 누구도 그를 알지 못했다. 이에 그는 중국 공안 당국의 허락을 받아 직접 윤동주 묘소를 찾아 나섰다. 단서는 윤일주가 건넨 약도와 사진 한장이 전부였다. 오무라는 연변대 권철 교수, 연변대 조선문학 교연실 이해산 강사, 용정중학교 교사 한생철 교사 등과 함께 묘소를 찾아다녔다.

윤동주가 묻혀 있을 공동묘지는 그동안 관리가 안 되어 묘지라기보다는 숲과 밭이 드문드문 널려 있는 산자락으로 변해있었다. 오무라 교수는 윤동주의 묘도 다른 묘들처럼 문화혁명 때 파괴되어 버린 게 아닐까 하는 걱정도 하였다.

1985년 5월 14일 일행이 위와 아래로 나누어 4, 5시간쯤 헤맨 끝에 마침내 이해산이 '시인(詩人)'이라는 글자가 적힌 묘비를 발견했다. 오무라는 윤동주의 묘를 확인한 순간, '여기로구나!' 싶은 마음에 감격에 겨워 한동안 말을 잇지 못했다고 한다.

| 2부 | 주검과 추모 그리고 기억

당시 묘소는 봉분이 허물어져 편평할 정도였고 5월이었는데도 떼는 새싹이 돋지 않아, 잡초만 무성해서 황량하기에 그지없었다. 오무라 등은 닷새 뒤인 그해 5월 19일 연변민속박물관에서 한국 전통 제기를 빌려와 과일, 두만강에서 잡은 송어, 북한산 명태 등을 차려놓고 제를 올렸다. 하지만 윤일주는 1985년 11월 간암으로 세상을 떴기에 그 소식을 듣지 못했다. 당시 중국과 한국 사이에 전화는 물론 편지 연락도 불가능했다.

오무라 마쓰오 교수가 윤동주 묘소를 발견한 당시 묘비(1985.5.14.)

윤동주 시인의 묘를 찾은 뒤 절하고 있는 오무라 마쓰오 교수(1985.5.19.)

오무라는 1986년 4월까지 연변에 머물면서 윤동주 관련 사적지를 찾아 자료를 수집하였다. 그는 일본에 귀국한 뒤 그해 10월 나라(奈良)현 덴리대(天理大)[1]에서 발행하는 한국학 계간지 《조선학보》 121집에 〈윤동주의 사적(事跡)에 대하여(尹東柱の事跡について)〉라는 제목으로 윤동주 생가 터, 묘소, 비석, 출신학교 광명학원 중학부 학적부 등 20여 장의 사진과 함께 자료를 공개했다. 또한 오무라는 한국을 방문해 윤일주의 묘에 참배하면서 비로소 형의 묘를 찾았다는 사실을 고하였다.

윤동주 묘소를 1차(1988.6), 2차(2003.7)로 정비하다.

현봉학이 1985년 7월 두 번째로 연변을 방문하였다. 그는 이번에는 미중한인우호협회 회장 자격으로 회원들과 함께였다. 미중한인우호협회는 1985년 중국 조선족 동포와의 유대, 친목 도모 등을 목적으로 설립되었다. 이는 연변 출신의 장윤철 장로, 박창해 교수, 신성국·한태경 목사, 서화숙 장로, 유재선 목사 등이 주도하였다. 본부는 뉴욕에 있다. 현봉학은 연변 출신은 아니지만, 자유롭게 중국을 방문할 수 있어 협회 이사장 겸 회장을 맡았다.

이들을 맞이한 것은 용정시 대외문화경제교류협회 이사장 최근갑, 용정중학교 교장 유기천, 연변대학 농학원 교수 김동식 등이었다. 이때 현봉학 일행은 오무라 교수가 찾은 묘소를 방문하고자 하였는데, 불행히도 밤새 억수로 쏟아진 비 때문에 타고 가던 버스가 언덕길의 진창에 빠지는 바람에 더는 앞으로 나갈 수 없게 되어 단념하였다.

---

[1] 일본 내에서 가장 먼저 한국어교육을 시작한 대학이다.

1988년 6월 수선한 윤동주 묘소 모습

그 뒤로도 현봉학은 협회 회원들과 함께 연변을 여러 차례 방문하여 윤동주 관련한 여러 유적을 찾아 살폈다. 특히 그가 1988년 6월 공사비를 협찬하여 윤동주 묘소 첫 수선 작업이 진행되었다. 이때 봉분 밑을 20여㎝ 높이로 둥글게 시멘트로 둘렀다. 묘비 앞에 가로 90㎝, 세로 60㎝, 높이 20㎝ 정도의 오석(烏石)으로 된 상석도 설치했다. 상석 전면에는 '용정중학교수선(龍井中學校修繕)', 그 오른쪽에 좀 작은 글씨로 '1988(一九八八). 6월(六月)'이라 새겼다. 우측면 위쪽에는 '용정중학교동창회(龍井中學校同窓會)', 아래쪽에 '미국중국한인우호협회연증(美國中國韓人友好協會捐贈)'이라 새겼다.

첫 번째 개수가 이뤄진 뒤 15년 만인 2003년 7월 두 번째로 윤동주 묘소 개수가 이뤄졌다. 이때는 호주 시드니에 살고 있던 윤동주의 매제 오형범과 여동생 혜원이 용정에 찾아와 2개월 동안 머물면서 이를 마쳤다. 윤혜원 부부는 월남 후

잠시 서울에 머물다가 6.25전쟁 중 부산으로 피난 가서 고아들을 돌보며 건축업에 종사했다. 부부는 1970년에 필리핀에 가서 사업을 하고, 1986년부터는 함께 호주 시드니에 정착하였다. 슬하에 장남 철규 등 2남 2녀를 두었다.

오형범·윤혜원 부부는 젊은 나이에 순절한 오빠의 고결한 이미지에 한 점이라도 흠이 될까 염려하여 자신들을 드러내지 않으려 애를 쓰며 살았다. 그들이 서울에서 부산으로, 다시 필리핀과 호주로 계속 옮겨 산 것도 이와 무관하지 않았다. 1986년 그는 호주로 이민 온 뒤 여생을 교회에 헌신하고자 시드니 제일교회 사택에 거처를 마련했다. 당시 홍길복 목사는 한동안 윤혜원이 윤동주 시인의 여동생이라는 것조차 몰랐다고 한다. 그러다가 2003년 윤혜원이 고향 용정을 찾은 것이다. 50여 년 만이었다. 윤동주의 마지막 혈육이었던 윤혜원은 2011년 12월 10일 호주 시드니 자택에서 향년 88세로 작고하였다. 이후 그는 한국으로 옮겨와 2012년 봄 경기도 광주 가족묘원에 안장되었다.

윤혜원 부부가 2차로 수선한 윤동주 묘소 모습(2003.7)

| 2부 | 주검과 추모 그리고 기억

부부는 당시 봉분 밑의 시멘트 테두리를 걷어내고, 봉분을 중심으로 사방 4m가 되는 곳에 사각형으로 대리석 판을 둘러 세웠다. 그 안 16㎡는 모두 잔디를 심어 봉분 모습을 여유롭게 만들었다. 가로 100㎝, 세로 60㎝, 높이 15㎝ 정도의 오석 석상도 새로 만들었다. 무덤 앞에서 절하기 편리하도록 땅을 평평하게 정지 작업을 하였다. 왼쪽 구석 위에는 가로 60㎝, 높이 40㎝ 정도 크기의 오석으로 만든 개수비(改修碑)를 세웠다. 앞면에는 다음과 같은 글귀가 새겨져 있다.

시인(詩人)의
조부(祖父) 윤하현(尹夏鉉) 1875.2.1.(음) – 1948.9.4.(양)
조모(祖母) 남신필(南信弼) 1886 – 1955
부(父) 영석(尹永錫) 1895.6.11.(음) – 1965.4.20.(양)
모(母) 김룡(金龍) 1891.8.29.(음) – 1948.9.26.(양)
제(弟) 광주(光柱) 1933.5.15.(양) – 1962.11.30.(양)

이 동산 어딘가에 잠들어 계시지만
오늘날 묘소를 찾지 못함을 아쉬워하며
누이 혜원(惠媛), 조카 인석(仁石), 인하(仁河), 경(卿) 새김
2003. 7. 15.

윤혜원이 세운 개수비

윤동주 묘소 오른쪽에 세워진 '룡정시 중점 문화재보호단위' 비석 앞면(위)과 뒷면(아래)

 윤혜원은 2005년 이후로 윤동주와 관련한 사실과 에피소드, 추억담과 소감 등을 종종 밝혔다. 특히 2005년 2월 16일 윤동주 시인 순절 60주기를 맞아 국내외에서 추모행사가 이어졌는데, 윤혜원이 거주하던 호주 시드니에서도 뜻깊은 '추모의 밤' 행사가 열렸다. 이 행사는 시드니한인회관에서 호주한인문인협회·시드니우리교회·호주동아일보사가 공동 주관했는데, 윤혜원은 오빠와 함께 불렀던 흑인영가 '내 고향으로 날 보내주오'를 불렀다.

이 노래는 윤동주가 유학 생활하느라 타지를 떠돌던 시기에 고향 용정과 부모형제를 그리며 자주 불렀던 노래다. 윤동주는 방학 때마다 고향에 내려와 동생들에게 이 노래를 가르쳐주면서 함께 불렀다. 윤동주는 노래뿐만 아니라 동생들이나 동네 아이들에게 〈아리랑〉, 〈도라지〉 등을 가르쳤고, 한국 위인들의 이야기를 들려주곤 했다. 윤혜원이 행사 당일에 생애 처음으로 오빠의 대표시인 〈서시〉를 공개 낭송하여 행사의 의미를 더했다.

한편, 길림성 용정시인민정부는 1997년 6월 3일 윤동주 묘소를 '룡정시 중점문화재 보호단위'로 지정하였고, 2014년 7월 15일 그와 관련한 표지석을 세웠다. 그와 관련한 내용은 표지석 뒷면에 다음과 같이 기술되어 있다.

> 윤동주(1917~1945)는 중국 조선족 애국시인이다. 룡정 명동 출신으로 명동소학교 은진중학교 서울 연희전문학교에서 공부하였다. 그가 쓴 시에 강렬한 반제반봉건 사상이 담겨 있어 연변문화계에서 명성이 자자하였다. 1942년에 그는 동경 릿교대학에서 영어를 배웠으며 1943년 3월에 반일운동분자의 죄명으로 일본경찰에 의해 체포되었다. 1945년 2월 그는 29세의 젊은 나이에 규슈 후꾸오까 형무소에서 옥사하였다.
> 보호 범위는 돌비석을 중심으로 앞 5메터부터 10메터까지, 왼쪽 5메터부터 오른쪽 5메터까지이고 건설 통제 지대는 보호범위 밖 5메터까지이다.

중국은 문물보호단위(문화재 보호)를 역사적·예술적·과학적 가치에 따라 국가급, 성급, 현(시)급의 세 단계로 구분하고 있다. 현재 연변에는 한국 독립운동과 관련하여 길림성 문문보호단위 일본총영사관 유적 및 총영사주택, 연변조선족자치주 중점문화재보호단위 대중학교·윤동주 생가·봉오동반일전적지, 용정시중점

문화재(문물)보호단위 3.13반일의사릉·윤동주 묘소·용두레우물 등이 있다.

그 중에 인물과 관련한 것은 윤동주가 유일하다. 그의 생가와 묘소가 이에 해당한다. 이는 두 가지로 해석할 수 있다. 하나는 중국 정부가 '문화재보호법'에 따라 이를 보존하려는 의도이다. 이에 따르면 "문화재를 효과적으로 보호하고, 중화민족의 우수한 역사 유산을 계승하며, 과학적 연구를 통해 애국주의와 혁명 전통을 교육하고, 사회주의 정신 및 물질문명을 건설하기 위해 본 법을 제정한다"라고 규정하고 있다.

다른 하나는 한국 정부나 한국인들로부터 간섭이나 요구를 원천적으로 차단하려는 의도도 가지고 있다. 국가 차원의 윤동주 묘소의 이장이나 국적 문제나 묘소관리에 대한 주체를 명확히 하고자 한 것이다. 즉, 문물보호단위로 지정되면, 중국 내의 문화재는 원칙적으로 중국 소유로 명시한 것으로 국가의 통제를 받아야 하며, 이를 전시 목적 등 특수한 경우를 제외하고는 절대 해외로 반출할 수 없다. 이는 윤동주를 '중국 조선족 애국시인'으로 자리매김하여 적극적으로 홍보하려는 의도도 숨겨 있다.

송몽규 묘소를 찾아 윤동주 묘소 옆으로 이장하다.

1985년 윤동주의 묘소를 찾은 뒤 정비 작업을 하였는데, 10여 년이 지나 용정 유지들 가운데 평생 친구였던 송몽규의 묘소를 그의 곁으로 이장하면 좋겠다는 주장이 제기되었다. 그런데 그의 묘소 위치를 아는 이가 없었다.

해방 후 송몽규 부친 송창희는 1947년까지 지신중학교 교장으로 있다가, 1948년 초 가족을 이끌고 북한으로 들어갔는데, 이후 그의 묘소를 관리해 줄 사람이 없어 방치되었다. 그 뒤 40년이 지난 1989년 겨울 용정 유지들은 송창희가 한때 살았던 대랍자에 가서 그의 무덤을 찾았지만 발견하지 못했다. 이에 유지들은 교육계와 노인회 조직을 총동원하여, "자신들의 마을이나 그 인근에 청년문사 송몽규지묘'라고 쓰인 비석이 선 무덤이 있는가를 살펴보고 발견하면 즉시 신고하라"는 지시를 내렸다.

얼마 뒤 장재촌 뒷산에 그런 비석이 있는 무덤이 있다는 신고가 들어왔다. 장채촌은 송몽규 집안이 오랫동안 세거하였던 곳이다. 이를 확인한 결과 산 위쪽의 완만한 경사면에 여러 무덤 사이에 그런 비석이 쓰러져 있는 것을 발견했다. 주변에 송씨 집안의 무덤 6기가 있어 분명한 듯 보였다.

그런데 비석이 제일 아래에 있는 무덤에서 5미터 정도 떨어져 있어 송몽규 무덤을 확정할 수 없었다. 이때 나이 든 어르신 3명이 비석이 쓰러진 곳 바로 위쪽의 무덤을 지목했다. 이들은 그로부터 5년 전 풀을 뜯던 황소들이 싸움하다가 고삐에 그만 비석이 쓰러져 아래쪽으로 밀려난 것이라 증언했다. 그런데 84세의 할머니가 이의를 제기했다. 그는 비석에서 5미터 정도 떨어진 아래쪽 무덤을 가리켰다. 비석이 그 무덤 앞에 서 있었는데, 언젠가 쓰러졌다는 것이다.

두 의견이 팽팽하게 맞서는 바람에 결론을 내지 못했다. 연변 유지들은 봄에 땅이 녹으면 무덤을 파본 뒤, 송몽규 무덤이 확인되면 윤동주 묘소 옆으로 이장하기로 했다.

1990년 4월 5일, 청명절에 유지들은 장재촌 뒷산에 올랐다. 이를 주도한 전 용정중학교 유기천 교장은 무덤을 파기 전에 1988년 11월 송우혜가 간행한 『윤동주 평전』을 펴 들었다. 그는 "이 책에 보면, 송몽규 선생의 무덤은 유골 가루만이 아니라, 뼛가루가 된 일본 흙까지 쓸어 모아 온 것을 함께 장사를 지냈다고 되어 있습니다. 무덤을 파고 관을 열어 보아 뼛가루만이 아니라 뼛가루가 섞인 흙까지 들어 있는 것이라야 송몽규 선생의 무덤입니다."라고 언급했다.

송몽규 유해와 주머니(이광평 제공)

먼저 비석 위쪽 무덤을 파기 시작했는데, 관에는 유골함이 아닌 시신이 놓여 있었다. 이에 작업을 중단하고 도로 파묻었다. 바로 옆의 무덤도 마찬가지였다.

| 2부 | 주검과 추모 그리고 기억

윤동주 묘소 근처로 이장한 송몽규 묘소(이광평 선생 제공). 유기천 교장이 용정중학교 학생들을 동원하여 행사를 치르는 장면

그러다가 할머니가 지목한 아래쪽 무덤을 파기 시작하였다. 이내 유골 매장용의 작은 관이 모습을 드러냈다. 관 위에는 봇치가 네 겹이나 덮여있었다. 봇치란 자작나무의 껍질을 벗긴 뒤 편편한 형태로 눌러 말린 것이라 한다. 이것으로 관을 덮으면 물이 새어 들어가지 않는다고 하여, 북간도에서는 부모님 장례식에 쓰기 위해 이를 마련해 두는 풍습이 있었다고 한다.

관을 열자 거기에는 유골함뿐 아니라 흙을 담은 비닐 주머니도 함께 들어있었다. 모인 사람들은 탄성을 질렀고 모두들 감격해 했다. 잊혔던 송몽규를 다시 찾은 것이다. 그의 유해는 윤동주 묘소에서 왼쪽으로 10m정도 떨어진 곳으로 이장하였다. 이후 1991년 7월 용정중학교동창회에서 송몽규 묘소를 수선하였다. 2003년 7월 윤혜원 부부는 윤동주의 묘 옆 가까이에 자리한 송몽규의 묘도 똑같은 모양으로 개수하였다. 다만, 용정중학교 동창회가 만든 상석은 그대로 두었다.

용정중학동창회와 윤혜원 부부가 정비한 송몽규 묘소

송몽규 묘소 이장한 뒤 1993년 송우혜가 세운 '청년문사 송몽규분묘유지' 표지석(이광평 제공)

| 2부 | 주검과 추모 그리고 기억

이광평 전 용정시문화관 관장, 김태국 연변대 교수, 필자 등이 2014년 12월 30년 만에 다시 찾아간 송몽규 분묘 유적지 표지석

윤동주 생가를 복원하다.

1984년 8월 윤동주 생가를 처음 찾은 이는 미중한인 우호협회 현봉학 회장이었다. 당시 용정을 방문한 현봉학은 윤동주 묘소는 찾지 못했지만, 그의 생가 터는 확인할 수 있었다. 그가 생가를 찾아갔을 때 돌무더기

윤동주 생가의 막새 기와(연세대 윤동주기념관 소장)

221

에서 기왓장 하나를 발견하고는 그것을 가져왔다. 기와는 처마 끝에 쓰는 수키와 막새였는데, 둥그런 테두리 안에 중앙에는 삼태극이, 위에는 십자가, 아래는 무궁화가 들어있다. 이 막새기와는 현재 연세대학교 윤동주기념관에 보관 중이다.

이후 1985년 연변대학 교환교수로 와 있던 오무라 마스오 교수가 명동촌 윤동주 생가를 찾았을 때 집터는 담배 밭으로 변해있었다. 파헤쳐진 구들장 등이 무더기로 쌓여 있었고, 콘크리트로 된 부엌 바닥 등이 남아 있었다고 한다.

이렇듯 방치되었던 윤동주 생가는 1994년 8월 복원되었다. 저간의 과정은 그때 세워진 '윤동주 생가 옛터' 기념비에 잘 기록되어 있는데, 내용은 다음과 같다.

> 시인 윤동주 생가는 1900년경에 그의 조부 윤하현 선생이 지은 집으로서 기와를 얹은 10간과 곳간이 달린 조선족 전통 구조로 된 집이었다.
> 윤동주는 1917년 12월 30일 이 집에서 태어났다. 1932년 4월 윤동주가 은진중학교로 전학하게 되자, 그의 조부는 솔가하여 용정으로 이사하고 이 집은 매도되어 다른 사람이 살다가 1981년 허물어졌다.
> 1993년 4월 명동촌은 그 역사적 의의와 유래를 고려하여 용정시 정부에서 관광점으로 지정하였다. 이에 지신향 정부와 용정시 문련은 연변대학 조선연구중심의 주선으로 사단법인 해외한민족연구소의 지원을 받고 국내외 여러 인사들의 정성에 힘입어 1994년 8월 역사적 유물로서 윤동주 생가를 복원하였다.
>
> 1994년 8월 29일
> 용정시 지신향 인민정부
> 용정시문화예술계연합회

윤동주 관련 사적지 복원은 해외한민족연구소 소장 이윤기가 주도하였다. 이윤기는 제11대 국회의원 시절인 1989년 6월 해외 동포들의 위상 제고, 모국과의 유대 강화, 해외 생활공간의 개척을 통한 한민족공동체 형성 등을 연구 목적의 한반도·만주·연해주를 잇는 '한민족공동체(The Korean Community)'의 설립을 주창하였다.

이후 그는 1992년 사단법인 해외한민족연구소를 설립하고 소장을 맡아 이를 운영하였다. 해외한민족연구소는 해외 한민족의 민족 정체성 회복 사업, 민족사 복원 사업, 한반도 미래 전망 등의 연구 사업을 추진하였는데, 특히 조선족과 고려인 지원 사업, 항일 유적지 복원 사업 등을 벌였다.

1992년 8월 한중수교 직후 연변을 찾은 이윤기는 윤동주의 시비 건립과 생가 복원을 추진하고자 하였다. 당시 명동촌의 사적지는 거의 사라진 상태였다. 명동학교는 흔적도 없이 사라졌고 명동교회는 방앗간으로 변했으며 윤동주 생가 역시 담배 밭으로 변해 있었다.

1993년 4월부터 한국의 해외한민족연구소의 재정 지원을 받아 용정시 지신향 정부와 용정시문화예술계연합회가 적극적으로 나서서 생가 복원 작업을 추진하였고, 그 결과 1년 4개월 만인 1994년 8월 복원하였다.

이에 덧붙이자면, 윤동주 집안이 1931년 늦가을 용정으로 이사한 뒤에 그곳 소작인들이 윤동주 옛집에 거주했다. 그 뒤 중화인민공화국이 설립되었고 1952년 명동촌에 살던 이동현 일가가 황소 한 마리를 팔아 마련한 돈으로 윤동주 생가를 사서 이사를 왔다. 그는 1981년까지 이 집에서 살았는데, 이후 그가 용정으로 이사를 가면서 마을 사람들에게 천 원을 받고 집을 팔았다. 하지만 그 집은 관리가 제대로 안 된 채 방치되었다가 무너졌고, 1983년에 완전히 철거되었다. 이때 기와는 이웃마을 대사동의 사람에게 팔렸고 목재 또한 누군가에게 팔려나갔다고 한다. 이후 집터는 담배 밭으로 변해 버렸다.

10년이 지난 1993년 4월 용정시가 명동촌을 관광지로 지정한 뒤, 해외조선족연구소(소장 이윤기) 후원을 받아 지신향 인민정부와 용정시 문학예술계연합회와 연변대학의 주선으로 1994년 8월 29일에 생가를 복원한 것이다. 이날 준공식에

윤동주 생가를 복원하고자 돌과 나무를 모아놓은 장면(1994.4. 이광평 촬영)

김낙준 출판협회장 등 한국에서 40여 명의 축하사절단이 참석하였고 현지 기관장들 외에 명동촌 조선족 주민 100여 명도 자리를 함께하여 의미를 더했다.

윤동주 생가의 형태를 알 수 없어 용정시 삼합진에 있던 8칸 자리 기와집을 2채를 매입하였다. 삼합진은 두만강을 사이에 두고 회령과 마주한 곳으로 함경도의 한인들이 이곳을 거쳐 용정으로 들어왔다. 매입한 기와집을 해체한 뒤 이를 옮겨 전면 5칸, 측면 2칸의 겹식 10칸 기와집으로 다시 지었다. 본채 왼쪽에는 직각으로 거의 잇대어 지은 헛간채를 짓고 안에 디딜방아 한 틀을 들여놨다.

윤동주 생가는 본채가 동서로 긴 남향집인데, 외장은 석회를 반죽하여 바른 회벽이고, 골이 진 기와를 얹은 팔각지붕으로 되어 있다. 칸마다 전면에 중앙에 나무 문살의 문이 하나씩 달려 있는데, 부엌과 곳간인 오른쪽 두 문은 중간까지 나무판으로 되어 있다. 생가를 복원하면서 우물을 수리하는 중에 목재 널이 발견되었는데, 이를 국내로 가져왔다. 현재 서울 종로구 청운동에 위치한 윤동주문학

| 2부 | 주검과 추모 그리고 기억

복원한 직후의 윤동주 생가 모습(동아일보 1994년 9월 7일자)

윤동주 생가 복원 직후 모습(2000.8)(박도 촬영) 울타리 사이에 조그마한 문이 있고 입구에 '윤동주 고향집' 이란 팻말이 세워져 있다.

윤동주 생가(2007. 이광평 촬영) 울타리가 없어지고 입구가 정비되었으며, '윤동주 고향집' 팻말은 바뀌어 위에 한글, 아래 중국어로 표기되었다.

관에 소장되어 있다.

이와 함께 윤동주 집 앞에 있던 정미소로 사용되던 대지 300여 평의 명동교회도 780평 크기로 복원하였다. 다만, 용정시 정부의 허가 조건에 따라 교회 건물 밖에 십자가를 달지 않았고 교회라고 표시하지도 않았다. 단지 실내에 십자가 붙어 있고 그 앞에 강대상을 두어 교회였음을 꾸며 놨다. 물론 예배를 볼 수는 없다.

그 뒤 2003년 6월 윤혜원이 생가를 찾았다. 윤동주 집안이 1931년 늦가을 명동을 떠나 용정 시내로 이사를 하였는데, 당시 그의 나이는 8살이었다. 70여 년이 흐른 뒤였지만, 그는 어렴풋이 옛 집에 대한 기억을 떠올렸다.

맨 왼쪽에 앞뒤가 트인 소 외양간, 다음이 부엌이고, 이어 부엌과 통한 터진 방, 다음에 앞뒤로 조부모와 부모 방이 있고, 이어 손님방과 아이들 방이 앞뒤로 있었다고 한다. 그러면서 그는 우측에 굴뚝이 있고, 왼쪽에 부엌이 있었는데, 반대로 되어 있다며 이를 지적하였다. 윤동주는 굴뚝이 있는 오른쪽 끝의 뒷방을

윤동주 생가 우물 목판 원본

주로 사용하였다고 한다. 또한 그는 샘이 깊어 두레박을 사용했던 우물은 본채의 오른쪽 마당에 있었다고 하였다. 그런데 그가 집을 방문했을 때는 우물이 무너져 내린 채 맨 위에 설치했던 정(井) 자형의 재목이 돌과 섞여 있을 뿐이었다.

중국 정부가 윤동주 생가를 복원하고 윤동주 시인을 '조선족'으로 공식화하다.

중국 정부는 2010년 초부터 윤동주 생가에 적극적으로 관심을 두기 시작하였다. 이전에는 한국 측 인사들의 기부금으로 윤동주 생가가 복원되고 관리되어 왔었다. 그러던 2011년 중국 정부가 윤동주 생가 복원을 위한 예산을 편성한 뒤, 2012년 4월부터 공사를 시작하여 350만 위안(6억 원)가량의 예산을 들여 그해 8월 윤동주 생가를 새롭게 조성했다.

중국 정부가 2012년 정비한 윤동주 생가(2015년 8월 촬영) 진입로가 흙길에서 계단식 보도블록으로 대체되었다.

| 2부 | 주검과 추모 그리고 기억

    2012년 8월 28일 열린 준공식에는 전 국가민족사무위원회 주임이며 통일전선공작부(통전부) 부부장 이덕수, 용정시 윤성룡 당서기를 비롯해 마을주민 300여 명이 참가하였다. 이날 용정시 정부의 초청을 받은 윤동주의 매제 오형범과 윤동주의 조카 오인경 등도 자리를 함께했다. 동생 윤혜원은 2011년 작고하여 자리를 같이하지 못했다.

    준공식은 예술 공연에 이어 안명식 용정시장의 개회를 시작으로 윤성룡 서기의 기념사, 윤동주 생가 표지석 제막, 준공식 선포, 생가 참관 등 순으로 진행됐다. 윤성룡 서기는 "윤동주는 중국 조선족의 자랑이며 애국, 애민, 애향 등의 정신은 우리가 길이 전해가야 할 귀중한 정신적 자산"이라고 강조했고, 안명식 시장은 "중국 조선족 민속 문화를 널리 알리고 용정시 관광산업과 문화산업 발전을 촉진하기 위해 시 정부가 나서 윤동주 생가 복원사업에 참가하게 됐다"고 말했다.

중국 정부가 2012년 정비한 윤동주 생가 본채(2015년 8월 촬영) 안채로 이어지는 길을 새롭게 내었고 굴뚝이 왼쪽에서 오른쪽으로 옮겨졌다.

윤동주생평전시관[尹東柱生平展覽館] 전경

    용정시 정부가 주도한 복원 사업은 명동교회를 포함한 1만 ㎡ 부지를 확보하고 담장, 대문, 정자 등을 새로 세우고 168㎡(약 51평) 규모의 윤동주생평전시관[尹東柱生平展覽館]도 추가로 설립하였다. 예전 명동교회 왼쪽에 있던 건물은 헐렸다. 이때 본채 굴뚝을 왼쪽에서 오른쪽으로 옮겨 바로 잡았다. 흙길이었던 진입로는 보도블록 계단으로 새롭게 조성했다.

    생가 안쪽에 커다란 대리석에는 학사모를 쓴 윤동주 부조와 그의 대표적인 〈서시〉가 새겨졌다. 여기에도 맨 아래 '중국조선족애국주의시인'이라 씌어있다. 그뿐 아니라 생가 내 곳곳에 그의 시를 새긴 돌비석 119개가 세워졌다. 시비에는 윤동주의 시가 한글뿐 아니라 중국어로 번역돼 있어, 중국인 관광객들이 올 때도 알아볼 수 있

윤동주 생가 내 대리석에 새겨진 윤동주 부조와 〈서시〉 시비. 여기에도 맨 아래 '중국조선족애국주의시인'이라 씌어있다.

윤동주 생가 입구

도록 했다. 하지만 윤동주 시가 중국어로 제대로 번역되지 않아 설왕설래가 많다. 이외에 윤동주의 일생을 6개 부분으로 나눠 화폭에 담은 그림을 돌에 새긴 석판화도 설치되었다.

생가 대문 앞 왼편에는 윤동주 시집 제목인 '하늘과 바람과 별과 시'를 형상화한 세 개의 돌기둥이 세워져 있고, 오른편에는 '중국 조선족 애국 시인 윤동주 생가〔中國朝鮮族愛國詩人 尹東柱 故居〕'라고 적힌 비석이 놓여 있다. 이는 몇 년째 논란이 되고 있다. 그런데 이 글씨를 조선족 출신으로 소수민족 문제를 주관하는 국가민족사무위원회 주임 이덕수(李德洙)가 썼다는 것도 남다르다.

한국 측은 윤동주가 나고 자란 용정 명동촌은 중국 땅이었지만, 당시 이주 한인들의 생활 터전이었고, 윤동주는 그곳뿐만 아니라 평양·서울·일본 등지에서 학교 다녔으며, 모든 작품을 한글로 쓴 민족 시인이었기에 일방적으로 '중국 애국 시인'으로 규정해선 안 된다는 것이다. 일제 말 윤동주의 재판 기록들에도 그의 본적이 '함경북도'로 되어 있다는 점도 그 이유로 들고 있다.

윤동주 생가 정문 오른편에 있는 '연변조선족자치주 중점 문화재보호단위' 표지석

또한 한국 학자들 가운데는 역사적 특수성을 언급하며, 국적을 따지기보다는 윤동주의 민족적 지향성에 중점을 둬야 한다며, 그가 쓴 '별 헤는 밤'에 "패, 경, 옥, 이런 이국 소녀들의 이름과"라는 구절을 대표적인 예로 제시한다. 중국 한족 소녀를 '이국 소녀'로 칭한 것은 자신을 중국인으로 생각하지 않았으며 조선인의 정체성을 갖고 있었다는 것을 보여주는 증거라고 주장한다.

아마 이러한 한국인들의 반응은 중국이 2002년부터 주장한 '동북공정'에 영향을 받은 바 크고, 최근 들어 김치·삼계탕·한복 등을 자신들의 전통문화로 소개하는 것에 대한 경계와 우려 때문이다. 이를 넘어서 중국을 혐오하는 이들도 있다.

이에 반해 중국 측은 여러 반응을 내보이고 있다. 윤동주 조부가 1900년경 명동촌으로 이주하였고, 윤동주가 태어나서 중학교까지 다녔던 북간도는 적어도 그 당시부터 지금까지 중국의 땅이기에 논쟁의 여지가 없으며, 윤동주가 중국에서 태어났다는 점도 부정할 수 없다고 한다.

옛 윤동주 생가 입구 안내석

　중국을 대표하는 《환구시보》는 중국 국적법과 역사 상황에 따르면, 윤동주 같은 역사 인물의 국적을 인정하는 데는 어려운 점이 있다고 하면서도, 윤동주가 출생 시 한국은 일제 점령하에 있어 정식 건국 전이었으며, 윤동주가 생전에 자신의 국적에 대해 분명히 밝힌 적이 없다는 점에서 윤동주는 중국인이라는 입장이다.
　논란의 핵심은 그전에는 이를 문제 삼지 않았는데, 왜 2012년에 그러한 논쟁을 불러일으켰느냐는 것이다. 그런 점에서 중국 정부가 조선족이 한국 사회로 흡수되는 것을 방지하려는 목적에서 그리한 것이라 아닌가 하는 의구심이 들기도 한다. 즉, 조선족의 정서적 이탈을 막기 위해 윤동주를 조선족 시인으로 만들려고 하는 것이 아닌가 한다. 한국인들의 정서와 달리 연변 내 조선족들은 이를 반기는 모양새다. 조선족들은 한국인들이 가장 사랑하는 시인 중의 한 사람인 윤동주가 조선족이라는 사실에 자부심을 느낀다고 한다.

그 후 80년, 송몽규와 윤동주

차단막이 설치된 예전 윤동주 생가 입구

윤동주 생가 입구 안내석(2014.12). 옛 안내석이 갈려 한자로 바뀜

    그런데 이러한 중국의 움직임은 어제, 오늘의 얘기가 아니다. 연변조선족자치정부는 2007년 12월 28일 윤동주 생가를 '중점문화재보호단위'로 공포했고, 2014년 10월 25일에는 빨간 글씨로 비석에 이를 새겼다. 이 역시 윤동주 묘소를 '중점문화재보호단위'로 지정한 것과 같은 맥락에서 그리 한 것이다.

    요즘들어 중국 정부는 윤동주 생가, 명동학교 등을 관광단지로 만들고자 열을 올리고 있다. 2023년 7월 중국 정부는 내부 수리 등을 이유로 윤동주 생가를 폐쇄했다가, 그해 10월 말에 재개관하였다. 2024년 기존 생가 입구를 봉쇄하고 큰

| 2부 | 주검과 추모 그리고 기억

새롭게 조성된 명동촌 입구(2024.12. 현재)

길 옆으로 새로운 도로를 내고 '全國紅色美麗村庄(국가 홍색 아름다운 마을)' 입간판을 세웠으며, 진입로 입구에 세워진 건축물에는 '중국조선족교육제1촌'이라 새겨 놨다. 또한 기존 입구에 세워진 안내석은 '윤동주생가'를 제외한 2개 면의 글씨는 '명동(한글)'에서 '明东(간자)'로, '윤동주생가'에서 '尹东柱故居(간자)'로 새롭게 새겨졌다. 윤동주 생가는 중국 정부가 한국 관련 사적지를 중국화하려는 대표적인 장소가 되었다.

중국 정부 방침에 따라 '윤동주 생가 옛터' 표지석 내용이 바뀌다.

윤동주 생가에는 건립 과정, 주체 등을 자세히 기록한 표지석이 있는데, 생가를 복원한 1994년 8월 세워진 이후로 지금까지 두 번 바뀌었다. 처음에는 한글로만 되어 있던 것이 2012년 중국 정부가 직접 나서 윤동주 생가를 복원하면서 표지석 내용이 바뀌었다.

윤동주 생가 터 표지석(1994.8.29.)

    1994년 8월 당시 세워진 표지석의 위쪽에 한글로 '윤동주생가옛터'라고만 새겨 있었는데, 2021년 7월 새롭게 세워진 표지석의 왼쪽에는 기존과 같이 '윤동주 생가옛터'라고 되어 있고 오른 편에 중국어 간자체로 '尹东柱故居旧地(윤동주고거구지)'라고 새겨졌다. 그 뿐 아니라 내용 첫 줄에 "시인 윤동주 생가는…"라는 부분이 "중국 조선족 유명한 시인 윤동주의 생가는…"으로, 주체도 '룡정시 지신향 인민정부'에서 '룡정시인민정부로'로 달라졌다.

2부 | 주검과 추모 그리고 기억

2021년 7월 윤동주 생가 옛터 표지석

    이는 중국 당국이 한국인들 누구로부터 사랑받고 있는 윤동주를 조선족으로 둔갑하여 중국인으로 만들려는 의도다. 이는 연변조선족자치주인민정부가 2007년 12월 윤동주 생가를 중점 문화재보호단위로 지정한 것이나, 2014년 8월 '국가 AAA급' 관광 풍경구로 지정한 것도 그러한 맥락에서다.

    중국은 관광명소의 중요성과 역사적 가치에 따라 5A, 4A, 3A, 2A, A등급으로 구분하고 있다. 5A급 관광지는 국가적인 수준으로 2017년 9월 현재 백두산을 포함하여 총 249곳이다. AAA(3A) 수준은 중간 정도로 경관 지역을 의미하는데, 자연적 아름다움과 일부 역사적인 유적을 포함하고 있으며, 관광 시설과 서비스도 제공된다. 이를 두고 대외홍보와 관광객 유치에 상당한 이점이 있다고 하지만, 중국 정부의 장악력을 높이려는 의도로 풀이된다. 또한 중국 정부가 직접 윤동주 생가를 관리한다는 의미이기도 하다.

237

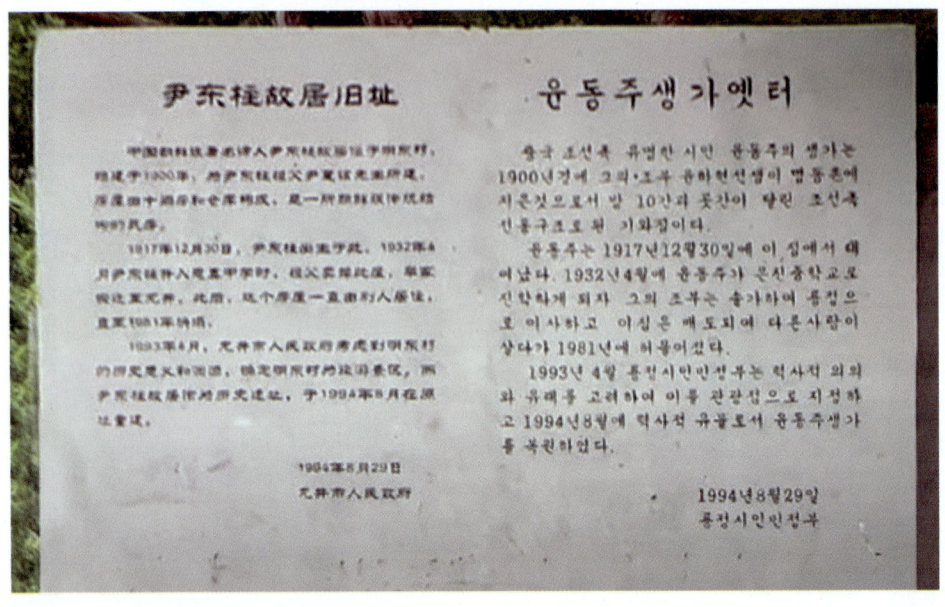

2024년 6월 윤동주 생가 옛터 표지석

그 뒤 다시 한 번 표지석이 바뀌었다. 2022년 7월 25일, 연변 조선족 자치주 인민정부가 '연변조선족 자치주 조선 언어 문자 업무 조례 실행세칙'을 발표하면서다. 시행 세칙 12조에 따르면, 한자를 왼쪽 혹은 위로, 한글을 오른쪽 혹은 아래로 표기하도록 하였기 때문이다. 이는 기존의 모든 간판에도 적용되었는데, 먼저 위치하는 한글을 나중에 위치시키고, 한자를 중심으로 두기 위함이다. 이에 따라 윤동주 생가 표지석도 왼쪽에 중국어가, 오른쪽에는 한글이 새겨졌다.

옛 대성중학교에 윤동주 시비를 건립하다.

대성중학교는 일제가 패망한 후, 1946년 9월 용정 시내에 있던 은진·광명·명신여자·영신·동흥중학교와 함께 하나로 합쳐지면서 용정중학교로 변했다. 이와 함께 6개 학교의 학적부가 용정중학교로 넘어갔다.

용정중학교 정문

　대성중학교는 1921년 7월 용정에 살고 있던 유교 및 청림교 신도와 지방 부호를 비롯해 조선 각지의 한인들이 후원하여 설립된 학교이다. 설립 당시 대성유교 공교회의 주도로 학교가 운영되었으나, 1920년대 중반 이후 사회주의 사상을 받아들인 학생들로 구성된 학우회를 중심으로 진보적 사상으로 교육내용이 변화되었다. 이를 주도한 학생들은 항일투쟁에 적극 참여하는 선봉대로서의 역할을 담당하였다.

　하지만, 대성중학교는 1931년 9월 만주사변이 일어난 후 만주국이 수립되면서 일제의 통제를 받아야만 했다. 그 결과 1935년에 용정의 대성중학교·동흥중학교·농업중학교가 합병되어 '민성중학교'가 되었다. 다행히 1년 후 대성중학교와 동흥중학교는 다시 분립되었으나, 학교는 일본인의 손으로 넘어갔고 일본인 교원이 파견되었다. 더욱이 대성중학교 교사의 현관 지붕 모양이 고려 시대 건축물의 특색을 띠었다고 하여 방학 중에 이를 허물어 버렸다. 1938년 8월 대성중학교와 동흥중학교는 용정국민고등학교[농과]로 통합되었고, 일제의 더욱 강화된 통제를 받게 되었다.

1980년대 대성중학교 옛 건물(《경향신문》 1988년 7월 1일자) 현관 지붕이 허물어져 있음.

| 2부 | 주검과 추모 그리고 기억

대성중학교 옛터에 세워진 연변조선족자치주 중점문화재보호단위 표지석

　대성중학교 건물은 해방 후에도 그대로 남아 용정중학교 역사자료기념관으로 사용되었다. 그 안에는 헤이그 특사였던 이상설이 용정에 처음 근대학교 서전서숙을 세운 이후부터 대성·동흥·은진 등 민족학교의 설립과정이 사진 자료로 전시되었다. 1930년 초 광주학생운동 당시 용정에서 대성중학을 중심으로 6개의 학교가 연합하여 항일투쟁을 전개한 내용도 포함되었다. 특히 윤동주를 비롯한 독립운동가들의 사진을 전시하여 항일운동 관련 내용을 소개하였다. 1988년 5월 27일 연변조선족자치주인민정부는 당시 모습을 보존하고 있던 대성학교 건물을 '중점문화재보호단위'로 지정하였다.
　그런데 많은 이들이 대성중학교가 윤동주의 모교인 것처럼 말한다. 은진중학교 학적부가 용정중학교에 있어서 그럴 것이기도 하고, 예전 대성중학교 건물이 윤동주기념관으로 탈바꿈하였기에 그리 인식하는 것 같기도 하다. 하지만 윤동주와 송몽규가 다녔던 은진중학교는 일제강점기에 '용정 제3국민고등학교'로 재편

되었고, 지금은 용정 제4중학교가 들어서있다. 정확히 말하자면 대성중학교는 윤동주가 아닌 송몽규의 모교이다.

대성중학교 복원에 적극적으로 나선 인물이 해외한민족연구소 소장 이윤기였다. 그는 윤동주의 시비 건립, 생가 복원을 추진하면서 오랜 세월에 붕괴 위험이 있던 대성중학교도 복원하고자 하였다. 이에 그는 용정시 부시장 이준일을 만나 자신의 뜻을 전달하였고 허락을 받아냈다.

대성중학교를 복원하기 전, 이윤기는 용정 및 연변 인사들과 함께 역사적 문헌과 자료를 연구하고 현지인들로부터 철저한 고증을 거쳤다. 그 무렵 해외한민족연구소는 용정중학교·동아일보사와 함께 1992년 9월 10일 대성중학교 건물 오른 편에 윤동주 시비를 세웠다. 시비 앞면에는 〈서시〉 전문을 새겨 넣었고, 뒷

복원한 용정 대성중학교와 윤동주 시비

면에는 윤동주의 간략한 생애와 이를 추진한 용정중학교, 서울 해외한민족연구소, 동아일보사의 이름을 새겼다.

이후 이윤기 소장은 금성출판사 김낙준 회장과 접촉하였다. 1992년 9월 김낙준 회장은 북경도서전시회 참석하였는데, 이때 이윤기 소장의 주선으로 이곳 용정중학교에 들렀다. 그는 옛 대성중학교가 너무 초라하고 곧 무너질 것 같았기에 용정중학교 측에 도움을 줄 뜻을 내비쳤다. 그는 대성중학교를 리모델링한 뒤에 '윤동주기념관' 건립했으면 한다는 의견을 제시했고, 학교 측이 요청한 악대 창단을 지원하기로 하였다. 이후 악대 이름은 운평합주대라고 했다. '운평'은 그의 아호이다.

김낙준은 1993년 12월 자신의 출연금 52여억 원으로 창립한 금성문화재단(옛 운평문화재단) 사업으로 20만 달러 이상을 대성학교 복원사업에 지원하였다. 이에

연합기념비

이상설선생역사기념관

1994년 9월 일제가 없애버린 대성중학교 교사 현관 지붕 모양을 복원하고 낙후한 건물을 보강하였다. 이로써 옛 대성중학교는 윤동주기념관으로 탈바꿈하였다. 이후 그는 기념관을 교내에 조직된 '윤동주문학사상연구회'에 기증하였다. 용정중학교는 감사한 마음에서 '윤동주기념관' 내에 '겨레의 마음 따뜻한 손길'이라는 코너에 김낙준 회장의 사진을 걸어놓았다.

이후 옛 대성중학교 건물 오른편에 대성중학 옛터 표지석, 6개교 연합기념비가 세워졌다. 주변에는 소나무가 심겨졌다. 2층 역사전시관에는 윤동주·송몽규·문익환 등의 활동이 전시되었고, 1900년대 초기부터 일제강점기까지 용정과 그 주변 역사를 보여주는 여러 사료와 안중근 의사, 동북항일연군 무장투쟁, 3.13운동 등이 전시되었다. 또한 2000년 8월 15일 대성중학교 건물 옆으로 '이상설선생역사전람관이 건립되었다. 기념비문에는 다음과 같이 새겨있다.

민족교육의 요람 서전서숙을 1906년 8월에 용정 땅에 최초로 개숙하시고 초대 숙장이 되신 보재 이상설 선생을 길이 기리려고 민족적 성원과 창학 정신을 계승한 용정중학교의 협력을 얻어 오늘 여기에 본 역사전람관을 세우고 항일투쟁과 민족교육에서 쌓으신 선생의 업적을 선양하는 바이다.

2014년 11월 27일 건물 왼쪽에 '별의 시인 윤동주' 흉상이 설치되었다. 전남의 광주세종요양병원 구제길 이사장의 후원에 힘입은 바 컸다. 이날 국제라이온스 광주지회 회원들과 연변윤동주연구회 허응복 회장, 용정 중학생 100여 명이 참가하였다. 행사의 일환으로 용정중학생들이 〈서시〉를 낭송하였다. 용정중학교는 2015년 8월 해방 70주년과 6개 학교 합병 70주년(2016년 9월)을 맞아 대성중학전시관 1층 80㎡ 공간에 '항일열사기념관'을 추가로 설치하였다.

하지만 2018년 무렵부터 한국인 관광객들의 윤동주기념관 관람이 중지되었

윤동주 흉상 제막식 당시 모습(《동북아신문》 2014년 12월 1일 자)

다. 건물 주변으로 담장이 둘러쳐 있을 뿐 아니라 아예 용정중학교 내로 진입할 수 없어 관람이 원천 차단당했다. 2020년부터 발생한 코로나 19로 왕래가 불가능해졌을 때, 윤동주 시비는 철거되었고, 흉상은 왼쪽 구석으로 옮겨졌다. '별의 시인 윤동주'가 아닌 '조선족 시인 윤동주'로 바뀌어서 말이다.

용정중학교 내에 복원된 대성중학교 건물 앞의 윤동주 흉상(좌), 시비(우)

담장으로 둘러쳐져 있는 '룡정중학전람관' 전경

| 2부 | 주검과 추모 그리고 기억

윤동주, 중국 연변에 알려지며 각종 기념사업이 펼쳐지다.

1885년 5월 윤동주 묘소를 발견한 전후로 오무라 교수는 윤동주 유고시집을 용정중학교에 선물하였다. 이를 계기로 윤동주 시를 처음 접한 용정중학교 교사 박동철은 '윤동주학습소조'를 결성하였다. 이후 1989년 3월 명동촌 명동학교 이름을 따서 지신향에 설립된 명동소학교에 "윤동주학학습소조 성립을 영접하자"라는 현판이 내걸릴 정도로 윤동주의 이름이 널리 알려졌다.

연변 문인들은 1985년 11월 12일에 발행된 〈문학과 예술〉(1985년 제6기)에 윤동주 시 10편을 실었다. 교사 박동철은 이 잡지에 「고귀한 령혼을 부르며-시인 윤동주의 묘지 앞에서」라는 글을 실어 조선족 문단에 처음으로 간략하게나마 윤동주를 소개하였다. 윤동주 모교라고 할 수 있는 용정중학교의 학생들은 자발적으로 '윤동주시연구회'를 결성하고, 시낭송회를 하거나 묘소를 참배하였다.

지신향 명동소학교에 내걸린 "'윤동주문학학습소조' 설립을 영접하자" 현판

연변인민출판사 중학생 편집부·연변조선족문화발전추진회가 주최한 윤동주 시인 60주기를 맞아 묘소 앞에서 소녀들이 〈서시〉를 낭송하는 장면(2005.2.16.)

    1986년에 들어서면서 연변 학자들의 윤동주 연구도 본격화하였다. 그해 6월 연변 내에서 발행되는 《천지》(연길시), 《도라지》(길림시), 《북두성》(장춘시), 《아리랑》·《장백산》·《송화강》·《연변문예》·《민족문학》·《은하수》 등의 문예지와 《연변여성》, 《청년생활》 등 종합잡지에 윤동주 〈서시〉가 실렸다. 그해 8월에는 흑룡강성 민족출판사가 연변대학 교수들이 집필한 『조선족문학이론연구』를 출간하였는데, 작가론에서 윤동주를 비롯한 15명의 유명 작가들을 소개하고 그들의 작품을 분석하였다.

    1988년 12월 윤동주시연구회는 윤동주문학사상연구회로 이름을 바꾸고 윤동주에 대한 본격적인 활동을 펼쳐나갔다. 특히 1993년 1월 윤동주 탄생 75주년을 맞아 윤동주문학사상연구회는 윤동주가 은진중학교 재학 시절에 〈별〉이라는 이름으로 교내 문예지를 낸 것을 기리고자 같은 이름의 문예지를 복간하였다.

1994년 9월 윤동주문학사상연구회는 김낙준 회장의 후원으로 만들어진 윤동주 기념관을 기증 받았다.

1990년 연변에서 발간된 『중국조선족문학사』(연변인민출판사)에는 윤동주를 "일본제국주의의 민족적 기시와 탄압이 혹심한 처경하에서도 시종 민족의 독립과 자유를 위하여 자기의 시와 삶을 바친 재능 있는 저항 시인이며 인도주의 시인"이라 평가하면서, 윤동주가 "암흑한 년대에 하냥 민족의 현실과 미래를 심려하는 서정적 주인공의 티 없이 맑은 마음"을 가졌고 순결한 저항정신을 움트게 한 것은 '고향' 간도의 영토적, 사장적 배경에서 비롯된 것이라 해석하였다.

1992년 9월 용정중학교 내 대성중학 앞에 윤동주시비가 건립되었고, 1994년 6월 14일에는 용정에서 '민족시인 윤동주 50주기 기념학술연구회의'가 개최되었다. 그해 8월에는 명동촌에 윤동주 생가가 복원되었다.

또한 연변대학교를 중심으로 많은 윤동주 논문이 발표되었다. 2013년 7월에 평론가 조성일 등이 1980년대 말부터 2012년까지 연변의 평론가, 문인들이 발표한 24편의 논문을 집대성하여 『윤동주 문학론』(연변인민출판사)을 펴냈다. 이는 조선족 사회에서 최초의 종합 논문집으로 평가 받고 있다. 내용은 윤동주는 중국 조선족이 낳은 시인이라는 점이 강조되었다. 윤동주가 널리 알려지는 계기가 되었다. 연변동북아문화연구원 역사문화연구소장 리광인은 2015년 5월 『시인윤동주인생려정연구』(민족출판사)와 2018년 3월 『송몽규 평전』(연변대학출판사)을 출판하였다.

연변 내에서 자체적으로 윤동주 관련 모임이 만들어져 여러 행사를 주최하기도 하였다. 연변청년국제여행사 대교 허흥복 대표가 대표적인 인물이다. 그는 2008년 12월 윤동주·대교장학회를 만들어 가난하지만 학습 성적이 우수하거나 성적이 조금 낮더라도 생각이 밝고 성실한 학생들을 선발하여 장학금을 지급하였다.

윤동주·대교장학회가 펴낸 윤동주 시집(2011)

연변윤동주연구회가 펴낸 윤동주 탄생 100주년 기념시집(2017)

  그뿐 아니라 윤동주·대교장학회는 2011년 3월 윤동주시집『하늘과 바람과 별과 시』(연변인민출판사)을 간행하였고, 2012년 5월에는 사단법인 연변윤동주연구회를 조직하여 학술 교류, 시 낭송, 백일장 등 각종 문화 활동을 펼쳤다. 연변윤동주연구회는 연변문화예술계연합회 주관의 주민정국에 등록한 첫 사단법인 윤동주 연구 단체였다.

연변윤동주연구회는 다양한 활동을 펼쳤다. 2013년 5월 이 단체는 '윤동주문화교실'을 개설하였고, 2017년 4월 연변문화예술계연합회, 연변박물관이 공동으로 '별의 시인 윤동주 탄생 100주년 기념'으로 조선족전통문화 한마당'을 개최하여 윤동주의 시구절로 퍼포먼스를 하고 조선족 문화를 체험하는 행사를 치렀다.

이와 함께 연변윤동주연구회는 시집 『하늘과 바람과 별과 시』를 출판하였다. 이에는 윤동주 원작 시 119수, 산문 5편, 연보 등이 수록되었고, 연변대학 우상렬 교수의 논문 〈윤동주와 우리 시대〉, 박은희 박사의 논문 〈윤동주논쟁에 대한 재고〉 등이 실렸다.

한편, 2014년 9월 조선족 중견소설가 김혁이 주도하여 사단법인 룡정윤동주연구회를 설립하였다. 룡정윤동주연구회는 윤동주의 용정시내 집터로 추정되는

룡정윤동주연구회 설립식 장면(2014. 9. 27)

곳의 땅 일부를 매입하였고, 2015년 9월에 역사답사팀을 결성하였다. 룡정윤동주연구회는 윤동주뿐 아니라 송몽규를 기리는 행사도 병행하고 있으며, 청소년인물전 『'별'의 시인 윤동주』를 출간, 각 학교에 무상으로 배포하는 한편, "'별을 노래하다'- 윤동주 시 가영대회"를 개최하였다.

특히 룡정윤동주연구회는 윤동주탄생100주년계렬기념행사로 2017년 2월에 윤동주 묘소에서 추모 행사를 치렀고, 3월에는 "백년의 기억, 윤동주를 읽다"라는 주제로 특강, 시 낭송회 등 다채로운 행사를 개최했다. 또한 윤동주의 생애를 담은 다큐멘터리를 제작하였고, 회장 김혁은 윤동주 평전 『별헤는 밤: 윤동주 평전』과 장편소설 『시인 윤동주』를 펴냈다.

이외에도 윤동주의 이름을 딴 장학금이 조선족 학생들에게 지급되었다. 먼저 1988년 6월 윤동주의 묘지를 수선한 미주한국문인협회는 윤동주장학회를 설립하여 조선족 학생들에게 장학금을 전달했다. 1989년 8월 한국교수불자연합회가 용정중학교 학생들에게 윤동주장학금 전달하였고, 그해 12월 은진중학교 출신 재미교포들의 지원으로 윤동주장학금위원회가 발족하여 문학적 자질이 있는 학생들에게 장학금을 수여하였다. 2015년에는 한국민주평화통일자문회 계룡시협의회가 용정중학교 학생들에게 장학금을 지급하기도 했다.

윤동주 문학상도 제정되었다. 1992년 윤동주 탄생 74돌을 맞아 미중한인우호협회 회장 재미교포 현봉학이 2천 달러를 기탁하여 윤동주문학상이 제정되었다. 수상한 작품들은 연변작가협회 기관지 《연변문학》에 수상 작품명, 수상소감, 심사평 등이 실렸다. 또한 연변작가협회 기관지 《연변문학》에서도 1999년부터 시인을 기리고 민족문학을 반전시키기 위하여 '윤동주문학상'을 제정했다. 이는 연변 내 조선문단에서 권위적인 문학상으로 자리매김하였다. 2000년에는 연변인민출판사가 발행하는 중국 조선족 잡지 《중학생》 주필 오경준이 '윤동주문학상'

백일장을 처음 실시하였다. 2017년 12월 윤동주 탄생 100년을 맞아 1회 때부터의 우수 작품들을 한데 묶은 작품집을 펴내기도 하였다.

윤동주와 관련한 축제도 열렸다. 2010년 10월에 연변조선족문화발전추진회 주최로 제1회 윤동주문학제가 열렸다. 이때 연변가무단 합창단이 조선족 황양묵이 작곡한 〈서시〉, 〈새로운 길〉과 한정자가 작곡한 〈눈 감고 간다〉, 〈조개껍질〉, 〈산울림〉 등을 불렀다. 2011년 9월 이름을 윤동주문학제에서 윤동주문화제로 바꿔 제2회 행사를 진행하였다. 이 날에는 용정중학교 학생들의 백일장 대회, 시낭송, 윤동주 시 합창 공연 등이 이뤄졌다. 이때 라성도가 작곡한 〈서시〉, 〈반디불〉 등이 첫 선을 보였다.

또한 연변한국국제학교는 2015년 제1회 윤동주문화제를 처음 개최한 이래로 2018년 '윤동주 탄생 100주년 문학제'를 열었고, 2019년, 2023년, 2024년 5월 윤동주문화제를 이어 나갔다. 행사는 주로 시 산책 토크쇼, 시화 그리기 대회, 명동촌 윤동주 생가에서 백일장과 사생대회 등으로 진행되었다.

국내에서의
윤동주 시집 편찬과 추모

해방 직후 윤동주·송몽규의 첫 추도회가 열리다.

일제 패망 후 용정을 떠나 남한으로 내려온 윤동주의 친지들이 그의 유품을 찾고자 하였다. 이들은 윤동주가 일본에 유학 갈 때 가져가지 않았을 물건이 어딘가에 있을 것이라 확신하였다.

가장 먼저 움직인 것은 윤동주의 5촌 종숙부 윤영춘이었다. 윤영춘은 가수 윤형주의 부친이다. 그는 윤동주가 일본 유학 당시 많은 도움을 줬을 뿐만 아니라 그가 교토 시모가모(下鴨)경찰서에 갇혔을 때 면회하였으며, 후쿠오카 형무소에서 유해를 찾을 때도 그곳에 있었다. 그는 1939년 메이지학원대학을 졸업하고 다시 일본대학 영문학교와 편입하였다. 이후 그는 모교인 메이지학원대학과 일본대학에서 영문학과 시간 강사로 지내다가 해방을 맞았다. 윤영춘은 일본에서 용정으로 귀국했는데 곧바로 월남하여 1948년부터 서울 정릉에 있던 국학대학 교수로 재직하다가 이내 경희대로 자리를 옮겼다.

윤영춘은 윤동주가 마지막으로 하숙했던 북아현동 하숙집에 뭔가 있을 것이라 기대하였다. 그는 집안사람들로부터 은진중학교 선배 라사행이 윤동주의 하숙집에 놀러 갔었다는 소문을 듣고 그를 찾아갔다. 하지만 라사행은 4년이 지난 뒤여서 윤동주가 하숙했던 집을 찾지 못했다.

그 뒤를 이어 1946년 8월 윤일주가 단신으로 월남하였다. 윤일주는 1945년 2월 윤동주가 죽었을 때, 영신중학교 재학 중이었다. 해방된 뒤에 그는 1946년 4월 요녕성 사립 봉천의과대학교에 입학하였지만, 그해 6월 폐교되는 바람에 중퇴하였다. 그는 고향인 용정으로 돌아왔지만, 중국 동북 3성이 중국공산당의 지배 하에 들어가 탄압을 받자, 홀로 용정을 떠나 남한으로 내려온 것이다.

윤일주는 잠시 종로에서 생활하였는데, 이 무렵 경향신문 창간을 준비하던 윤동주 절친 강처중을 만났다. 이때 강처중은 윤동주가 자신에게 맡긴 책, 졸업앨범, 앉은뱅이 작은 책상 등을 그에게 전해줬다. 그 뒤 윤일주는 1946년 9월 부산으로 내려가 영도에서 고학을 한 끝에 1947년 3월, 21세 때 서울대학교 공과대학 건축학과에 입학하였다. 전연 아는 사람도 없는 서울에 다시 올라온 윤일주는 형의 친구들을 찾아다니며 그의 자취를 물색했다. 그 무렵 그는 정병욱을 만났다.

정병욱은 1944년 1월 연희전문 졸업을 앞두고 학병으로 강제 징집되어 오사카의 방공포대에서 전쟁을 겪었다. 광복 후 그는 서울대 국문학과에 편입하여 재학 중이었다. 이후 실타래처럼 윤동주의 흔적들이 하나둘씩 모습을 드러냈다. 마치 기다렸다는 듯이 말이다.

한편, 윤동주 2주기를 맞아 경향신문 기자 강처중이 《경향신문》 1947년 2월 13일 자에 윤동주의 시 〈쉽게 씌어진 시〉를 정지용의 소개 글과 함께 실었다. 해

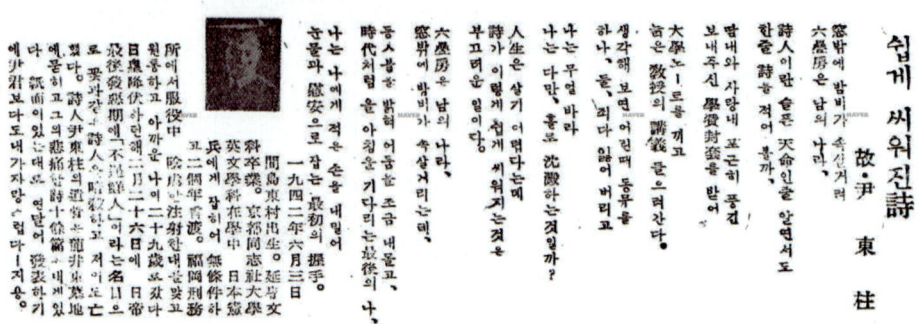

〈경향신문〉 1947년 2월 13일 자, '쉽게 씌어진 시'

방 후 처음으로 윤동주의 시가 세상의 빛을 본 것이다. 정지용이 쓴 소개 글은 다음과 같다.

> 간도 명동촌 출생. 연희전문 졸업. 경도(京都) 동지사 개학 영문학과 재학 중 일본 헌병에게 잡히어 무조건하고 2개년 언도, 복강(福岡) 형무소에서 복역 중 음학(陰虐)한 주사 한 대를 맞고 원통하고 아까운 나이 29세로 갔다. 일황 항복하던 해 2월 26일에 일제 최후 발악기에 '불령선인(不逞鮮人)'이라는 명목으로 꽃과 같은 시인을 암살하고 저이도 망했다. 시인 윤동주의 유골은 용정 동산 묘지에 묻히고 그의 비통한 시 10여 편은 내게 있다. 지면이 있는대로 연달아 발표하기에 윤 군보다도 내가 자랑스럽다. – 지용.

1947년 2월 16일 연희전문 문과 졸업생들이 서울 소공동 '플라워 회관'에서 조촐한 윤동주 추도식을 열었다. 이 자리에 윤일주를 비롯하여 정지용·강처중·정병욱 등과 송몽규의 친지 등 30여 명이 모였다. 이때 윤동주 연희전문 동창 유영(柳玲)이 '창밖에 있거든 두드려라–동주·몽규 두 영(靈)을 부른다–'라는 추모시를 낭독했다. 유영은 윤동주와 시를 함께 공부하고 창작하던 문우였다. 둘은 연희전문 기숙사, 아현동·누상동 등지 하숙집을 오가며 시를 돌려 읽고 품평을 하곤 했다.

창밖에 있거든 두드려라—동주·몽규 두 영(靈)을 부른다—

동주야 몽규야
너와 즐겨 외우고
너와 즐겨 울던
삼불이도 병욱이도
그리고 처중이도……
아니 네 노래 한 구절 흉내에도 땀 빼던 영이도 여기 와 있다.
차디찬 하숙방에
한술 밥을 나누며
시와 조선과 인민을 말하던
시와 조선과 인민과 죽음을 같이하려던
네 벗들이
여기 와 기다린 지 오래다.

창 밖에 있거든 두드려라.
동주야 몽규야
너를 쫓아 바람 곧이 만주에 낳게 하고
너로 하여금 그늘 밑에, 숨어 시를 쓰게 하고
너를 잡아 이역 옥창(獄窓)에 눕게 한
너와 나와 이를 갈던 악마 또한 물러가
게다 소리 하까마 칼자루에 빠가고라 소리마저 사라졌다.

너와 함께 즐겨 거닐다
한 잔 차에 시를 띄워
뭉킨 가슴 풀어보던
여기가 바로 다방 허리울이다.
그렇다 피의 분출을 가다듬어
원수의 이빨을 빼려다
급기야 강아지 발톱에 찢긴

여기가 바로 다방.

나는 믿지 않는다. 믿지 못한다..
네 없음을 말해야 할 이 자리란
금시 너희는 원앙새 모양 발을 맞추어
항시 잊지 않던 미소를 들고
너는 우리 자리에 손을 내밀 것이다.

창 밖에 있거든 두드리라.
그리고 소리쳐 대답하라.

모진 바람에도 거세지 않은 네 용정 사투리와
고요한 봄물결과 같이
또 오월 하늘 비단을 찢는 꾀꼬리 소리와 같이
어여쁘던 네 노래를 기다린 지 이미 삼년.
시원하게 원수도 못 갚은 채 새 원수에 쫓기는
올 줄도 모르는 어리석은 네 벗들이
다시금 외쳐 네 이름 부르노니

아는가 모르는가
"동주야! 몽규야!"

이와 더불어 윤동주의 시, 〈또다른 고향〉과 〈소년〉이 《경향신문》 1947년 3월 13일 자 4면, 그해 7월 27일 자 2면에 각기 실렸다. 그런데 이것이 끝이었다. 무슨 이유인지는 정확히 알 수 없지만, 당시 경향신문 주필이었던 정지용이 7월 9일 사직하고 이화여대 교수로 복직한 것이 결정적이지 않았을까 한다.

윤동주 첫 유고 시집, 『하늘과 바람과 별과 시』 발간하다.

윤일주·강철중·정병욱 등은 1948년 2월 16일 윤동주 3주기에 앞서 유고 시집을 내기로 하고 준비 작업에 들어갔다. 윤동주가 정병욱에게 맡긴 『하늘과 바람과 별과 시』 육필 원고의 시 19편과 혹여 어딘가에 있을 윤동주의 시를 수집하여 시집을 내기로 하였다. 육필 원고는 해방 후 학병으로 끌려갔던 정병욱이 돌아오자, 어머니가 광양집에 숨겨둔 보따리를 그에게 전해준 것이다.

그 뒤 세월이 흘러 이 집은 2007년 '윤동주 유고 보존 정병욱 가옥'이라는 이름으로 국가등록 문화유산이 되었다. 정병욱 가옥에는 명주 보자기에 싼 유고를 항아리에 담아 마룻바닥 아래 간직한 당시 상황이 재현되어 있다.

광양시는 주변 부지를 매입해 정병욱 선생 가옥을 관광자원화했다. 광양시는 정병욱 가옥 주변에 '윤동주 시 정원'을 만들어 『하늘과 바람과 별과 시』에 수록된 시 전편을 시비로 새겼다. 포구와 섬 배알도의 정원을 잇는 해상 보도교에는 '별 헤는 다리'라는 이름이 붙여졌다. 고두현 시인은 윤동주와 정병욱을 생각하며 〈망덕포구에 그가 산다〉라는 제목의 시를 지었다.

국가등록 문화유산이 된 정병욱의 옛집(광양 진월 망덕길 249)

정병욱 어머니가 윤동주 육필원고를 보관했던 양조장 마룻장 아래 항아리

망덕포구에 그가 산다
– 윤동주 유고 지킨 정병욱의 전언

섬진강 물굽이가 남해로 몸을 트는
망덕포구 나루터에 어릴 적 내 집이 있네.
강물이 몸을 한껏 구부렸다 펼 때마다
마루 아래 웅웅대며 입 벌리는 질항아리
그 속에 그가 사네.

강폭을 거슬러 올라 서울 가던 그해
압록강 먼저 건너 손잡아준 북간도 친구
함께 헤던 별무리처럼 그가 지금 살고 있네.
시집 원고 건네주며 밤새워 뒤척이다
참회록 몰래 쓰고 바다 건너 떠난 그를

| 2부 | 주검과 추모 그리고 기억

학병에 징집되어 뒤따라가던 그날 저녁
어머니 이 원고를 목숨처럼 간직해 주오
우리 둘 다 돌아오지 못하거든
조국이 독립할 때 세상에 알려주오

그는 죽고 나는 살아
캄캄한 바닷길을 미친 듯이 달려온 날
어머니 마룻장 뜯고 항아리에서 꺼낸 유고
순사들 구두 소리 공출미 찾는 소리
철컥대는 칼자루 밑에 숨죽이고 견딘 별빛
행여나 습기 찰까 물안개에 몸 녹을까
볏짚 더미로 살과 뼈를 말리던 밤이
만조의 물비늘 위로 달빛보다 희디희네.

후쿠오카 창살 벽에 하얗게 기대서서
간조의 뻘에 갇혀 오가지 못하던 그
오사카 방공포대서 살아남은 나를 두고
남의 땅 육첩방에 숨어 쓴 모국어가
밤마다 우웅우웅 소리 내며 몸을 트네.
하루 두 번 물때 맞춰 아직도 잘 있는지
마룻장 다시 뜯고 항아리에 제 입을 맞추는
그가 거기 살고 있네(『오래된 길이 돌아서서 나를 바라볼 때』, 여우난골, 2024).

이처럼 윤동주 시집을 내기 위해 출판 준비에 여념이 없을 때, 강처중이 보관한 유품에 들어있던 시 12편이 합해졌다. 윤동주가 일본으로 건너가기 전 낱장의 종이에 쓴 시 〈팔복〉·〈위로〉·〈병원〉·〈못 자는 밤〉·〈돌아와 보는 밤〉·〈간〉·〈참회록〉 등과 릿쿄대학 유학 시절 강처중에게 보낸 편지 속에 들어 있던 시들로

〈흰 그림자〉·〈흐르는 거리〉·〈사랑스런 추억〉·〈쉽게 씌어진 시〉·〈봄〉 등의 시들이다.

출판은 정음사 최영해 사장이 선뜻 나서주었다. 최영해는 한글학자 최현배의 아들이다. 정음사는 우리말 연구와 보급에 평생을 바친 한글학자 최현배(1894~1970)가 연희전문 교수로 재직하던 1928년 강의를 위해 『우리말본』 제1권 '소리갈'을 등사본으로 찍은 것이 계기가 되어 만들어진 출판사다. 때문에 이름 또한 훈민정음에서 따왔다. 이후 정음사는 최현배가 쓴 『조선민족 갱생의 도』를 발행하였고, 1934년에서 1940년 사이에는 『조선중등말본』, 『우리말본』(전3권), 『조선어 표준어』, 『한글의 바른 길』 등을, 1942년에는 『한글갈』을 펴냈다. 그러나 이후 정음사는 일제의 탄압에 해방을 맞기까지 활동을 중단해야만 했다. 해방 직후 정음사는 다시금 문을 열어 『조선중등말본』 개정판을 내고 여러 책들을 출판하면서 대표적인 출판사로 성장하였다.

정음사가 1948년 2월에 열릴 윤동주 3주기 추도식에 맞춰 유고집을 1948년 1월 30일 발간하기로 하였는데 문제가 생겼다. 인쇄를 다 마쳤지만, 해방 직후라 표지 만들 재료를 구하지 못한 것이다. 전전긍긍하던 차 우선 급히 동대문시장에서 구한 벽지 마분지로 표지를 만든 뒤 시집 10권을 만들어 추도식에 사용하였다. 식 후에 10권은 참석자들이 한 권씩 나눠 가졌다.

그 뒤 1948년 3월 『하늘과 바람과 별과 시』가 정식 출판되었다. 당시 발행 부수는 1000부였다. 가장 큰 특징은 가로쓰기를 택했다는 점이다. 이는 당시 미군정청 편수국장이었던 최현배가 교과서편찬분과위원회 위원장을 겸하면서 초중등 교과서는 모두 한글로 하되 한자는 필요한 경우 괄호 안에 넣도록 하고 가로쓰기를 방침으로 정했기 때문이다.

『하늘과 바람과 별과 시』는 〈서시〉를 맨 앞에 싣고, 나머지 30편은 육필 시집

『하늘과 바람과 별과 시』(18편), '흰 그림자'(5편), '밤'(7편) 등 3부분으로 나눠 실었다. 여기에 정지용의 서문, 유영의 추도시, 강처중의 발문 등도 수록하였다. 이후 2013년 2월 윤동주 유족들은 시 144편과 산문 4편이 담긴 육필원고를 윤동주의 모교인 연세대학교에 기증하였고, 2018년 5월 문화재청은 이를 문화재로 등록하였다.

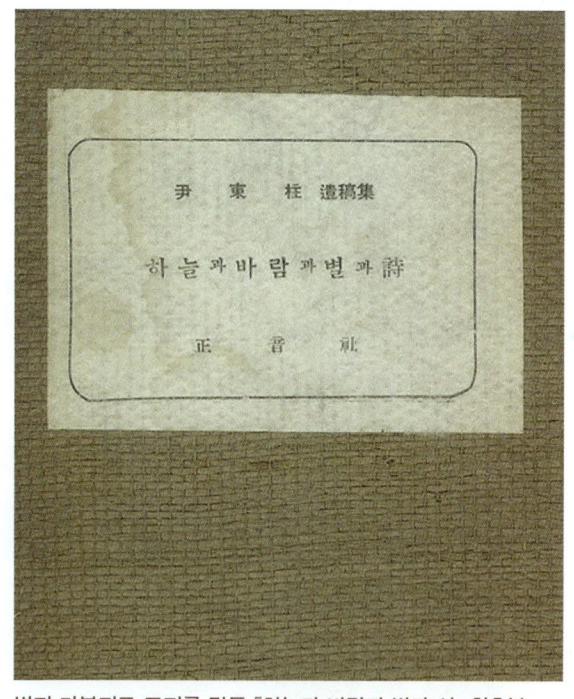

벽지 마분지로 표지를 만든 『하늘과 바람과 별과 시』 최초본

한편, 윤일주는 첫 시집 발간을 위해 고향에 남아 있는 원고 노트를 인편으로 가지고 나올 것을 계획하였다. 이는 용정에 있는 부친에게 전해졌고, 그때 북한에 살고 있던 윤혜원 부부가 다시 용정을 찾았을 때 이를 가지고 월남하였다. 하지만 이들이 남한 땅을 밟은 것은 1948년 12월이었기에 첫 번째 시집에는 포함되지 않았다.

정지용 〈서문〉

서(序)랄 것이 아니라,

내가 무엇이고 정성껏 몇 마디 써야만 할 의무를 가졌건만 붓을 잡기가 죽기보담 싫은 날, 나는 천의를 뒤집어쓰고 차라리 병 아닌 신음을 하고 있다.

무엇이라고 써야 하나?

재조(才操)도 탕진하고 용기도 상실하고 8.15 이후에 나는 부당하게도 늙어간다.

윤동주 시집 『하늘과 바람과 별과 시』 초판본. 표지는 앙상한 나무 같기도 하고 사슴뿔 같기도 한 판화 그림이다. 판화가 이정[이주순]의 작품이다.

누가 있어서 "너는 일편(一片)의 정성까지도 잃었느냐?" 질타한다면 소허(少許) 항론(抗論)이 없이 앉음을 고쳐 무릎을 꿇으리라.
　아직 무릎을 꿇을 만한 기력이 남았기에 나는 이 붓을 들어 시인 윤동주의 유고(遺稿)에 분향하노라.

　겨우 30여 편 되는 유시(遺詩) 이외에 윤동주의 그의 시인됨에 관한 아무 목증(目證)한 바 재료를 나는 갖지 않았다.
　'호사유피(虎死留皮)'라는 말이 있겠다. 범이 죽어 가죽이 남았다면 그의 호피(虎皮)를 감정하여 '수남(壽男)'이라고 하랴? '복동(福童)'이라고 하랴? 범이란 범이 모조리 이름이 없었던 것이다.
　내가 시인 윤동주를 몰랐기로서니 윤동주의 시가 바로 '시'고 보면 그만 아니냐?
　호피는 마침내 호피에 지나지 못하고 말 것이나, 그의 '시'로써 그의 '시인'됨을 알기는 어렵지 않은 일이다. (이하 생략)

강처중 〈발문〉

　동주는 별로 말주변도 사귐성도 없었건만, 그의 방에는 언제나 친구들이 가득 차 있었다. 아무리 바쁜 일이 있더라도 "동주 있나"하고 찾으면 하던 일을 모두 내 던지고 빙그레 웃으며 반가이 마주 앉아 주는 것이었다.
　"동주 좀 걸어 보자구" 이렇게 산책을 청하면 싫다는 적이 없었다. 겨울이든 여름이든 밤이든 새벽이든 산이든 들이든 강가이든 아무런 때 아무데를 끌어도 선뜻 따라 나서는 것이었다. 그는 말이 없이 묵묵히 걸었고 항상 그의 얼굴은 침울하였다. 가끔 그러다가 나오는 외마디 비참한 고함을 잘 질렀다.
　"아—"하고 나오는 외마디 소리! 그것은 언제나 친구들의 마음에 알지 못할 울분을 주었다.
　"동주 돈 좀 있나" 옹색한 친구들은 곧잘 그의 넉넉지 못한 주머니를 노리었다. 그는 있고서 안주는 법이 없었고 없으면 대신 외투든 시계든 내주고야 마음을 놓았다. 그래서 그의 외투나 시계는 친구들의 손을 거쳐 전당포 나들이를 부즈런이 하였다.

이런 동주도 친구들에게 굳이 사양하는 일이 두 가지 있었다. 하나는 "동주 자네 시 여기를 좀 고치면 어떤가" 하는데 대(對)하여 그는 응(應)하여 주는 때가 없었다. 조용히 열흘이고 한 달이고 두 달이고 곰곰이 생각하여서 한 편 시를 탄생시킨다. 그때까지는 누구에게도 그 시를 보이지 않는다. 이미 보여주는 때는 흠이 없는 하나의 옥이다. 지나치게 그는 겸허온순(謙虛溫順)하였건만, 자기의 시만은 양보하지를 않았다.

또 하나 그는 한 여성을 사랑하였다. 그러나 이 사랑을 그 여성에게도 친구들에게도 끝내 고백하지 안했다. 그 여성도 모르는 친구들도 모르는 사랑을 회답도 없고 돌아오지도 않는 사랑을 제 홀로 간직한 채 고민도 하면서 희망도 하면서…. 쑥쓰럽다 할까 어리석다 할까? 그러나 이제와 고쳐 생각하니 이것은 한 여성에 대한 사랑이 아니라 이루어지지 않을 '또 다른 고향'에 관한 꿈이 아니었던가. 어쨌던 친구들에게 이것만은 힘써 감추었다.

그는 간도에서 나고 일본 복강(福岡)에서 죽었다. 이역(異域)에서 나고 갔건만 무던이 조국을 사랑하고 우리말을 좋아하더니 – 그는 나의 친구기도 하려니와 그의 아잇적동무 송몽규와 함께 '독립운동'의 죄명으로 2년형을 받아 감옥에 들어간 채 마침내 모진 악형에 쓸어지고 말았다. 그것은 몽규와 동주가 연전을 마치고 경도(京都)에 가서 대학생 노릇하던 중도(中途)의 일이었다.

"무슨 뜻인지 모르나 마지막 외마디 소리를 지르고 운명했지요. 짐작컨대 그 소리가 마치 조선독립만세를 부르는듯 느껴지드군요"

이 말은 동주의 최후를 감시하던 일본인 간수가 그의 시체를 찾으러 복강에 갔던 그 유족에게 전하여준 말이다. 그 비통한 외마디 소리! 일본 간수야 그 뜻을 알리만두 저도 그 소리에 느낀 바 있었나 보다. 동주 감옥에서 외마디 소리로서 아조 가버리니 그 나이 스물아홉, 바로 해방되던 해다. 몽규도 그 며칠 뒤따라 옥사하니 그도 재사(才士)였느니라. 그들의 유골은 지금 간도에서 길이 잠들었고 이제 그 친구들의 손을 빌어 동주의 시는 한 책이 되어 길이 세상에 전하여지려 한다.

불러도 대답 없을 동주 몽규었만 헛되나마 다시 부르고 싶은 동주! 몽규!

윤동주 여동생, 윤혜원 부부가 월남하다.

윤혜원은 1947년 4월 건축가였던 은진중학교 출신의 오형범(吳瀅範)과 결혼한 뒤, 그해 12월 중국공산당 치하에서 부리나케 용정에서 북한으로 넘어갔다. 그때는 이미 남과 북이 38선으로 가로막혀 쉽게 오갈 수 없는 상황이었기에 남한으로는 내려오지 못했다. 이때까지도 윤혜원 역시 오빠 윤동주가 용정에 남겨놓은 유품을 하나도 챙겨오지 못했다.

윤혜원 부부는 처음에는 청진으로 이사하여 반년 정도 살았다. 이때 우연히 윤동주가 일본 유학 중에 마음속으로만 좋아했던 박춘애를 만났다. 윤혜원의 회고에 따르면, 일본에 유학 시절 방학 중에 고향을 찾은 윤동주가 박춘애라는 이름의 여학생 사진을 가져와서는 할아버지께 보여드린 적이 있었다고 한다. 할아버지께서도 마음에 들어 하셨단다. 윤동주는 윤혜원에게도 사진을 보여주며, "이 여인이 어떻느냐"라고 묻기도 했다고 한다. 하지만 윤동주는 끝내 박춘애에게 고백 한번 하지도 못했는데, 박춘애가 다른 남자와 약혼했기 때문이라 한다.

또한 윤혜원은 북한에서 어느 고등학교 교사로 재직하던 김윤립을 만났다. 김윤립은 윤동주가 릿교대학 재학 시절 만난 사이였다. 그가 하는 말이 윤동주가 후쿠오카 형무소에 있을 때, 자신에게 엽서에 사연과 시를 적어 보냈다고 하는데, 이를 전해 받지 못했다고 한다. 그렇다면 윤동주가 형무소에서 있을 때 여러 편의 시를 지어 친우들에게 보낸 것이 분명해 보이지만, 지금까지 이를 확인할 길이 없다.

이후 1948년 5, 6월경 윤혜원 부부는 청진에서 원산으로 이사하였다. 그곳에서 첫째 아들 인우(仁右)를 낳았다. 얼마 뒤 1948년 9월 할아버지와 어머니마저 연이어 돌아가시자, 윤혜원 부부는 오랜만에 용정을 찾았다. 이때 아버지 권유로 오빠 방의 책꽂이에 꽂힌 노트 3권과 여러 사진 등을 챙겨서 용정을 떠났다. 그때까지만 해도 윤혜원은 오빠의 유품이 얼마큼 중요한지를 미처 알지 못했다.

윤혜원은 1948년 12월 월남 바로 직전에 아이를 업고 다시금 용정의 친정에 들렀다. 당시 친정집에는 몸져 앓아누운 할머니와 아버지, 당시 15세이던 막냇동생 광주만 집을 지키고 있었다. 당시 그의 집안은 부르주아 출신이라고 하여 중국 공산당에 의해 풍비박산이 나 있었다. 결국 아버지와 막냇동생은 할머니 병환 때문에 함께 떠나지 못했고 윤혜원만 남편하고 월남하였다. 할머니는 1955년 생을 마감하였다. 남았던 윤광주는 1962년 11월 개간 대원으로 있으면서 청년단 사업을 하다가 31세의 젊은 나이에 요절하였고, 홀로 남게 된 아버지는 1965년 4월 세상과 이별을 고했다.

윤광주 역시 살아생전에 많은 시를 지었는데, 해방 후 매형 오형범이 윤광주가 사망한 지 40년 만에 연길을 찾아 《연변일보》, 문학지 《천지》 등에 실린 그의 시 24편을 발굴했다. 윤광주는 《연변문예》에 〈어머니〉(1955,7), 〈길〉(1956,11), 〈우애〉(1956,11) 등의 시를 실었고, 〈그때면 알겠지〉(중국작가협회연변분회편, 『창작선집』, 1956,11), 〈조국이 부를 때〉(아리랑, 1958), 〈양돈장에서의 단시〉(《연변문학》, 1960,2), 〈그은덕을 못 잊으리〉(《연변문학》, 1960,7), 〈고원의 새봄〉(중국작가협회 연변분회 편, 『연변시집 1950~1962』 등의 시를 지었다. 윤광주 사후에 1992년 민족문학출판가 펴낸 『중국조선민족 문학선집』에 그의 시 〈쓰지 못한 사연〉, 〈대접〉, 〈산간일경〉 등의 3편이 실렸다. 그중 〈그때면 알겠지〉라는 시를 소개하고자 한다.

그때면 알겠지
하루는 웃마을 총각

| 2부 | 주검과 추모 그리고 기억

모판을 돌아보고선
누가 가꾸었는지 잘 자랐다. 칭찬이지요.
그 총각을
구모범대회 때마다
늘 만났지마는
만날 적마다
웬일인지
수집어 얼굴 붉어지고
가슴만 설레였는데…
(중략)
그 총각
벙긋 웃으며 하는 말이
―그 솜씨 부럽다오
그러면서
배나무 주렁주렁 열매맺을 때
과수원에 구경오라지요
그러니 가볼 수밖에
이렇게 자주 만나면
그 총각도 내 마음
알아줄테지!

 윤혜원 부부는 원산으로 돌아온 뒤, 연천을 통해 38선을 넘어 월남하려고 하였다. 이때는 이미 남과 북에 각기 다른 나라가 세워진 뒤였기에 무작정 38선을 넘을 수는 없었다. 윤혜원 부부는 북한 공안의 단속을 피하고자 부피가 작은 윤동주 원고 노트만 봇짐 속에 챙겨 넣고 부피가 큰 오빠의 사진첩은 용정으로 되돌아가는 이웃 사람에게 맡겼다.
 그런데 이웃 사람이 탄 기차가 두만강을 건너기 직전 함경북도 온성군 남양

근처에서 공안이 승객 짐을 검사하기 시작하였다. 이에 놀란 이웃 사람은 화장실로 몸을 피했고, 불안한 마음에 전해받은 윤동주 사진첩을 창밖으로 내던지고 말았다. 윤동주의 사진이 유독 적은 것은 이 때문이라고 한다.

윤혜원 부부는 1948년 12월 말 한겨울에 경기도 연천을 통해 서울로 들어왔다. 당시 윤일주는 3년 만에 누나를 다시 만나 그리던 고향 소식을 들을 수 있었다. 윤혜원은 월남한 뒤로 서울에 머물렀다. 그런데 얼마 뒤 1950년 6·25전쟁이 발발하자, 이들은 부산으로 피난 가서 많은 고아를 돌보는가 하면 건축업에 종사하였다. 부부는 1970년에 필리핀에 가서 건축사업을 하였고, 1986년부터는 아들과 함께 호주 시드니에 정착하여 살았다.

1955년 〈하늘과 바람과 별과 시〉 증보판을 발행하다.

서울대 건축학과를 졸업하고 군 복무 중이던 윤일주는 1955년 2월 형의 10주기를 맞아 『하늘과 바람과 별과 시』 증보판을 냈다. 이를 주도한 이는 그와 정병욱이었다. 윤일주는 1951년 2월, 서울대 건축학과를 졸업한 뒤에 그해 4월, 해군 장교로 임관하였다. 그는 군 복무 시절 1955년 10월, 〈설조(雪朝)〉라는 시로 등단하였다.

윤일주는 누나 윤혜원이 가지고 월남한 시 31편을 추가하여 이 역시 정음사에서 증보판을 펴냈다. 이 시들은 윤동주의 초기 작품들로 무수한 퇴고와 옮겨 적은 흔적이 남아있어 의미가 컸다. 이렇게 하여 증보판에 윤동주의 시 89편, 산문 4편이 수록되었다. 이때에도 맨 앞장에 〈서시〉를 실었다. 그런데 초판본과 달리 증판본은 세로쓰기로 되어 있다.

증보판을 낸 뒤 1955년 12월 정병욱은 누이동생 정덕희와 윤일주가 혼인하도

| 2부 | 죽음과 추모 그리고 기억

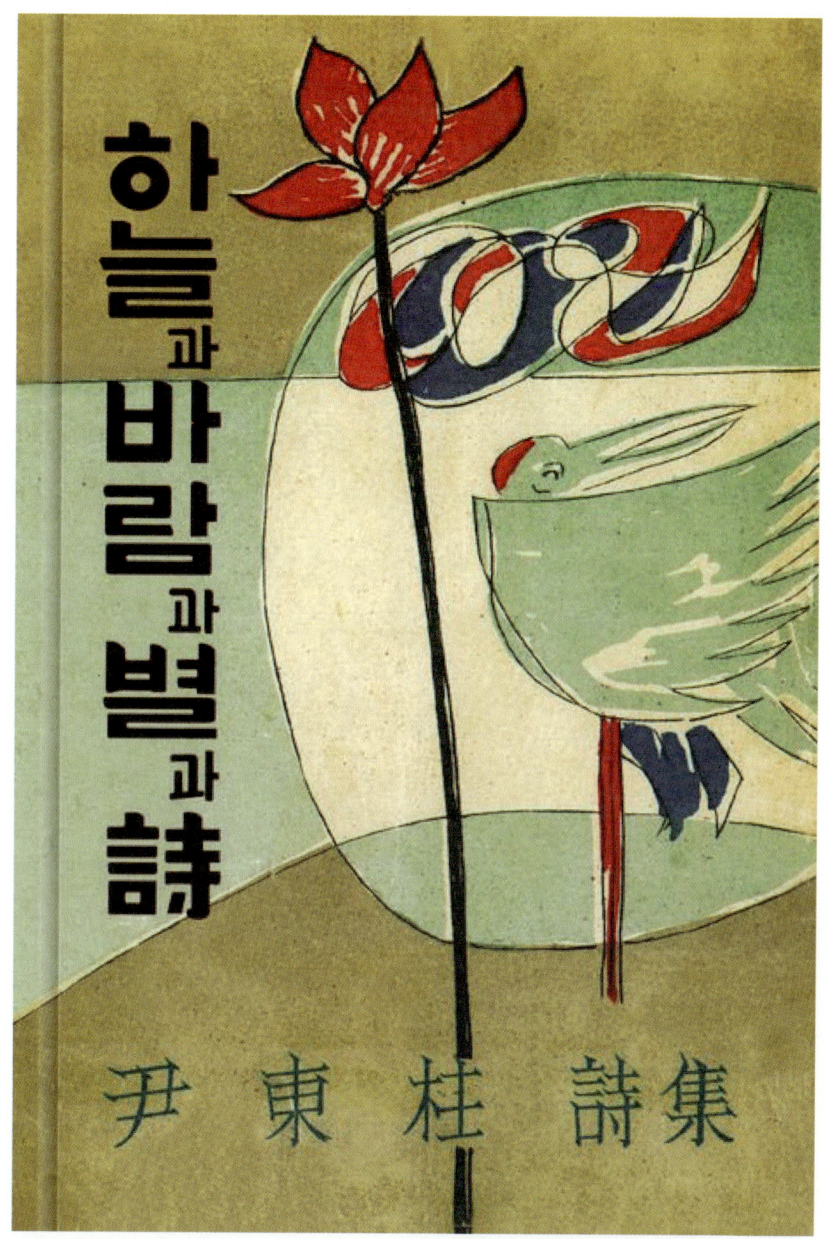

1955년 윤동주 시집 『하늘과 바람과 별과 시』 증보판. 표지 그림은 화가 김환기가 그린 작품이다.

록 다리를 놓아주었다. 정병욱은 신혼여행을 다녀온 부부를 불러서는 자신이 간직하던 윤동주의 육필 시집을 윤일주에게 전해줬다. 이후 그는 1958년 4월까지 7년 동안 복무하다가 대위로 예편하였다. 전역 후 윤일주는 건축학 교수로서 부산대·동국대를 거쳐 1971년에는 성균관대로 자리를 옮겼다. 하지만 그는 1985년 11월 간암으로 향년 59세로 생을 마감하였다.

사후 2년이 지난 1987년 6월, 수필가·의학자 최신해 교수와 작가·철학자 김형석 교수 등의 주도로 그의 유고 동시집 『민들레 피리』(정음사)가 간행되었다. 1942년부터 1955년까지 그가 지은 시 32편이 실렸다. 그 가운데 형 윤동주를 그리며 쓴 시 〈민들레 피리〉를 소개하면 다음과 같다.

민들레 피리

햇빛 따스한 언니 무덤 옆에
민들레 한 그루 서 있습니다.
한 줄기엔 노란 꽃
한 줄기엔 하얀 씨

꽃은 따 가슴에 꽂고
꽃씨는 입김으로 불어봅니다.
가벼이 가벼이
하늘로 사라지는 꽃씨

−언니도 말없이 갔었지요.

눈감고 불어 보는 민들레 피리
언니 얼굴 환하게 떠오릅니다.

| 2부 | 주검과 추모 그리고 기억

날아간 꽃씨는
봄이면 넓은 들에
다시 피겠지
언니여, 그때엔
우리도 만나겠지요.

※ 옛말에 '언니'는 동성의 손위 형제를 부르는 말로 쓰였다. 윤일주는 이 시에 형 윤동주
를 향한 짙은 그리움을 담았다.

증보판 표지 그림은 수화 김환기(1913~1974) 화백이 그렸다. 윤동주가 별을 그리듯 시를 썼다면, 그는 별을 그리듯 점을 찍었다고 한다. 그는 한국의 산천과 하늘, 달과 구름, 백자와 전통무늬 등 매우 한국적인 소재를 가지고 점점 추상화시

『하늘과 바람과 별과 시』 신간 서적 광고(《조선일보》 1955년 4월 17일 자)(좌)와 정음사 간행 1955년 문고판(우)

켜 점, 선, 면으로 이를 나타내는 전면점화를 그렸다. 그가 장정을 해준 작품들은 수준이 상당히 높다. 이에 당시에 간행된 수필집이나 시집 같은 경우 김환기의 삽화나 장정이 들어가면 값이 많이 뛰었다고 한다.

그런데 증보판은 1948년에 간행된 초판본에 비해 더 쉽게 훼손되었다. 전쟁이 끝난 다음인지라 출판계 사정이 안 좋았고 종이 공급도 원활하지 못해 그런 것이다. 종이도 거의 갱지였기에 오래 보존되지 못하는 결점을 가지고 있었다. 이에 훗날 증보판은 보존 차원에서 초판보다 먼저 복간되었다.

증보판 편집 구성을 보면, 모두 5부로 엮어졌는데, 『정지용시집』(시문학사, 1935)의 배열을 그대로 따랐다. 제1부는 윤동주가 연희전문 문과를 졸업할 무렵에 졸업을 기념코자 출판하려던 자선시집(自選詩集) 『하늘과 바람과 별과 시』를 그대로 실었다. 제2부는 일본 도쿄 시대의 작품이다. 그가 릿쿄대학 재학 중 약 6개월 동안 쓴 것이다. 그 후 그가 남긴 작품은 일기장과 함께 일본 경찰에 피검되었을 때에 모두 압수되었다. 이들 시는 오늘날 아깝게도 찾을 길이 묘연하다.

제3부는 그의 습작기(習作期) 작품집 「나의 습작기의 시 아닌 시」, 「창」 등의 2권을 비롯한 시고(詩稿)를 정리하여 연대순으로 배열하였으며, 그중에 년대가 기입되지 않은 작품은 적당하다고 인정되는 곳에 넣었다. 제4부는 윤동주가 지은 동요를 연대순으로 배열하였다. 제5부는 그의 산문을 작품 연대에 관계없이 편집하였다.

그런데 증보판에는 초판본에 실렸던 정지용의 서문과 강처중의 발문이 빠졌다. 그들이 월북, 좌익인사라는 이유에서였다. 정지용은 해방 직후 좌익 문인 단체인 조선문학가동맹의 아동문학분과 위원장으로 활동하였다. 이후 좌우익의 대립이 극심해졌고 일부 문인들이 월북하기도 했지만, 그는 남한에 남았다. 이승만 정부가 출범하고 1948년 12월 '극좌사상에 물든 사람들을 전향'시켜 이들을 보호

한다는 명분하에 국민보도연맹을 조직하였을 때, 그는 반강제적으로 이에 가입했다. 그런데 얼마 후에 터진 6.25전쟁 당시 북한군에 납북되어 끌려가던 중 포천 소요산 부근에서 폭격으로 사망했다고 한다. 그런데 그가 월북했다는 이유로 그의 이름과 작품은 금기시 되었다. 이는 1987년 10월 그의 작품이 해금될 때까지 지속되었다.

강처중은 박헌영 휘하의 남로당 거두로 활동하다가 당시 남로당 간부였던 김삼룡·이주하 등과 함께 체포되어 사형 판결을 받고 서대문형무소에 수감되었다. 그런데 1950년 6월 25일 전쟁이 터지고 사흘 만에 북한군이 서울을 점령한 뒤에 강처중은 감옥에서 풀려나 집으로 돌아왔다. 그 뒤 두 달여가 지난 9월 4일 강처중은 갑자기 부인 이강자에게 소련에 가서 공부하겠다는 말을 남기고는 가출한 뒤에 생사를 확인할 길이 없다. 이후 강처중은 남한에서 기피인물이 되었고, 모든 공식 문서에서 삭제되었다. 증보판 후기에 정병욱의 글이 새롭게 실렸다.

1988년 11월 송우혜가 열음사에서 펴낸 『윤동주 평전』 초판에서도 강처중의 이름은 찾아볼 수 없다. 사상적인 시비를 우려한 윤일주 교수가 자료 제공 조건으로 그와 관련한 내용을 언급하지 않았기 때문이다. 이후 냉전 체제가 붕괴하고 납북 혹은 월북 인사의 해금 조치가 내려진 뒤, 하늘과 바람과 별과 시』 출간 50주년, 『윤동주 평전』 출간 10주년을 맞은 1998년 8월 개정판(세계사)을 내면서 강처중이 처음 언급되었다.

송우혜는 그를 "목엣가시처럼 아프게 남아있던 존재"였다고 안타까운 심정을 토로했다. 이후 강처중의 아내 이강자의 증언을 통해 2004년 푸른역사 재개정판, 2014년 서정시학 3차 개정판에서 관련 내용이 갱신, 보완되었다.

정병욱 후기

  동주 형(東柱兄)이 악착스런 원수의 형벌에 못 견디어, 차디찬 돌 마루 바닥에서 차마 감기우지 않는 눈을 감고 마지막 숨을 거둔지 벌써 10년이 된다. 이 10년동안 우리의 뼈를 저리게 하는 그의 시는 조국의 문학사를 고치게 하였고, 조국의 문학을 세계적인 물줄기 속으로 이끌어 넣는데 자랑스런 힘이 되었다.

  독재와 억압의 도가니 속에서 가냘픈 육신에 의지한 항거의 정신, 아니 인간으로서의 처음이자 마지막의 권리이며 재산인 자유를 지키고자 죽음을 걸고 싸운 레지스땅스의 문학이 어찌 유럽의 지성인들에게만 허락된 특권일 수 있었으랴! '손들어 표할 하늘도 없는' 숨맥히는 현실 가운데서 '죽는 날까지 하늘을 우러러 한점 부끄럼이 없었던' 동주는 이 세상에 태어나면서 시인이었기에 '시인이란 슬픈 천명(天命)인줄 알면서도 한 줄 시를 적어'야 했다. 아니 '한 줄 시를 적'는다기보다 뼈를 꺾어 골수에서 솟아나는 수장(髓漿)으로 눈물 없는 통곡을 종이에 올린 그의 시는 진정 '슬픈 족속(族屬)'의 혈서(血書)였다.

  '잎새에 이는 바람에도 괴로워'하던 동주의 시혼(詩魂)은 '파아란 하늘'에서 독재와 억압의 거센 '바람에 스치우'며 조국과 자유를 밤새워 지키는 '별'을 노래하였다. '어느 욕된 왕조의 유물'인 '파란 녹이 낀 구리거울'을 '밤이면 밤마다 손바닥으로 발바닥으로 닦'으면서 '내일이나 모래나 그 어느 즐거운 날'을 기다리던 그는, 드디어 '불 도적한 죄로 목에 맷돌을 달고 끝없이 침전(沈澱)하는 푸로메디어스'의 뒤를 따르는 데 주저하지 않았다. '괴로웠던 사나이, 행복한 예수·그리스도에게 처럼 십자가가 허락된다면, 목아지를 드리우고 꽃처럼 피어나는 피를 어두어 가는 하늘 밑에 조용히 흘리]기를 각오한 그는, '시대처럼 올 아침을 기다리는 최후'의 날에 '눈물과 위안으로 잡는 최초의 악수'를 남기고 '진정한 고향'을 찾아 '백골 몰래 아름다운 또 다른 고향에 가자'고 했다.

  그러나 그는 '이 어둠에서 배태(胚胎)되고 이 어둠에서 생장(生長)하여서, 아직도 이 어둠 속에 생존'하는 자기 자신을 증오하고 저주하지는 않았다. 오직 그가 미워하고 싫어하는 것은 '밤'과 '어둠'과 '타협'과 '굴복'이었다. 그렇다고 그는 또한 그가 그렇게 기다리고 꼭 오리라고 굳게 믿던 '아침'과 '봄'을 소경처럼 덮어놓고 믿는 범용한 시인은 아니었다. 동주의 민첩한 감각과 투명한 예지는 우리로 하여금 일찌기 우리 겨레가 가져보지 못했던 놀라운 영감(靈感)의 시인을 얻게 하였다. 보라! 다음에 드는 이 무서운 예언을.

이제 닭이 홰를 치면서 맵짠 울음을 뽑아 밤을 쫓고 어둠을 줏내몰아, 동켠으로 훤—히 새벽이란 새로운 손님을 불러온다 하자. 하나 경망(輕妄)스럽게 그리 반가워할 것은 없다. 보아라 가량(假令) 새벽이 왔다 하더라도 이 마을은 그대로 암담(暗澹)하고 나도 그대로 암담(暗澹)하고 하여서, 너나 나나 이 가랑지 길에서 주저 주저 아니치 못할 존재들이 아니냐. 이 얼마나 놀라운 예언이냐! 천성을 시인으로 태어난 그는 '전신주(電信柱)가 잉잉 울어 하느님의 말씀'을 정녕 들을 수 있었던가 보다.

다구어오는 새 시대를 믿고 앞날의 역사를 내다보는 영감의 시인 윤동주, 모든 시인들이 붓을 꺾고 문학을 포기하며 현실과 담을 쌓아 헛된 한숨만 뿜고 있을 때에, '시인이란 슬픈 천명(天命)인줄 알면서도' 오직 혼자서 꾸준히 '주어진 길을 걸어'온 외로웠던 시인 윤동주, 조국을 팔아 영예와 지위를 사고 자유를 바꾸어 굴욕과 비굴을 얻어 날뛰는 반역자들이 구데기처럼 들끓는 시궁창 속에 오직 한 마리 빛나는 은어인양 청신(淸新)하였던 시인 윤동주, 급기야는 조국과 자유와 문학을 위하여 '꽃처럼 피어나는 피를 어두어 가는 하늘 밑에 조용히 흘리'며 원수의 땅위에서 마지막 숨을 거둔 순절의 시인 윤동주. 이리하여 그는 드디어 원수의 발굽에 짓밟혔던 일제 말기의 조국의 문학사를 빛나게 하는 역사적 시인으로써 움직이지 못할 자리를 잡게 되었고 독재와 억압의 횡포한 폭력에 끝까지 항거하며 자유와 민주주의를 위하여 싸운 온 세계의 레지스땅스의 대열 가운데에 조국의 문학이 어엿이 끼울 자리를 차지하는 영광을 누리게 하였다.

슬프오이다. 동주형. 형의 노래 마디마디 즐겨 외우던 '새로운 아침'은, 형이 그 쑥스러운 세상을 등지고 떠난 지 반년 뒤에 찾아왔고, 형의 '별'에 봄은 열 번이나 바뀌어졌건만, 슬픈 조국의 현실은 형의 '무덤 우에 파란 잔디가 피어'나게 하였을 뿐 '새로운 아침 우리 다시 情다웁게 손목을 잡'자던 친구들을 뿔뿔이 흩어버리고 말았습니다. 그러나 형의 '이름짜 묻힌 언덕 우에는 자랑처럼 풀이 무성'하였고, 형의 노래는 이 겨레의 많은 어린이 젊은이 들이 입을 모두어 읊는 바 되었습니다. 조국과 자유를 죽음으로 지키신 형의 숭고한 정신은 겨레를 사랑하는 모든 사람들의 뼈에 깊이 사무쳤삽고, 조국과 자유와 문학의 이름으로 불어 당신의 이름은 영원히 빛나오리니 바라옵기는 동주 형, 길이 명복하소서. 분향(焚香).

그 뒤를 이어 윤일주가 '선백(先伯)의 생애'를 정리하였다.

선백(先伯)의 생애
"2월 26일 동주 사망 시체 가져가라"

이런 전보 한 장을 던져 주고 29년간을 시와 고국만을 그리며 고독을 견디었던 사형(舍兄) 윤동주를 일제는 빼앗아 가고 말았으니, 이는 1945년 일제가 망하기 바로 6개월 전 일이었습니다.

1910년대의 북간도 명동— 그곳은 새로 이룬 흙냄새가 무럭무럭 나던 곳이요, 조국을 잃고 노기(怒氣)에 찬 지사들이 모이던 곳이요, 학교와 교회가 새로 이루어지고, 어른과 아이들에게 한결같이 열과 의욕에 넘친 모든 기상(氣象)을 용솟음치게 하던 곳이었습니다.

1917년 12월 30일 동주 형은 이곳에서 교원(教員)의 맏아들로 태어났습니다. 그의 생가는 할아버지가 손수 벌재(伐材)하여 지으신 기와집이었습니다. 할아버지의 고향은 함북 회령이요, 어려서 간도에 건너 가시어 손수 황무지를 개척하시고, 기독교가 도래(渡來)하자 그 신자가 되시어 맏손주를 볼지음에는 장로로 계시었습니다.

동주 형의 근실(勤實)하고 관유(寬裕)함은 할아버지에게서, 내성적(內省的)이요, 겸허(謙虛)함은 아버지에게서, 온화(溫和)하고 치밀(緻密)함은 어머니에게서, 각각 물려받은 성품이라고 생각됩니다.

그의 아명(兒名)은 해환(海煥)이었고, 그 아래로 누이와 두 동생이 있었습니다.

얌전한 소학생 해환은 아동지『어린이』의 애독자였고, 그림을 무척 좋아하였다고 합니다. 1921년에 명동 소학을 마치고 대납자(大拉子)라는 곳에서 중국인 관립학교에 1년간 수학하였으니, 시『별 헤는 밤』의 패(佩), 경(鏡), 옥(玉)이란 묘(妙)한 이국 소녀의 이름은 이때의 추억에서 얻어진 것이 아닌가 합니다.

1932년 그가 용정 은진중학교에 입학하자, 저의 집은 용정에 이사하였습니

| 2부 | 주검과 추모 그리고 기억

다. 중학교에서의 그의 취미는 다방면이었습니다. 축구 선수이던 그는 어머니의 손을 빌지 않고 네임도 혼자 만들어 유니폼에 붙이고 기성복도 손수 재봉틀로 알맞게 고쳐입었습니다. 낮이면 운동장을 뛰어다니고 초저녁에는 산책, 밤늦게 까지 독서하거나 교내 잡지를 만드노라고 등사 글씨를 쓰거나 하던 일이 기억됩니다. 끝까지 즐기던 이 산책은 이때부터 비롯되었습니다.

  운동복이나 문학서적만 들고 다니는 그의 성적에 뜻밖에도 수학이 으뜸 가는 것에는 다들 놀래었습니다. 특히 기하학을 좋아함은 그의 치밀한 성품에서였다고 짐작 됩니다. 1935년 봄 3학년을 마칠 지음, 그는 불현듯 고국에의 유학을 꿈꾸고 겨우 아버지의 승락을 얻어 평양 숭실중학교에 옮기었습니다. 그의 습작집으로 미루어 평양 시절 1년에 가장 문학에의 의욕이 고조된듯 합니다. 이즈음 백석(白石) 시집 『사슴』이 출간되었으나, 100부 한정판인 이 책을 구할 길이 없어 도서실에서 진종일을 걸려 정자(正字)로 베껴내고야 말았습니다. 그것은 소중히 지니고 다닌 모양으로, 지금은 나에게 보관되어 있습니다. 평양 유학도 끝을 맺게 되었으니, 숭실학교가 신사참배 문제로 폐교케 되었던 까닭입니다. 1936년 다시 용정에 돌아와 광명중학교 4학년에 들었습니다. 이때 당시 간도에서 발간되던 『카톨릭 소년』 지에 동주(童舟)라는 닉네임으로 동요 몇편을 발표한 일이 있습니다.

  그의 비운은 중학교 졸업반에서부터 비롯하였다고 생각합니다. 졸업을 1학기 앞둔 그는 진학할 과목을 선택해야 했습니다. 그때 벌써 많은 동요와 시고(詩稿)를 가지고 있던 그에게 문학 이외의 길이란 생각조차 할 수 없었습니다. 외아들인 아버지는 젊어서 문학에 뜻을 두어 북경과 동경에 유학하고 교원까지 지내셨건만, 자기의 생활상의 실패를 아들에게까지 되푸리시키고 싶지 않으셨습니다. 아버지는 그에게 의사가 되기를 권하셨습니다. 그러나 그는 굳이 듣지 않고 아버지의 퇴근 전부터 산이고 강가이고 헤매다가 밤중에야 자기 방에 돌아오는 날이 계속되었습니다. 한숨이 늘고 가슴을 뚜드리는 때도 있었습니다. 이렇게 반년을 두고 아버지와의 대립이 계속되다가 졸업이 닥쳐오자, 그는 이기고 말았습니다. 할아버지의 권고로 아버지가 양보하신 것입니다. 소학과 은진중학 동창이며 고종사촌이며 또 동갑인 송몽규 형과 동행하여 서울에 온 것은 1938년 봄이었습니다.

상경하자 두 분 다 연전(延專)에 입학하고 그 후부터 집에 오기는 1942년까지 매년 2회, 여름과 겨울방학 때뿐이었습니다. 따라서 그 시절의 나의 추억도 단편적일 수 밖에 없습니다.

지금도 눈앞에 선한 그 정답던 모습은 사각모에 교복을 입은 형님이 아니라, 베 바지 베적삼에 밀짚모자를 쓰고 황소와 나란히 서 있는 형님입니다.

고향에 돌아오면 그날로 양복은 벗어놓고 우리 옷으로 바꾸어 입고는 할아버지와 어머니의 일을 도왔습니다. 소 꼴도 비고, 물도 긷고, 때로는 할머니와 마주 앉아 맷돌도 갈며 과묵하던 그도 유머를 섞어 가며 서울 이야기를 하던 것입니다.

이러한 생활 속에서도 남몰래 쉬는 한숨을 나는 옆에서 가끔 들은 듯합니다. 그것은 사소한 일로 상(傷)함을 입는 끓어오르는 시흥(詩興)과 독서 시간의 아쉬움에서였을 것입니다.

노여움도 아까움도 미소로서 흘려보낼 수 있었던 그는, 집안 어른들의 일을 돕지 않고는 마음을 놓지 못하였습니다.

관유함이 그의 의지를 지탱케 못 하였을지나 절대로 우유부단하지는 않았습니다.

용정은 인구 10만에 가깝고 작지 않은 도시였으나, 대학생인 그는 아무 쑥스러움 없이 베옷을 입은 채 거리로 소를 이끌고 다녔습니다. 그럴 때도 그는 릴케나 바레리의 시집, 또는 지이드의 책을 옆에 끼는 것을 잊지 않았습니다. 으스름 때면 으레 하는 산책에, 동생인 나는 그의 손목을 잡고 같이 거니는 것이 얼마나 즐거운 일이었는지 모릅니다. 가로수에서 키타하라 하쿠슈(北原白秋, 시인)의 『고노미찌』를 콧노래로 부르기도 하고, 숲속에 앉아 새로 뜨는 별과 먼 강물을 바라보며 손깍지를 낀 채 묵묵히 앉았을 때는 그의 얼굴에 무슨 동경과 감정이 끓어오름을 년소(年少)한 나도 느낄 수 있었습니다.

신작로를 걷다가도 부역(賦役)하는 시골 아낙네들에게 따뜻한 말 한마디 건네고 싶어 하고, 골목길에서 노는 아이들을 붙잡고 귀여워서 함께 씨름도 하며, 한 포기의 들꽃도 차마 못 지나치겠다는 듯, 따서 가슴에 꽂거나 책장에 꽂아놓곤 하였습니다.

"별을 노래하는 마음으로

모든 죽어가는 것을 사랑해야지"
하는 연약한 것에 대한 애정의 표백(表白)은 그의 천품(天稟)의 기록이었습니다. 방학 때마다 짐 속에서 쏟아져 나오는 수십 권의 책으로 한 학기의 독서의 경향을 알 수 있었습니다. 나에게 소천미명(小川未明) 동화집을 주며 퍽 좋다고 하던 일과 수필과 판화지(版畵誌)『백과 흑』7, 8권을 보이며 판화가 좋아 구득(求得)하였으며, 기회가 있으면 자기도 목판화를 배우겠다고 하던 일이 기억됩니다. 이리하여 집에는 근 800권의 책이 모여졌고 그중에 지금 기억할 수 있는 것은 앙드레·지이드 전집 기간분(旣刊分) 전부, 도스토옙스키 연구 서적, 바렐시 전 집, 불란서 명시집(名詩集)과 키에르케고르의 것 몇 권, 그밖에 원서 다수입니다. 키에르케고르의 것은 연전(延專) 졸업할 즈음 무척 애찬하던 것입니다.

1941년 12월 연전(延專)을 마치고 돌아왔을 때는 졸업장과 함께 정성스러이 쓴 시고집(詩稿集)『하늘과 바람과 별과 詩』를 들고 왔었습니다.

그것은 초판 77부로 출판하려다 뜻을 이루지 못한 채 소중히 지니고 다녔습니다.

더 공부하고 싶었던 그는 1942년에『참회록』이란 시를 써 놓고 도일(渡日)하여 릿교대학(立敎大學)에 적을 두었습니다. 그가 마지막으로 집을 떠난 것은 그해 7월 여름 방학때였습니다. 그때에는 병환으로 누워계시는 어머님의 침상에 걸터앉아 이야기 동무로 며칠을 보내다가 뜻밖에 속(速)히 떠나게 되었습니다. 동북대학(東北大學)에 있던 한 친우(親友)의 권유로 해교(該校) 입학 수속 치르러 오라는 전보 까닭이었습니다. 놀이터에서 돌아온 나는 그가 떠났음을 알자 눈물이 글성하였습니다. 늘 정거장에서 맞고 바래던 그와 그렇게 헤어짐이 최후의 작별이 될 줄이야 어찌 알았겠읍니까. 떠나면서도 어머님 걱정을 뇌이고 또 뇌이더랍니다. 아마 운명시(殞命時)까지 눈앞에 어머님의 모습만 어른거렸을 것입니다. 동북대학에 간 줄 안 형에게서 무슨 의도에서였는지 도시샤(同志社) 영문과로 옮겼다는 전보가 오자 아버지는 좀 노여운 기색이었습니다.

도쿄와 교토(京都)에서의 그의 고독은 절정에 달했습니다. 태평양에서는 전화(戰火)가 들끓고 존경하던 선배들은 붓을 꺾거나 변절하였고 사랑하던 친구들은 뿔뿔이 헤어졌고— 하숙방에서 홀로인 듯한 자기를 발견하고 스스로 눈물짓지 않을 수 없었습니다.

그 후 80년, 송몽규와 윤동주

"6첩방(六疊房)은 남의 나라
창밖에 밤비가 속살거리는데

등불을 밝혀 어둠을 조곰 내몰고,
시대(時代)처럼 올 아침을 기다리는 최후의 나,

나는 나에게 적은 손을 내밀어
눈물과 위안으로 잡는 최초의 악수"
(『쉽게 씨워진 시』 11절 1942.6.3. 작)

그러나 홀로 『새로운 아침』을 기다리며, 그의 고독만으로 항거하기에는 현실의 물결은 너무 거센 것이었습니다.

1943년 7월 귀향 일자를 알리는 전보를 받고 역에 나갔으나 그는 나타나지 않았습니다. 매일 같은 마중 끝에 한 열흘 후에 온 것은 우편으로 보내온 차표와, 그 차표로 찾은 약간의 수하물뿐이었습니다. 차표를 사서 짐까지 부쳐놓고 출발 직전에 경찰에 잡혔던 것입니다. 교토대학에 있던 몽규 형도 함께 잡혔습니다.

압천서(鴨川署)에 미결(未決)로 있는 동안 당시 동경에 계시던 당숙 영춘(永春) 선생이 면회했을 때는 『고오로기』란 형사의 담당으로 일기와 원고를 번역하고 있었으며, 매일 산책이 허락된다고 하더랍니다. 곧 나갈 것이니 안심하라고 하던 형사의 말은 결국 거짓이 되고 말았습니다.

동주와 몽규 두 형이 각 2년 언도를 받고 복강형무소(福岡刑務所)에 투옥된 1944년 6월 이래, 1달에 한 장씩만 허락되는 엽서(葉書)로는 그의 자세한 옥중생활은 알 길이 없었으나, 영화대조(英和對照) 신약성서를 보내라고 하여 보내드린 일과 『붓끝을 따라온 귀뚜라미 소리에도 벌써 가을을 느낍니다』라고 한 나의 글월에 『너의 귀뚜라미는 홀로 있는 내 감방에서도 울어준다. 고마운 일이다』라고 답상(答狀)을 주신 일이 기억됩니다.

매달 초순이면 꼭 오던 엽서대신 1945년 2월에는 중순이 다가서야 상기(上記)한 전보로 집안 사람들의 가슴에 못을 박고 말았습니다.

유해나마 찾으려갔던 아버지와 당숙님은 우선 살아있는 몽규 형부터 면회하니 『동주!』하며 눈물을 쏟고, 매일 같이 이름 모를 주사를 맞노라는 그는 피골(皮骨)이 상접하였더랍니다.

"동주 선생은 무슨 뜻인지 모르나 큰소리를 외치고 운명했습니다." 이것은 일본인 간수의 말이었습니다.

아버지가 복강(福岡)에 가신 동안에 집에는 한 장의 인쇄물이 배달되었으니 그 내용인즉 "동주 위독하니 보석할 수 있음. 만일 사망 시에는 시체는 가져가거나 불연(不然)이면 구주대학(九州帝大)에 해부용으로 제공함. 속답(速答)하시압"이라는 뜻이었습니다. 사망 전보보다 10일이나 늦게 온 이것을 본 집안 사람들의 원통함은 이를 갈고도 남음이 있었습니다.

"백골(白骨) 몰래 또 다른 고향에" 가신 나의 형 윤동주는 한 줌의 재가 된 채 아버지의 품에 안겨 고향 땅 간도에 돌아왔습니다. 약 20일 후에 몽규 형도 같은 절차로 옥사하였으니 그 유해도 고향에 돌아왔습니다.

동주 형의 장례는 3월 초순 눈보라치는 날이었습니다.

자랑스럽던 풀이 메마른 그의 무덤 위에 지금도 흰 눈이 나리는지-

10년이 흘러간 이제 그의 유고를 상재(上梓)함에 있어 사제(舍弟)로서 부끄러움을 금할 길이 없으며, 시집 앞뒤에 군것이 붙는 것을 퍽 싫어하던 그였음을 생각할 때, 졸문(拙文)을 주저하였으나, 생전에 무명(無名)하였던 고인의 사생활을 전할 책임을 홀로 느끼어 감히 붓을 들었습니다. 이로하여 거짓 없는 고인의 편모(片貌)나마 전해지면 다행이겠습니다.

1955년

사제(舍弟) 일주(一柱) 근식(謹識)

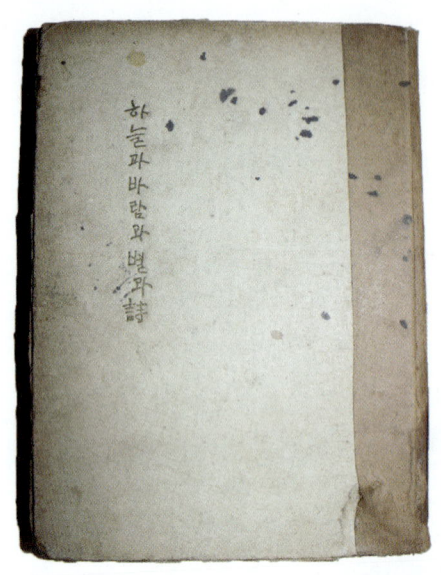

1967년 출판된 『하늘과 바람과 별과 詩』 표지

그 뒤 1967년 2월 백철의 〈암흑기 하늘의 별〉, 박두진의 〈尹東柱의 詩〉, 문익환의 〈동주형의 추억〉, 장덕순의 〈人間 尹東柱〉 등의 글만 책 말미에 새롭게 추가 수록하고 판형을 바꾸어 새로 『하늘과 바람과 별과 詩』를 정음사에서 간행하였다. 내용은 증보판 그대로였다.

| 2부 | 주검과 추모 그리고 기억

한국인이 가장 사랑하는 시인, 윤동주

윤동주, 1950년대 중반 이후 세상 사람들에게 주목받기 시작하다.

윤동주 시가 주목을 받게 된 것은 1955년 2월 증보판이 나오면서다. 이때부터 그와 시에 대한 각계의 평가가 이뤄지기 시작하였다. 그렇다고 하여 그 전에 전연 없었던 것은 아니다. 1953년 7월 정병욱이 《연희춘추》에 〈고 윤동주 형의 추억〉을 기고하였다. 윤동주가 가장 존경하던 선배 정지용을 언급하고, 윤동주의 시는 정지용+오장환+박용철+김영랑의 요소가 깃들여 있음을 자랑스럽게 서술했다.

"그(윤동주)가 항상 입버릇처럼 오이던 정지용의 〈압천〉 (…) 그가 가장 존경하던 선배 지용 (…) 오장환의 〈Last Train〉도 자주 읊었다. (…) 그의 작품에 구비치는 고(胍)박에서 지용의 〈고향〉, 〈압천〉 용아 영랑적 요소와 지용의 〈카페

프랑스) 장환의 요소가 깃들인 것을 이해할 것이다. (…) 정주나 장환의 절망적인 통곡도 아닌 시, 동주만이 개척할 수 있고 동주 아니고는 부르지 못할 불후의 민족혼, 압박받은 불행한 조국의 최후를 수호한 민족의 혈서…

1953년 9월에는 고석규가 처음으로 〈윤동주의 정신적 소묘(精神的素描)〉라는 평론을 냈다. 그는 "『하늘과 바람과 별과 시』는 1940년에서 45년에 걸친 우리 문학의 가장 암흑기에 마련된 것이다. 전 50여 편의 유고 시는 거의 표백적인 인간 상태와 무잡(無雜)한 상실을 비춰내던 말세적 공백에 있어서 불후한 명맥을 감당하는 유일한 '정신군(精神群)'이었다"라고 극찬하였다.

이후 윤동주와 관련한 어떠한 글도 발표되지 않다가 1955년 4월 시인 김장호(金章好, 1929~1999)가 윤동주를 다시 언급하였다. 윤동주 시집 증보판이 나온 직후였다. 그는 《조선일보》에 기고한 「현대시의 반성」(하)이란 글에서 "시인이면 누구나 타고났어야 할 직관적인 지각(知覺)과 투명한 지성에 의존해서 이뤄진 자신의 처리(處理)들이라는 것도 아울러 본다"라며, '감득(感得)하고 있는 분리(分離)'는 '사회적 인간과 비개인적 상태'라면서 윤동주가 젊은 나이에 백골에 파묻혀 고향을 빠져나와 외로웠을 것이라고 하면서, '고독병'의 병리(病理)는 시인의 생리에서부터 밝혀져야 한다고 했다.

시인 김윤성(金潤成, 1926~2017)은 1955년 4월 30일 자 《경향신문》에 쓴 '고 윤동주의 시'라는 글에서, "늦은 감이 있지만, 이제야 윤동주 시집이 제 모습을 갖추게 되었다"라며 증보판 발간의 의미를 높게 평가했다. 그는 6·25전쟁 전 1947년 2월 《경향신문》 문화면에 발표된 윤동주 시 3편을 접하고 그를 알게 되었다고 하였다. 특히 김윤성은 〈쉽게 씌어진 시〉 시에 대해 "아직도 내 기억에 생생한 구절이다"라며 큰 의미를 두었다. 또한 그는 윤동주가 일제 말기에 옥사한 것을 알게 되었다며, 윤동주의 시를 좀 더 접할 수 있으면 기대했는데, 이제 전모를 엿볼 수 있는 유고집이 나왔다며 기쁨을 감추지 않았다. 그러면서 그는 윤동주 시인에 대해 "시인일 수밖에 없는 사람이었다.", "자기 천부의 사명을 끝까지 다하고 갔다."라며 극찬하였다. 다음은 그가 윤동주를 평가한 내용이다.

> "윤동주의 시를 대하면 먼저 그 사람의 불타는 가슴이 강렬하게 느껴온다. 읽는 독자로 하여금 저도 모르는 사이 어떤 힘과 용기를 갖게 한다. 즉, 그의 시는 시 자체와 그 사람이 따로따로 있는 그러한 시가 아니다. 요즘 작가와 시와의 사이에 아무런 생명도 혈맥도 통하지 않고 있는 예가 허다한 가운데 이는 희귀한 존재가 아닐 수 없다. 작자의 혈맥이 통해 있지 않은 시란 결국 거짓일 수밖에 없는 것이다. 그러므로 우리는 윤동주 씨의 시의 그 언어적 의미만을 지나치게 추구하지 않아도 충분히 이 시인의 순수한 맥박을 들을 수 있음을 자랑삼아야 하겠다(《경향신문》 1955년 4월 30일 자, 「고 윤동주의 시」)."

그 뒤 1955년 12월 경향신문사가 주최한 문학·연극·미술·음악을 말하는 좌담회에서 시인 조병화(趙炳華, 1921~2003)는 당분간 시는 신인에 기대할 만한 것이 없다면서도 소월 다음으로 윤동주를 꼽았다. 그는 1955년에 윤동주 시집『하늘과 바람과 별과 시』재판이 나왔다며, 새로운 시를 쓰는 사람들에게 좋을 것이라고 했다. 그러면서 조병화는 청년 학도에게 권하고 싶은 책으로『하늘과 바람과 별과 시』를 꼽았다.

동양화가 박래현(朴崍賢, 1920~1976)은 1958년 8월 광복절을 맞아, "해방 직전 일제에 붙잡혀 옥사를 당한 고 윤동주의 작품 한 구절이 생각난다며 〈서시〉를 꼽았다. 그는 "오늘 이 화려한 민족의 날을 아부와 도피와 체념으로 그를 멀리했던 안이한 것보다 그에게 오늘 이날을 고이 바치고 싶다"고도 했다.

1960년대에는 윤동주가 세상에 점차 알려지면서 그의 시를 학술적으로 정립하려는 움직임이 일기 시작하였다. 윤동주의 시가 세상에 널리 알려지고, 그의

1968년 캠퍼스 내 건립된 윤동주 시비와 추모 헌화(연세대학교 박물관 제공)

삶에 대한 관심도 높아지자, 1965년 2월 윤동주 20주기를 맞아 동아일보·경향신문 등은 특집 기사를 내는가 하면, 동아방송은 특집으로 2년간의 옥고에 시달려 유명을 달리한 순국 시인 〈고 윤동주의 밤〉 프로그램을 편성하였다.

특히 20주기에 윤동주의 연희전문 동문과 친지들은 기념비를 세우기로 하고 기금을 모으기 시작하여, 1967년에 연세대 총학생회 주도로 '윤동주시비건립위원회'가 구성되어 다음 해인 1968년 11월 교내 핀슨관 부근에 〈서시〉가 새겨진 '윤동주시비' 제막식이 열렸다. 연세대는 이에 그치지 않고 1972년 총학생회와 학보사 《연세춘추》가 공동으로 '윤동주문학상'을 제정하였다.

1970년대에는 윤동주와 그의 시를 평론하는 글들이 많이 쏟아졌다. 1973년

3월 《한국크리스천문학》 5집에 특집으로 '윤동주의 인간과 문학'을 다뤘다. 1974년 가을 호 《창작과 비평》(통권 33호)에 고려대 김흥규 교수는 '윤동주론'을 실었다. 이는 본격적인 작품론으로 평가 받고 있다. 그는 지금껏 단편적인 인상이나 윤동주와의 생전 인연 등의 단편적인 이야기에서 벗어나 서양이론에 따른 단순한 한국 작품 '대입평론'의 비평적 오류를 지적하였다.

1975년 4월 백낙청은 '씨울의 소리'가 주최한 시국강연에서 '기다림'이 주제로 돼있는 시로 이육사의 〈광야〉, 김수영의 〈풀〉과 함께 윤동주의 〈쉽게 씌어진 시〉를 꼽았다. 그러면서 그는 "이상의 어느 시를 보나 기다림이란 부질없는 흥분이나 초조하게 안절부절 못하는 자세가 아니요, 그렇다고 만사를 시간에 맡기고 방관하거나 시간을 죽이는 일도 아니다."라며 시의 의미를 강조했다.

이와 함께 많은 학자나 문인이 윤동주에 대한 평론과 논문을 발표했다. 1975년 11월 김윤식은 『한국현대시론비판』을 펴냈는데, 소월론·만해론·영랑론·이상론·청마론 등과 더불어 〈윤동주론〉을 포함하였다. 그는 '윤동주와 딩스쉔(丁士選)-「참회록」이 놓인 자리'라는 글을 통해 '참회록'을 부끄러워 뉘우침이라 해석하였다.

이런 가운데 1976년 11월에 윤동주 시집의 '최종판'이라 일컫는 세 번째 판본이 출간되었다. 표지는 1967년에 출판한 것과 같았다. 윤동주 시집은 1948년 초판을 출판한 이래 30년여 만에 베스트셀러가 되었고, 최근까지 스테디셀러로 자리매김하였다.

최종판은 1955년 증보판이 나온 뒤 윤

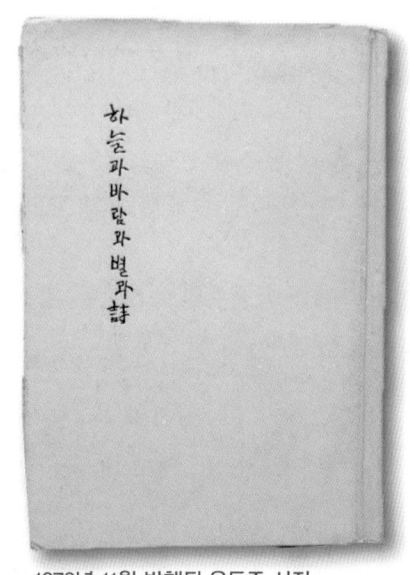

1976년 11월 발행된 윤동주 시집

동주 가족들이 보관해 온 23편이 추가되었는데, 모두 시 112편, 산문 4편이 실렸다. 추가된 시는 〈식권〉, 〈종달새〉, 〈이별〉, 〈모란봉에서〉, 〈오후의 구장〉, 〈곡간(谷間)〉, 〈그 여자〉, 〈비애〉, 〈코스모스〉, 〈장미 병들어〉, 〈공상〉, 〈내일은 없다〉, 〈호주머니〉, 〈개〉, 〈고향집〉, 〈가을밤〉, 〈비행기〉, 〈나무〉, 〈사과〉, 〈눈〉, 〈닭〉, 〈할아버지〉, 〈만돌이〉 등이다.

그의 시집 초판본은 6.25전쟁 시기까지 1천부가 채 팔리지 않았다. 그런데 1960년대부터 점차 그의 시집이 주목을 받기 시작하였고, 1970년대까지 베스트셀러 '비소설' 부문 10위 안에 든 시집은 윤동주의 시집이 유일했다. 1976년 한 해 동안 발간된 시집의 총량 40판 중 35판이 윤동주 시집이었다. 다음은 윤동주 시집과 관련하여 1976년 9월 24일 자 《경향신문》 기획기사 〈장수양서(長壽良書) 순례〉에 실린 내용이다.

> "윤동주의 시집 『하늘과 바람과 별과 시』는 소월의 시집만큼 독자들 사이에 유명하지는 않지만, 30여년 간 꾸준히 절판되지 않고 늘어가는 독자들의 반응 속에 해마다 판(版)을 거듭하여 이제는 고종이 된 작품집이다.
> 정부 수립 이전 48년 1월 30일 정음사에서 출판된 이래 이 시집은 책 모양이나 유고(遺稿)의 발굴 수록에 계속되는 개판(改版)을 거듭하면서 40여 편(약 4만 부 이상)을 찍어왔다. 금년에만도 이미 3판을 찍는 기록을 낳고 있다."

그만큼 윤동주의 독자층은 양적으로뿐 아니라 계층 또한 다양해졌다. 독자들은 윤동주의 시에서 지식인 청년의 순수한 혼을 통해 자신의 실천 지향적 자아를 상상적으로 충족했다. 이처럼 윤동주에 대한 인식이 이전과는 다른 양상을 보였다.

1977년 4월 김우창은 자신이 쓴 비평적 에세이 『궁핍한 시대의 시인』이란 책에서 현대문학사의 주요인물 최남선, 김수영, 한용운, 서정주, 신동엽, 정현종 등의 시인론, 작가론, 비평론을 다뤘는데, 이에 윤동주를 포함하였다. 그는 문학작품을 사회와 문화의 전체적 맥락 속에서 이해해야 한다며 이를 삶의 실체와 관련시키고자 하였는데, 이에 적격인 인물로 윤동주를 꼽았다.

《현대시학》 1977년 9월호 특집 「한국대표시집」에 윤동주의 시집이 소개되었다. 《현대시학》은 1969년 4월 전봉건이 창간한 월간 시 전문 문예지로 박두진·박목월·박남수·구상·김춘수·전봉건 등이 편집위원으로 활동할 정도로 권위가 상당했다. 《현대시학》은 「현대시학 작품상」을 제정, 시상하고 있는데, 지금도 여전히 시인들의 등용문 역할을 하고 있다.

《현대시학》 1977년도 9월호 표지

1978년 12월에는 전국 농어촌마을문고에 보낼 문학부문 도서로 윤동주 시집이 선정되어 3만 여 마을문고에 비치되었다. 1979년 2월 민영 시인이 펴낸 『세계의 명시선』에 세계적인 워즈워드, 헤릭, 존슨, 바이런, 셸리, 로제티, 테니슨, 예이츠, 롱펠로우 등 영국·미국·독일·프랑스 시인들과 함께 어깨를 나란히 할 정도로 윤동주의 시 역시 김소월·김동명·김영랑·노천명·유치환·이상·이상화·이육사·한용운 등의 작품과 함께 실릴 정도로 가치를 인정 받았다.

저항시인으로 자리매김하다.

윤동주에 대한 이미지 가운데 강한 인상을 주는 것은 그가 저항시인이라는 점이다. 윤동주 하면 으레 서정시인, 민족시인, 저항시인으로 불린다. 그런데 서정시인과 저항시인은 상충하는 측면이 있기에 즉, 그를 저항시인으로 볼 수 있을까

하는 의구심을 갖도록 한다. 하지만, 윤동주가 격렬하게 일제에 저항한 것도 아님에도, 저항시를 쓰지 않고도 그를 저항시인이라 하는 것은 스스로 자신을 학대하고 참회한 것 또한 일제에 맞서 항거한 것이라는 적극적인 해석에 따른 것이다.

실제 윤동주에 대한 평가는 대립적으로 나타지만, 1960년대 초부터 '저항시인'이라는 이미지가 각인되기 시작했다. 시인 박희진(朴喜璡, 1931~2015)은 윤동주의 저항성을 강조하는 〈윤동주송(尹東柱頌)〉(《사상계》 1962년 6월호)이 발표되었다. 그런데 1963년 10월에 열린 국어국문학회 학술대회에서 서강대 김열규 교수는 '윤동주론(尹東柱論)'을 제기하며 그를 저항 시인으로 볼 것인지를 두고 문제를 제기하였다.

이러한 논쟁은 1970년대에 본격화하는데, 윤동주의 시를 '철저한 저항시 또는 민족시로 규정하려는 경향'과 '의식 분열과 좌절에서 오는 유희 공간으로 파악하려는 경향'으로 갈린다.

전자를 주장하는 의견은 윤동주가 시를 발표하였던 시기는 일제의 민족말살 정책에 문예지 폐간, 한글 사용 억제, 무수한 지식인의 예비검속·구속 등이 자행되었던 만큼 그의 문학은 유일한 생명이었고, 자유·정의·민족 저항을 표현한 저항 문학가라는 것이다. 그가 '사상불온', '독립운동'이란 죄목으로 옥에 갇힌 뒤 옥사한 것이 확실한 증거라 주장한다. 이때까지만 해도 그가 왜 옥사했는지에 대한 자세한 내막은 알지 못했다.

반면에 후자의 경우는 윤동주에게 저항 시인의 대표 격인 한용운·이상화·이육사·심훈처럼 행동성을 발견할 수 없다는 점을 내세운다. 그러면서 1960년대 후반 소위 참여 문학론에 경도된 나머지 윤동주의 옥사 사건을 추상적으로 미화시키는 데서 오는 의도적 오류라고 지적한다. 윤동주의 시가 문학적으로 가치가 있는 것은 사실이지만, 그의 저항성에서 온 것이 아니기에 저항시로 볼 수 없다는 주장이다.

이러한 논쟁에도 불구하고 그를 저항 시인으로 점차 자리매김해 갔다. 1970년 10월 국립중앙도서관은 개관 25주년기념으로 '저항의 시 쓰다가 옥사한 윤동주의 유고전'을 열어 고인의 친필 유고와 유품을 전시하였다.

1971년 11월 발행된 『항일민족시집』에 〈그날이 오면〉(심훈), 〈빼앗긴 들에도 봄은 오는가〉(이상화), 〈님의 침묵〉(한용운), 〈꽃〉(이육사) 등과 더불어 윤동주가 1942년 6월에 지은 마지막 시, 〈쉽게 씌어진 시〉가 수록되었다. 이 시는 '육첩방'으로 상징되는 일본 유학 생활 중에 자아성찰을 통한 암울한 현실의 극복 의지를 드러낸 시라고 평가를 받는데, '남의 나라'와 같은 표현에 저항시로 본 것이다.

1973년 4월 KBS '명작의 고향' 프로그램에 '윤동주 편'이 방영된 것이 결정적인 영향을 끼쳤다. 윤동주 관련한 첫 다큐가 아닌가 한다. 이에는 윤일주와 문익환 등이 출연하였는데, 29세라는 젊은 나이로 일본 후쿠오카형무소에서 순절한 윤동주의 용정 고향을 찾아 그의 문학 세계, 인간, 생활 등을 보여주었다. 이때 그가 독립운동을 펼치다 체포되어 옥사한 측면이 부각되면서 저항시인이라는 이미지가 굳어지는 계기가 되었다.

시인 겸 영문학자 유영(1917~2002) 역시 1974년 7월《연세》9호를 통해 〈윤동주론〉를 발표하며 저항시인임을 각인시켜 줬다. 그는 "윤동주는 철두철미 민족과 자유를 지향하는 바탕위에 태어난 천생의 민족시인", "민족과 시와 자유와 더불어 원수의 손에 고귀한 순절"을 한 시인, "우리의 종족을 찾을 것이라는 저항정신"을 견지한 시인으로 규정했다. 또한 그는 "그의 민족정신은 기독교정신과 결합하여 세계적인 민족 저항시로 승화한 것"이라고 평가했다.

1975년 8월《경향신문》에서 연재한 〈문화인 25시〉 35회에서는 '시대상 반영한 문인들의 죽음'을 주제로 글을 실었다. 그러면서 1944년 1월 북경감옥에서 옥사한 이육사와 1945년 2월 옥사한 윤동주에 대해, 1940년대 일제에 반항과 독립운동에 체포되어 이국의 싸늘한 감방에서 죽어갔다며, "한국 문학사상 이 두 사람의 것과 같은 웅변적 죽음은 한 번도 없었다."라며 "같은 시기에 그들보다 몇 배나 찬란한 문명(文名)을 날리던 문인들이 친일의 오점을 찍었던 것에 비하면 두 사람의 죽음은 더욱 더 돋보인다."라며 저항시인의 위치를 확고히 하였다.

시인 박두진(1916~1998)은 한발 더 나아가 "지금까지 우리의 시에서 고고한 지조자 따뜻한 사랑의 시나 일제에 대한 저항, 자유와 독립을 위한 것이 아주 없었던 것은 아니다. 그러나 윤동주의 경우처럼 작품과 생활과 지조가 완전히 구합일체(具合一體)된 예는 극히 드물다며 그를 극찬하였다.

1976년 12월 4일 자 《동아일보》의 연재 기획 기사인 〈그때 그 일들〉이란 코너에서 우리나라 최초의 축구 국제 심판 김덕준(1918~1987)은 '연전시절 애국시인 윤동주'라는 글을 통해 자신과의 일화를 소개하였다. 이런 글들도 그를 저항시인으로 각인하는데 영향을 끼쳤다. 김덕준은 연희전문 상과 출신으로 윤동주와 기숙사에서 같은 방을 썼던 동문이다.

"(1938년) 여름 어느 날 저녁 서대문경찰서 고등계 형사가 기숙사를 찾아와 동주를 연행해 갔다. 그의 일기, 글 노트, 갖가지 책 등 한 보따리를 압수해 갔다. 그는 철저한 배일주의자였다. '하오리'나 '유카다'를 입은 우리네를 보면 구역질이 난다고 하였고 친구들이 일본말로 이야기해도 애써 우리말로 대하곤 했다. (…) 그의 사상 태도로 보아 어느 땐가 고등계 형사에게 점 찍힐 것이라고 아슬아슬한 마음을 가져온 터였다.

경찰서에서 며칠이고 안 돌아와 그의 갈아입을 속옷과 먹을 것을 좀 장만해 가지고 경찰서를 찾아 면회를 요청했다. 면회가 될 리 없었고 물품 차입조차 받아주지 않았다. (…) 며칠 후 호된 고초를 치르고 나온 동주는 '주어진 길을 걸아가야겠다. 죽는 날까지 하늘을 우러러 한 점 부끄럼 없이 살 것이야. 이렇게 되뇌며 수심에 가득한 나의 얼굴에 웃음을 번져주었다."

시인 김원호(1940~)는 1971년 7월 《시문장》 창간호에 〈고등 국어 교과서 현대시에 문제 있다〉라는 글을 투고하였는데, 이 글에서 우리 시는 여성적 어조의 문체가 대부분이라고 하면서도, 윤동주를 이육사와 함께 예언자적 시인에 속하는 남성 문체의 소유자라고 평가하였다.

소설가 이병주(1921~1992)는 1977년 2월 15일 자 《조선일보》에 연재한 〈바람과 구름과 비〉 3회에서, "나라의 불행이 시인의 행일 수 있다는 시업(試業)을 낳게 된 것은 상투를 깎은 시민들에 의해서다"라고 하면서, 항일 시인은 이상화, 심훈 그리고 윤동주로 이어진다고 하였다. 그는 〈쉽게 씌어진 시〉를 예로 들었다.

그런데 1976년 4월 시인 오세영(1942~)은 '윤동주의 시는 저항시인가?'라는 질문형의 글을 《문학사상》에 발표하면서 윤동주를 저항시인이라 하는 것에 반대했다. 그는 "발표되지 않은 시"로 "저항의 행위"를 하는 것은 불가능하다며 저항시의 관점에서 윤동주의 문학을 평가하기 어렵다고 하였다.

이렇듯 〈윤동주론〉의 쟁점은 종전 '의식의 분열과 좌절에서 오는 유희 공간' 대 '철저한 저항시 또는 민족시'라는 대립 구도에서 '저항시인 대 순수시인'의 구도로 옮겨왔다.

이에 대해 반발이라도 하듯 윤일주가 《문학사상》 1977년 12월호에 '40년대 문학사를 푸는 결정적 자료'라는 제목으로 윤동주·송몽규의 재판기록을 공개하였다. 이는 일본 국회도서관 사서로 있던 이부키 고(伊吹鄉)가 후쿠오카 형무소의 재판기록을 찾던 중 국회도서관에 보관 중인 윤동주 관련한 자료를 처음 발견하고, 이를 윤일주에게 보낸 뒤 세상에 알려졌다. 이로써 윤동주와 송몽규가 무슨 사건으로 구속되어 옥사했는지 처음으로 밝혀졌다.

그런데 이후에도 윤동주를 순수시인으로 보려는 입장은 계속 발표되었다. 1978년도 조선일보 신춘문예 문학평론 분야에서 〈동심의 신화-윤동주시론〉이란 제목의 글로 수상한 정교영은 "윤동주의 시 세계를 해명함에 있어 그의 동심적 발상을 근거로 하여 풀이하였다.

그는 1960년대 이전까지 윤동주에 대해 감상적 회고담, 찬양이 대부분이고, 그의 생애와 연결하여 저항시인으로 우상화했다고 꼬집었다. 그러면서 그는 "저항 의미를 모호하게 만들면서까지 그를 저항시인으로 여길 이유도 없고, 그의 시를 순수시로 삼기 위하여 시대의 어둠에 대한 그의 고뇌를 외면할 수도 없는 일이다."라고 평론하였다. 또한 그는 "저항시인이 하나쯤 있었으면 하는 이기심 때문에 그의 시에서 느끼는 공감의 맑은 빛깔이 흐려져서는 안 된다."라고 하면서, "이제는 그런 이기심과 편견으로부터 그의 시 정신을 해방시켜줄만한 때도 되었다"라고 하였다.

마지막으로 그는 〈서시〉에 대해 "그의 작품에 저항적 의지가 결여되어 있는 요인은 일제의 검열을 의식한 폐쇄에서 오는 것이 아니고, 그 이전에 그의 저항 의지가 동심에 의하여 완벽하게 단절되고 있다"라고 하면서 윤동주가 순수시인임을 강조했다.

이런 가운데 1977년 11월 친일파 연구의 전문가 임종국(1929~1989)의 『친일문학론』 재판이 발행되면서 문단에 큰 충격을 던져주었다. 그러면서 지조를 지키며 단 한편의 친일 문장도 남기지 않은 작가들이 새롭게 조명을 받았다. 이에 옥고를 치르면서도 일제에 항거했던 이육사와 윤동주가 주목을 받았다.

문학평론가 김인환(1946~)은 『문학과 문학사상』(1978, 열화당)을 펴내며 '윤동주 시의 속뜻'이란 글을 발표하였는데, 그는 〈서시〉에 대해 "인간과 사회 안에서, 개인과 문명 안에서 멸(滅)해야 할 것과 영원한 것을 동시에 찾아내 그 모든 것을 사랑하고 불쌍히 여기면서 젊은 윤동주는 그 가난한 식민지 시대의 문학을 지키는 마지막 보루가 되었다"라면서 그를 저항시인으로 평가했다.

1970년대도 윤동주를 서정시인 혹은 저항시인으로 볼 것인지를 두고 평론가마다 다른 입장을 보였지만, 1970년대 이후 윤동주는 대중적으로는 '민족적 저항시인'으로 자리매김하였다. 그의 시집을 출판하면서 "민족적 저항시인으로 예술과 인생의 일치를 이룩"했다고 하거나, 1940년대 암흑기에 옥고를 겪은 한용운과 윤동주 등의 작품은 3.1정신의 정통적 계승, 민족적 주체의식과 자주적 시민의식, 저항적 참여문학임에도 서정성도 뛰어나다는 평가를 받았다.

1979년 8월 문학평론가이자 국문학자 김윤식은 소장학자들의 근대문학연구 방법을 '작품 해석, 시대 따라 변하는가'라고 비판하면서 '저항시인'에 대한 평가가 대해 인식주체의 가치 실천을 강조하는 풍토가 한국근대문학사에 알게 모르게 조장되어 온 것처럼 여기는 것을 경계해야 한다고 했다.

김윤식은 지절(志節) 시인 이육사, 혁명가로서의 한용운·윤동주의 순교자적인 부끄러움의 미학 등의 해석과 평가는 그럴만한 충분한 학습상의 이유를 갖고 있다고 주장하였다. 그 이유로 첫째 한국근대문학사를 정신자적 처지에서 바라보았다는 점이다. 둘째 시와 시인의 '분리거부현상'을 언급하며, 시인 개개의 작품은 삶의 해석이기에 의미 내용을 으뜸으로 보아야 한다. 셋째, 시인의 인격 속에서 '종합적 통일개념'을 찾아야 하고, 이는 시대정신이란 이름의 또 하나의 통일개념을 찾는 것과 병행한다고 하였다.

1980년 2월 16일 자 《경향신문》 기획기사 〈명작의 숨결, 문학·예술비를 찾아서〉에서 1968년 11월 연세대 교정에 세운 윤동주 시비를 소개하였는데, "국치의 울분 달래며 한 맺힌 일생을 노래", "민족문학의 마지막 등불 윤동주와 시비", "철저한 항일 순교 자세 일관", "작품 생활 지조가 함께한 생애, 대표작 〈서시〉, 〈참회록〉 등 자신을 부끄러운 자로 묘사", "이념 못 편 채 29세로 적국서 옥사" 등의 글로 채워 저항시인으로의 의미를 강조했다.

윤동주 시, 외국어로 번역되다.

한국 시집 ANTHOLOGY OF KOREAN POETRY

윤동주 시가 외국어로 번역되기 시작한 것은 1960년대이다. 가장 먼저 1964년 3월 대만사범대학 중문연구소 박사학위 과정생 허세욱이 김소월·조지훈·서정주·조병화 등뿐만 아니라 윤동주의 시도 중국어로 번역하여 그곳 문예지에 소개하였다. 그해 4월에는 뉴욕의 존데이(Johnday) 출판사가 한국시집을 영문으로 번역 출판한 ANTHOLOGY OF KOREAN POETRY에 최남선·한용운·이상화·심훈·김소월·이육사 등과 나란히 윤동주의 〈서시〉도 이에 포함하였다.

1970년 6월 서울에서 열린 국제 PEN대회에서 국제PEN한국본부는 〈KOREA PEN〉을 발행했는데, 시인 김소월·김광섭·서정주·김영랑·노천명·김동명 등과 더불어 윤동주(Yun Tong-Ju) 작품을 영어와 프랑스어로 번역하여 배포하였다.

1975년 1월에는 하와이대학 교수 이학수(李鶴洙, Peter H. Lee)가 『한국문학집』 2권의 번역서를 냈는데, 이에 윤동주 작품이 포함되었다. 그는 1960년 콜롬비아대학교에서 교편을 잡기 시작하여, 하와이대학교, 버클리 캘리포니아대학교, 마노아 하와이대학교에서 한국어와 한국학을 가르쳤다. 그는 20권이 넘는 번역서와 연구서를 저술하여 미국 대학에서 한국 문학을 정식 학문 주제로 만들었다는 평가를 받고 있다.

1975년 8월 국제펜클럽 산하 아시아문학번역국(Asian Writers' Translation Bureau)은 12개 회원국의 작품들을 모아 영어·프랑스어 혼용으로 『Asian literature(아시아문학)』 2집을 출간하였는데 윤동주의 작품이 포함되었다. 아시아번역국 설치는 우리나라가 제의했던 것인데, 1970년 6월 한국에서 개최된 제37차 국제펜클럽 연차 총회에서 의결되었다. 이는 한국문단이 한국문학의 '세계화'를 염두에 둔 것이었기에 의미가 컸다. 이후 1973년 9월 아시아번역국은 7개국 16편의 글을 번역 《아시아문학》을 처음으로 발행하였다.

1980년 7월 윤동주의 〈자화상〉 등 4편이 한국문학을 해외에 소개하기 위해 한국문예진흥원에서 발간한 『오동잎』에 수록되었다. 이에는 한용운의 〈알 수 없어요〉, 김소월의 〈진달래〉, 이상의 〈거울〉, 김광섭의 〈성북동비둘기〉, 서정주의 〈자화상〉, 유치환의 〈노송〉, 김현승의 〈내가 가난할 때〉, 김춘수의 〈꽃〉 등과 더불어 윤동주의 시가 실린 것이다.

이외에도 1983년 7월 한용운, 윤동주 등 시인들의 대표작을 묶은 시집이 영어로 번역되었고, 그해 11월에는 대한민국 문학상 수상 번역 문학 부문에서 하와이대학의 이학수 교수가 번역한 윤동주 시 52편이 차지하였다. 1984년 11월에는 콜럼비아대 《번역》 잡지의 한국 특집호에 정철·이현보·권호문 등의 시조와 함께 윤동주의 〈또 다른 고향〉이 서정주·조지훈·박목월·노천명 등의 시들과 함께 나란히 번역해서 실렸다. 1985년 1월에는 이부키 고(伊吹鄕)가 윤동주 시집을 처음으로 일본어로 완역하였다.

윤동주 시가 낭독, 작곡되고 시화전이 열리다.

1980년대 전후로 소리를 통해 이미지를 전달하는 시 낭독회가 크게 성행하였다. 이와 함께 낭독회 모임이 만들어졌고 소극장에서 낭독회가 열렸다. 당시에는 시인이 자신의 시를 낭독하거나 영화배우·탤런트·작가 등이 시를 낭독하였는데, 이는 시의 대중화에 큰 영향을 끼쳤다. 시가 문자가 아닌 공간 예술로 탈바꿈한 것이다. 이후에는 시 낭독을 녹음한 Tape 혹은 음반 등이 판매되었다.

1978년 12월 처음으로 음반도서의 출판 붐을 타고 예당 기획사가 듣는 시집 「나는 너에게 너는 나에게」 카세트테이프 4개를 제작하였다. 이때 윤동주를 포함한 시인 56명의 애송시 86편이 녹음되었다. 현존시인은 자신의 시를 육성 녹음하였지만, 윤동주 등 작고시인의 작품은 유가족들이 지명한 성우들이 녹음했다.

1980년 2월 아람프로덕션이 우리나라 고시조부터 현대시에 이르는 국내 시인 3백여 명의 작품 및 해외 유명 시 60편을 카세트에 담았는데, 이에 윤동주의 〈서시〉가 포함되었다. 그해 11월에는 아나운서 임국희가 낭송한 '음악이 흐르는 사랑의 시' Tape에 윤동주의 〈별 헤는 밤〉과 〈소년〉이 수록되었다. 또한 오아시스레코드에서 1980년 소리나는 시집 제1집 '영원한 시간 속에서'와 1982년 제3집 '낙화, 사랑한 이야기'에 윤동주의 〈별헤는 밤〉이 수록되었는데 각각 가수 한경애와 탤런트 임예진이 낭송하였다.

이에 힘입어 1980년대 중반부터 시낭송 음반과 카세트테이프 제작이 활기를 띠었다. 특히 1985년 12월 연말연시를 맞아 김소월·한용운·김영랑·조지훈 등 국내 쟁쟁한 서정시인들 틈에 윤동주의 시가 낭송된 음반과 테이프가 제작, 판매되었다. 이를 계기로 라디오 방송에서도 시 낭송이 프로그램 일부로 자리 잡았고, 청취자가 직접 제작한 시낭송을 방송에 내보냈다. 또한 크고 작은 시낭송 경연대회가 열리기 시작하였다.

한편, 1960년대 말부터는 윤동주의 시가 가곡으로 작곡되어 연주되거나 불려졌다. 처음으로 1968년 11월 작곡가 유신(劉信)이 윤동주의 시 중에서 〈간〉을 작곡하였다. 〈간〉은 윤동주의 대표작인 〈서시〉·〈별 헤는 밤〉·〈쉽게 씌어진 시〉 등보다는 덜 알려졌으나, 보기 드물게 억센 문체와 굳은 의지를 보이는 시이다. 그래서 그런지 이 시는 문학 교과서와 참고서에도 자주 등장한다. 〈간〉 가곡은 1980년 8월 음반으로 출시되었다.

1985년 바리톤 연세대 교수 황병덕의 정년퇴임 기념 음악회에서 이영조가 작곡한 '윤동주 시에 의한 네 개의 노래' 〈서시〉·〈무서운 시간〉·〈새로운 길〉·〈별 헤는 밤〉 등의 연가곡을 시연하였다. 1985년 6월에는 '한국선교100년' 행사를 맞아 이건용이 작곡한 윤동주의 〈십자가〉가 첫선을 보였다. 1986년 11월 송찬식이 이를 불러 자신의 '참새의 하루' 음반에 실었다.

대금연주자 김영동은 1978년 12월 윤동주의 〈해바라기 얼굴〉을 〈누나의 얼굴〉로 개사, 작곡하였다. 당시 암담하던 노동현실에 힘들어하던 노동자를 위해 만든 곡이었다. 단조로운 구성에 짙고 끈끈한 비장미가 담겨 있다는 평가를 받았다. 그는 원제목을 살리고자 하였지만, 당시 누나의 얼굴에서 해바라기처럼 환한 웃음을 찾기 어려워 제목을 바꿨다고 한다. 그래서였는지 〈누나의 얼굴〉은 1970년대 민중가요로서 당시 대학가 젊은 층을 중심으로 큰 호응을 얻었다.

그 후 80년, 송몽규와 윤동주

송창식 음반 '참새의 하루'

윤주, 〈해바라기 얼굴〉

누나의 얼굴은
해바라기 얼굴
해가 금방 뜨자
일터에 간다.
해바라기 얼굴은
누나의 얼굴
얼굴이 숙어 들어
집으로 온다.

김영동, 〈누나의 얼굴〉

누나의 얼굴은 해바라기 얼굴
해가 금방 뜨면 공장에 간다
해바라기 얼굴은 누나의 얼굴
얼굴을 부비면서 공장에 간다

누나의 얼굴은 해바라기 얼굴
해가 한참 지면 집으로 온다
해바라기 얼굴은 누나의 얼굴
얼굴이 숙여들어 집으로 온다

특히 2012년부터 연세대학교 윤동주기념사업회 주관으로 매년 8~10월경 '윤동주 시 작곡 경연대회'가 개최되면서 그의 많은 시가 작곡되었다. 이는 2016년 5회까지 시행되었는데, 윤동주기념사업회는 역대 수상곡을 모아 기념 앨범을 발매하기도 하였다.

이를 계기로 윤동주의 시중에서 작곡된 곡은 〈공상〉, 〈길〉, 〈꿈은 깨어 지고〉, 〈눈 오는 지도〉, 〈눈감고 간다〉, 〈달밤〉, 〈또 다른 고향〉, 〈무서운 시간〉, 〈바람이 불어〉, 〈반딧불〉, 〈밤〉, 〈별 헤는 밤〉, 〈비애〉, 〈사랑스런 추억〉, 〈삶과 죽음〉, 〈새로운 길〉, 〈소년〉, 〈쉽게 쓰여진 시〉, 〈슬픈 족속〉, 〈자화상〉, 〈참회록〉, 〈코스모스〉, 〈편지〉, 〈호주머니〉 등이었다.

윤동주의 시 중에서 한국인이 가장 좋아하는 〈서시〉가 가곡, 가요로 가장 많이 작곡되었다. 또한 〈서시〉는 1995년, 2001년 대학수학능력고사에 출제되었고, 2005년 수능 필적확인란 문구로도 쓰였다. 〈서시〉를 가장 먼저 작곡한 사람은 1989년 11월 〈꼬부랑할머니〉를 작곡한 한태근이다. 그는 밀양 출신으로 미곡상을 하던 한춘옥의 아들이다. 한춘옥은 의열단 단원으로 활동하였던 한봉근·한봉인의 삼촌으로 1920년 7월 밀양경찰서 폭탄 미수 사건 당시 폭탄을 은닉하였다는 혐의로 옥고를 치르기도 하였다.

그 뒤 한춘옥은 1935년경 북만주로 이주하였는데, 당시 한태근은 8살이었다. 그곳에서 자란 한태근은 해방 후 밀양으로 내려온 뒤 교사로 근무하면서 작곡가 윤이상에게 음악을 배웠고 신일고 교사로 재직하던 중 1988년 3월 연세대 김찬국 교수로부터 〈서시〉 작곡을 부탁받았다. 한태근은 곡이 잘 안 돼 고민하던 차에 고2 시험 감독을 들어갔다가 교실에 표구된 〈서시〉를 본 순간 악상(樂想)이 떠올라 시험감독 중에 오선지에 악보를 그렸다고 한다. 부탁을 받은 지 1년 8개월 만이었다.

이외에 〈서시〉 작곡자로는 강지원·강한뫼·김정식·김주원·김준범·김진균·변훈·심진섭·유지연·윤지영·윤진정·윤진정·이건용·이민형·이상호·이영조·이용주·전경숙·정영주·정의송·정진채·조수정·조영남·진정·최우정·최우정·최진 등으로 셀 수 없을 정도로 많다.

윤동주 시를 가장 많이 작곡한 인물은 작곡가 피아니스트 정영주이다. 그는 2022년 9월 〈서시〉·〈눈 오는 지도〉·〈팔복〉·〈자화상〉·〈십자가〉·〈별 헤는 밤〉 등을 수록한 후마니타스(Humanitas) 디지털 음반을 내는 등 모두 20여 곡을 작곡하였다.

시화전은 1950년대부터 작가들 중심으로 시작하여 1960년대에는 학생이나 일반인을 대상으로 확산하였다. 윤동주 작품 시화전은 1980년대 중반부터 지속해서 개최되었고, 2000년대 들어서는 도서관, 문학 단체, 대학 동아리를 비롯하여 교육 차원에서 초중등 학교에서도 시화전을 개최하고 있다. 특히 2004년부터 윤동주문학관에서는 초중등 학생을 대상으로 윤동주시화공모전을 매년 개최하고 있다.

이외에도 1985년에 문인협회 기관지 월간문학사가 제1회 윤동주문학상을 제정하여 15명을 수상한 이래 지금까지 계속되고 있다. 2016년 11월에는 윤동주 시인의 〈서시〉에 담긴 시 정신을 구현하고, 이를 널리 확산하고자 제1회 윤동주 서시 문학상을 시상하였다. 그해 각종 문예지에 활발하게 좋은 작품을 발표하고 작가로서의 평판이 부끄럽지 않은 시인들을 대상으로 하였다. 이는 광주일보·윤동주 서시 문학상 제전위원회·계간《시산맥》이 공동 주관하고 법무법인 한결, 사단법인 국민통합이 후원하였다. 이경림 시인이 첫 수상하였다. 이러한 행사는 지금까지도 이어져 오고 있다.

그 뿐만 아니라 윤동주의 시 정신을 기리고 시에 대한 사랑을 일깨우고자

2009년 5월 제1회 윤동주 시 암송대회가 개최되었고, 2004년 종로문화재단 주최 제1회 전국윤동주창작음악제가 열렸다. 이러한 행사는 지금까지도 이어져 오고 있다.

1980년대 초 윤동주·송몽규 생체실험 사망설이 불거지다.

윤동주·송몽규의 생체실험 사망설을 처음 제기한 것은 1980년 9월 동국대 대학원에서 한국문학을 공부하고 있던 일본인 유학생 코노에(鴻農映二)였다. 그는 「윤동주, 그 죽음의 수수께기」(《현대문학》 10월호)라는 글을 통해 윤동주·송몽규가 단순한 옥사가 아닌 일제의 생체실험에 의한 식염수 주사를 맞고 죽었다고 발표했다.

그는 두 가지의 근거를 제시했다. 하나는 '1945년 2월 16일 동주 사망' 전보가 가족들에게 전달된 데 이어 10일 늦게 '시체를 찾아가지 않으면 구주제국대학 해부용으로 제공함'이라는 두 번째 전보가 날아든 점을 들었다. 다른 하나는 윤동주와 감방 동료였던 송몽규가 "매일처럼 '이름 모를 주사'를 맞느라 피골이 상접해 간다."라고 말하였고, 이후 3월 10일 그마저 숨졌다는 점을 들었다.

그는 생체해부의 목적 하나는 혈장 대신 식염수 주사가 가능한가를 알아보는 것이었다며, "전쟁에서는 자주 혈장이 부족하고 수혈이 필요한 환자에게 어느 정도 대용(代用) 혈장[식염수]을 주입해야 하는가를 알고자했기에 생체 해부는 전쟁 의학상 필요악 중의 하나"였다는 것이다. 이를 근거로 그는 생체실험에 의한 희생이라는 추정이 가능하다고 주장하였다.

그 직후 1980년 10월 서대문구 북가좌동에 사는 최도균(崔道均) 자신이 윤동주가 옥사한 1945년 2월 16일 당시 후쿠오카 형무소 독방에 수감 중이었다며, 그러한 사실을 뒷받침하는 증언을 다음과 같이 하였다(《동아일보》 1980년 10월 10일 자).

> 내 동지 4명 중 한 사람인 이원희(李元熙)[이원길]는 1944년 5월 도쿄 스가모(巢鴨) 형무소에서 큐슈 후쿠오카 형무소로 이감될 때 원인을 알 수 없게 행방불명됐으며, 박오훈(朴五勳)은 후쿠오카 형무소에 수감되긴 했지만, 1945년 여름 어느 날 이유를 모르게 사망했다는 소식을 일본인 잡역수로부터 몰래 들었으며, 1945년 봄을 전후로 피부병이 심해서 병동에 다녀왔는데, 그때 접한 형무소 내 일본인 잡역수(우수한 모범수로 간부 보조격)로부터 "조선인을 매일같이 몇 명씩 죽이는데 오늘도 몇 명을 죽였다. 너도 언제 죽을지 모른다"라는 악의도 선의도 아닌 말투의 말을 들었다. 또 역시 같은 무렵 내가 들어있는 감옥에 발광자가 속출하는 눈치였는데 큰 소리로 "나는 누구입니까, 나는 누구입니까, 나는 누구입니까. 텐노 헤이카 반자이(천황 폐하 만세)"라고 되풀이하며 울부짖는 것이 밀폐된 내 감방에까지 들려왔다.
> 이상으로 미뤄볼 때, 일본인 당국자들이 법적 형량과 관계없이 어떤 필요에 의하여 종류를 알 수 없는 가혹한 처치를 한국인 죄수에게 제한 없이 가한 것이 틀림없다고 생각한다. 그러면서 그는 윤동주가 생체실험에 희생되었을 가능성이 당시 형무소 분위기상 충분히 있을 수 있는 일이라고 했다.

이후 일부 신문들이 이에 관심을 가지고 보도하기도 하였다. 이후 윤동주는 한용운·김소월·심훈·이상화·김광섭·김영랑·이육사 등과 더불어 저항시인으로 확고하게 자리매김하는 계기가 되었다. 그런데 1980년 10월 윤일주가 형 윤동주의 옥사(獄死) 전후 상 "생체실험 사망"은 단순한 추정이라며 이를 반박하였다. 코노에의 글 가운데 상당 부분 오류가 있다는 것이다. 그는 윤동주와 송몽규의 옥사 원인이 석연치 않아 무엇인가 인위적으로 죽음에 이르게 했다고 생각하지만, 그분들의 죽음을 그렇게 상상하기란 가슴 떨리는 일이다고 하였다. 그러면서 그는 김용성(金容誠)이 쓴 「한국현대사문학사 탐방」이라는 글을 인용한 것이라면서, 자신이 1973년 그를 면담한 적이 있지만, 글 가운데 세부적으로 틀린 점이 있다고 지적하였다.

그러면서 윤일주는 형이 1944년 6월 이후 고향집으로 매월 한 장의 엽서를 보내오곤 했다. 그런데 1945년 2월 중순이 넘어가는데도 엽서가 도착하지 않았고, 이 무렵 사망 전보가 이틀 만에 도착하였으며, 두 번째 전보는 없었다고 하였다. 당시 간도와 일본 간 서신은 4일 혹은 6일 걸렸다. 그런데 통지서가 10일이나 지나 도착한 것이다. 송몽규와는 5분간 면회가 이뤄졌다고도 하였다. 그러면서 그는 두 분의 사인이 규명되었으면 하는 바람이지만, 확실한 실증적 자료가 나타나기 전까지는 신중했으면 하는 바람을 전했다.

이후 생체실험 사망설은 음모론을 넘어 어느 정도 구체화됐다. 미국 정부기록보존소(NATRA) 자료가 이를 뒷받침했다. 전후 연합군은 규슈제국대학 의대교수 5명을 전범 재판에 기소했는데, 미군 전투기 조종사 8명을 생체 해부한 혐의였다. 재판 기록에 따르면, 이들은 미군 포로의 장기를 적출하고 '바닷물 주사'를 꽂았다고 한다. 2009년 8월 SBS 방송도 미국 국립도서관 기밀문서를 확인해 관련 내용을 보도했다. 규슈제국대학이 후쿠오카 형무소 재소자를 상대로 바닷물 수혈 생체실험을 했다는 내용이었다.

조선일보 또한 2015년 4월 6일 자 '이 끔찍한 짓을 우리가 했습니다. 미군 생체실험 규슈의대의 반성'이란 기사에서 미군 포로 생체 해부에 참여했던 일본인(당시 89세)이 마이니치신문에 털어놓은 증언을 실었다. 그는 19살 의대생 신분으로 실험에 참여했다면서, "당시 대학은 군을 거역하지 못했다. 산 채로 미군 장기를 적출했다. 또 혈관에 바닷물을 주입했다. 전쟁이 만든 광기였다"고 증언했다.

규슈대학은 2015년 4월 교내에 의학역사관을 개관했는데, 그와 관련한 전시물을 비치하고 추모 공간을 설치하여 이를 부인하지 않았다. 2016년 2월 개봉한 영화 '동주'에서도 문제의 주사로 인해 사망했다고 묘사하였고, 영화가 끝날 때 윤동주와 송몽규가 맞았던 주사로 인해, 다소 부풀려진 것으로 여겨지는데, 1,800여명이 사망했다고 언급했다.

실제 생체 실험 사망 의혹은 후쿠오카 형무소 사망자 추이를 통해서도 제기되고 있다. 일본 교정협회(矯正協会)가 1966년에 간행 한『전시행형실록(戰時行刑實錄)』에 따르면, 옥중 사망자는 1943년 64명에서 1944년 131명, 1945년 259명이었다고 한다. 이를 근거로 종전에 임박해 대규모 생체 실험이 있었고, 그렇지 않은 다음에야 단기간 급증한 옥중 사망자를 설명할 도리가 없다고 한다.

그런데 이와 관련하여 일본 정부는 80년 넘게 불편한 침묵을 이어가고 있다. 반면 전후 일본 지식인과 시민들은 윤동주 시인의 죽음을 안타까워하며 참회하는 일에 적극적이다. 이처럼 윤동주와 송몽규의 비극적인 서사는 후쿠오카형무소 옥사로 끝이 난다. 그들 사인에 대해서 확증할 만한 근거 자료가 없는데도, '생체실험'에 희생되었다는 이야기는 널리 퍼졌고, 여러 매체를 통해 반복됨으로써 이는 '정설'과 같이 받아들여지고 있다.

그와 관련한 반론도 만만치 않다. '생체실험'설을 자세히 뜯어보면, 근거가 매우 취약하고 때론 '날조'에 가까운 논거 위에 주장되는 하나의 설에 불과하다는 것이다.

첫째, 후쿠오카형무소의 사망자 수가 급증했다는데 의문을 제기한다. 전체 추이에서 보면, 후쿠오카형무소의 사망자수 증가는 다른 지역 형무소와 비교하여 오히려 양호한 편이라고 할 정도라고 한다. 사망자 수 증가는, 기존의 열악한 형무소 환경에 더하여, 태평양전쟁 말기에 빚어진 식량과 의약품의 결핍으로 인한 것이었다고 한다. 윤동주와 송몽규가 목숨을 잃고 만 1945년 전쟁말기의 형무소는 열 명 중 한사람이 목숨을 잃는, '건장한 청년' 조차도 어찌해 보지 못하고 줄줄이 죽어 가야만 했던, 참으로 비참한 상황이었다고 한다.

둘째, 쿄토에서 실형판결을 받은 윤동주와 송몽규가 후쿠오카형무소에 수감된 것에 대해 의혹을 제기하며, 마치 후쿠오카형무소에 조선인 정치범(치안유지법 위반 수형자)를 집중 이송하여 생체실험의 희생양으로 삼으려 했다는 주장에 대해서도 반박하기도 한다.

이에 대해 의도적인 왜곡이라는 것이다. 이부키가 『전시행형실록』의 '사상범 예비 구금 비고란'에 "구마모토, 후쿠오카는 조선독립운동 관계"라고 기재된 것을 "조선독립운동 관계의 수형자는 구마모토, 후쿠오카에 보낸다는 방침"이라 있었던 것처럼 해석한 것을 지적하였다. '예방구금'이란 이미 형기를 마치고 석방된 사상범 전력자 중에서 국가 치안에 심각한 위해를 가할 수 있다고 판단된 인물을 사법기관이 심사하여 감금하는 사상통제정책이었다는 것이다. 즉, 치안유지법으로 재판을 받고 형무소에서 수형 중인 윤동주, 송몽규와는 아무런 상관이 없다고 주장한다.

셋째, 1944년 말 현재 일본 전국에 수감된 치안유지법 위반 수형자의 총수는 359명인데, 당시 치안유지법 위반 수형자의 약 반수 정도가 한인이었기에 한인 정치범은 대략 180명 전후였다고 한다. 그 가운데 후쿠오카형무소의 치안유지법 위반 수형자 10명 모두가 한인이라 할지라도, 한인 사상범은 5~6%에 불과한 만큼, 한인 사상범을 후쿠오카형무소에 몰아넣었다는 의혹은 근거가 없다는 것이다.

넷째, 규슈제국대학 의학부가 자행한 미군 포로 생체해부실험과 관련지어 후쿠오카형무소에서의 생체실험이 개연성이 있다는 주장을 반박한다. 이와 관련하여 윤동주를 면회한 윤영춘이 "푸른 죄수복을 입은 20대의 한국 청년 근 50여 명이 주사를 맞으려고 시약실 앞에 쭉 늘어선 것이 보였다"라고 진술한 것이나, 같은 시기에 후쿠오카형무소에서 '생체실험'을 경험했다는 김헌술이 "5~10cc 정도의 주사"를 맞고 '암산 능력 시험'을 받았다고 회상에 근거로 한다.

그런데 미군 포로들의 생체실험은 수술대 위에 눕혀 살아 있는 상태에서 장기를 적출하는 등 신체를 훼손당해 다량의 출혈이 일어났고, 거기에 대용혈액으로 바닷물이 주입된 것이라고 한다. '주사'라고는 해도, 한쪽은 예방접종을 위해 주사기로 5~10cc의 액체를 팔뚝에 주사한 것이고, 다른 한쪽은 무려 500cc를 주입한 것이기에 완전히 다른 것이라는 것이다.

1980년대 윤동주 시집 출판이 확산하고 평전이 출판되다.

윤동주 시집이 초판(1948.2), 증보판(1955.2)이 나온 뒤에 그의 시는 1959년 2월 신구문화사가 간행한 『한국시인전집』 10권에 〈서시〉, 〈소년〉, 〈자화상〉 등 37편이 실렸다. 또한 1958년부터 문학 관련 잡지에 그의 시가 소개되기 시작하였고, 1960년대에 접어들면서 국문학자들이 그의 시를 분석, 비평하기 시작하였다. 특히 윤동주는 1971년 11월 사상사가 출판한 『항일민족시집』에 심훈·이상화·한용운·이육사 등과 함께 이름을 올렸고 〈쉽게 쓰여진 시〉가 소개되었다.

한편, 윤동주 시집은 1967년에 정음사가 판형을 바꾸어 중판을 발간하였고, 1976년에는 그동안 수록이 보류되었던 유고 23편을 추가하여 증보 3판을 간행하였다.

1973년 11월 대학생들 사이에 윤동주 시집 『하늘과 바람과 별과 시』가 베스트셀러에 오른 뒤, 점차 독자층이 확대되면서 1976년까지 줄곧 비소설 분야에서 그의 시집이 판매 상위권을 유지했다. 윤동주 시집은 1948년 1월 초판본이 발행된 이후 1976년까지 40여 판, 4만 부 이상이 판매되었다.

이러한 상황에서 1977년부터 윤동주 시집 해적판이 나돌기 시작하였다. 그동안 윤동주 시집 인세는 연세대에 윤동주장학기금으로 적립해왔다. 이에 저작권

상속인 윤일주가 해적판 출판사를 고소하는 일까지 벌어지면서 이는 법정 다툼으로 이어졌다. 가장 먼저 1976년 12월 성공문화사가 해적판 『하늘과 바람과 별과 시』을 발행하자, 윤일주가 출판사를 서울지검에 고소하였다. 이에 대해서는 어떻게 처리되었는지 확인되지 않는다.

이러한 일이 발생한 것은 저작권 시기를 어떻게 산정할 것인지에 대한 서로 간의 계산이 달랐기 때문이다. 당시 저작권법에 따르면, "발행 또는 공연한 저작물의 저작권은 저작자의 생존간 및 사후 30년간 존속한다"라고 되어 있었다. 즉 윤동주가 1945년 2월에 사망하였기에 1946년 1월 1일부터 30년이 경과한 1976년에 저작권이 만료된 것으로 이해한 것이다.

이에 따라 김소월(1902~1934), 이상 (1910~1937), 한용운(1879~1944), 심훈(1901~1936), 이효석(1907~1942), 현진건(1900~1943), 나도향(1902~1927), 이육사(1904~1944), 김영랑(1903~1950) 등의 작품을 출판사에서 제한 없이 출판하였다.

그런데 문제는 이들 작가들은 작품이 생존 중에 발표되었고 유작을 많이 남기지 않았던 경우이다. 윤동주처럼 유작을 많이 남겨 발표가 늦어졌을 경우에는 사정이 달라진다. 저작권법에 따르면, "저작자의 사후 발행 또는 공연한 저작물의 저작권은 발행 또는 공연한 날로부터 30연간 존속한다"라고 규정하고 있기 때문이다. 즉 윤동주가 1945년 2월에 사망했으나 10년 후인 1955년 유족들에 의해 그의 시가 처음으로 출판되었기에 문제가 되었다.

그 뒤 1979년 2월 문학평론가, 인물연구소 대표 임중빈이 윤동주의 시 전편, 산문 및 그에 관한 대표적 평설과 평전을 모아 『하늘과 바람과 별과 시』를 펴냈다. 이에 윤일주는 1948년 윤동주 시집 초판이 나온 뒤 1976년까지 네 차례의 증보판을 냈기에 판권이 앞으로 27년간 더 존속된다고 주장하고 나섰다. 임중빈은 유고 출판이 1948년 1월 이뤄졌기에 저작권이 만료되었고, 피상속 내지 피양

도인으로 등록을 하지 않았으며, 원저자의 사후 저작물에 대한 저작권 시비가 표면에 드러난 것은 유례가 없던 일이라 반박하였다.

결국 윤일주는 1981년 3월 인물연구소 대표 임중빈과 거암사 대표 조동수를 저작권 침해 혐의로 서울지검에 고소했다. 임중빈이 잘못을 시인하고 판매 중인 책자 잔여분을 회수하겠다고 하고서는 오히려 새로 출판하여 잔여부분인 것처럼 전국적으로 판매하고 있고, 거암사가 1981년 1월 『님의침묵·하늘과 바람과 별과 시』를 발간한 것을 문제 삼은 것이다. 1981년 4월 서울 남대문경찰서는 문학평론가, 인물연구소 대표 임중빈을 저작권법 위반혐의로 구속영장을 신청했다.

이후 저작권 문제가 어떻게 해결되었는지 알 수 없으나, 원만하게 합의된 것으로 보인다. 이후 1982년부터 여러 출판사가 윤동주 시집을 펴내거나 그의 평전이 봇물처럼 쏟아졌다.

한편, 송우혜는 1970년대 후반부터 우리 문학계가 윤동주 생애와 시의 저항성을 폄훼하는 경향이 나타나자 이를 안타깝게 여겼다. 송우혜는 송몽규의 조카이다. 송몽규 동생 송우규는 해방 후 월남하였고 1947년 12월 송유혜가 태어났다. 윤동주를 주로 폄훼한 내용은 "평생 공부만 했던 윤동주가 무슨 독립운동을 했겠는가, 일본 유학생으로서 일제의 과잉 단속에 걸려 불우하게 옥사한 것"이라는 평가였다.

송우혜는 이를 바로 잡고자, 송몽규와 윤동주의 체포 및 재판에 대한 글을 발표하고, 이를 계기로 『윤동주 평전』집필에 매달렸다. 송우혜는 수많은 사람을 만나 인터뷰하고 발로 뛰면서 수집한 자료들을 정리한 뒤 윤동주와 송몽규의 삶을 조명하여 1988년 11월 『윤동주 평전』(열음사)을 펴냈다.

책 구성은 시인의 출생, 지사들의 마을 명동, 해란강의 심장 용정(龍井), 송몽규 이야기, 평양에서의 7개월, 다시 용정으로 돌아오다, 젊음의 정거장, 서울 연

| 2부 | 주검과 추모 그리고 기억

명지사(1982)

혜원(1982)

열음사(1984)

예전사(1984)

문학세계사(1984)

혜림(1986)

자유문학사(1987)

거암(1987)

청목(1987.1)

예가(1987)

덕우(1988)

1980년대 출판된 윤동주 시집 및 평론

희전문학교, 6첩방의 고장, 일본, 체포, 재판, 복역, 옥사, 시인윤동주지묘(詩人尹東柱之墓) 등으로 이뤄졌다.

이 책은 1988년에 '열음사'에서 초간본이 나왔고, 1998년에 '세계사'에서 1차 개정판이, 2004년에는 '푸른역사'에서 2차 개정판 나왔다. 지금 이 책은 '서정시학'에서 출간되고 있다. 일본 번역가 아이자와 가쿠(愛澤革)가 2009년 번역하여 등원서점(藤原書店)에서 냈다. 본 책도 이에 도움을 받은 바 크다.

윤동주의 발자취나 그의 시를 연구한 학술서적도 등장하기 시작하였다. 1983년 11월 신석정의 맏제자 시인 허소라는 『한국현대작가연구』(유림사)에서 이장희·김소월·신석정·김수영·이효석·장용학 등과 함께 '윤동주론'을 다뤘다. 이 책에는 그의 생애와 더불어, '부그러움의 미학', '기독교와의 관계' 등을 주제로 한 글

『윤동주평전』 초판본(1988)

아이자와 가쿠(愛澤革)가 번역한 『윤동주 평전』

이 담겼다. 특히 1983년에는 마광수가 국문학 역사상 처음으로 윤동주의 모든 시를 분석한 〈윤동주 연구:그의 시에 나타난 상징적 표현을 중심으로〉로 박사학위를 받았다. 그는 윤동주 시에는 '부끄러움'이라는 정서가 깔려있다고 결론 내렸다. 이듬해인 1984년 2월에 박사학위 논문이 정음사에서 출판되면서 윤동주의 명성이 한껏 높아졌다. 그 무렵 대학수학능력시험 대비 문제집에 그 책의 윤동주 시 해설 내용이 실린 정도였다.

마광수, 「윤동주 연구」(정음사)

1984년 8월에는 시인 박이도가 윤동주·김현승·박두진 등을 중심으로 분석한 「한국 현대시에 나타난 기독교 의식」이란 제목으로 1987년 2월에는 문학평론가 이남호가 「윤동주 시의 의도 연구」라는 제목으로 각각 박사학위를 받았다. 1946년 이후 1985년 전반기까지 전국에서 발표된 석박사 학위논문 831편(석사 730편, 박사 101편) 가운데, 윤동주가 김소월 23편, 한용운 21편, 서정주 20편 다음으로 정철·정지용과 함께 18편에 달하였다.

윤동주 시, 1980년대 다양한 매체를 통해 전 국민에게 알려지다.

윤동주와 그의 시가 전 국민에게 알려지게 된 것은 1980년대 이후이다. 1980년대 초만 해도 대학 『교양국어』 교재에 실린 현대 문학작품을 살펴보면, 시로는 〈불놀이〉(주요한)가 가장 많았고, 두 번째로는 〈절정〉(이육사)·〈성북동 비둘기〉(김광섭)·〈님의 침묵〉(한용운)·〈생명의 서〉(유치환), 세 번째로 〈와사등〉(김광균)·〈거울〉

(이상)·〈나의 침실로〉(이상화) 등의 순위로 윤동주 시는 등수 안에 포함되지 않았다.

다만 작품 수로는 서정주 14편, 박목월 13편, 김영랑 12편, 한용운 10편 김소월·이상·조지훈 각 9편, 김광균 8편이었고 윤동주 시는 유치환·신석정 등과 함께 7편이었다. 당시 1편 이상의 시가 실린 시인이 57명이었던 점을 감안하면, 윤동주는 10위 안에 든 셈이다. 그런데 이와 달리 여대생들은 좋아하는 시인으로 한용운·김소월·서정주 등과 더불어 윤동주를 꼽았다.

1980년대 이후 윤동주의 인기가 올라가면서 다양한 행사가 펼쳐졌고 방송국에서도 여러 프로그램이 제작되었다. 1983년 5월 서대문 말뚝이 소극장에서, 그해 9월에는 야외 음악 축제인 용평 팝 페스티벌에서 윤동주 시가 낭송되었다. 1984년 6월에 세종문화회관 소강당에서 소프라노 정은숙의 귀국독창회가 열렸는데, 이건용이 1975년에 작곡한 윤동주 〈서시〉를 독창하였다. 그해 12월에 정음사·교보문고가 합동으로 광화문 교육보험빌딩 1층 세종홀에서 윤동주를 비롯하여 변영로·김소월·유치환·서정주·조병화 등의 시화전이 열렸다.

1984년 7월에는 KBS가 이상화·이육사·윤동주 등 민족 저항시인 3인을 다룬 8.15특집 특집드라마 '마돈나여 광야에서 별을 노래하라'(3부작)를 방송하려 하였으나, 한일 관계를 고려하여 무기한 연기되었다가 1984년 12월에서야 방송되었다. 당시 가장 우려했던 부분은 드라마 2부 '하늘과 바람과 별과 시'였다. 윤동주가 후쿠오카 감옥에서 죽음을 맞이하는 장면으로 시작할 뿐 아니라, 그가 죽음을 맞이하며 서시를 읊는 것으로 마무리되었기 때문이다.

1985년 4월 KBS 라디오는 1985년 4월 윤동주를 최초로 소설화한 극작가 최인수의 『소설 윤동주』(상서각)를 각색하여, 드라마 〈인물현대사〉 프로그램에서 '하늘과 바람과 별과 시'로 제작, 방송하였다. 윤동주가 용정에서 중학 졸업반을 마치고 문학에 뜻을 품고 연희전문에 진학을 결심할 무렵부터 일본에서 사망하여 고향으로 돌아와 가족의 품에 안길 때까지를 다룬 드라마로, 윤동주의 42편에 달하는 시가 인용되었다.

또한 다양한 방송 매체 등에서 윤동주 시가 상위권에 올랐다. 1983년 12월에 KBS 제2라디오 청취자 엽서 집계 애송시 중에서 〈서시〉가 1위를 차지했다. 1984년 2월 출판사 삼일서적이 일선 서점과 각 대학도서관 이용자를 대상으로 벌인 시 부문 인기투표에서는 〈국화 옆에서〉(서정주), 〈사모〉(조지훈), 〈청노루〉(박목월), 〈해〉(박두진), 〈가는 길〉(김소월), 〈얼굴〉(박인환) 등과 함께 윤동주의 〈별 헤는 밤〉이 선정되었다.

1884년 3월에 MBC 라디오 프로그램 '별이 빛나는 밤에'서 청소년들이 가장 애송하는 시로 김춘수의 〈꽃〉, 서정주의 〈국화 옆에서〉, 김소월의 〈진달래꽃〉 등과 함께 윤동주의 〈서시〉가 뽑혔다. 1984년 12월 KBS 라디오 청취자 조사에서는 가장 애송하는 시로 역시 〈서시〉가 뽑혔고, 좋아하는 시인으로는 윤동주, 김남조가 선정되었다.

이렇듯 여러 분야에서 윤동주가 주목을 받으며 1984년에 종로서적 등 시내 대형서점에서 윤동주 시집 『하늘과 바람과 별과 시』가 스테디셀러가 되었다. 이러한 흐름은 1985년에도 이어져 그해 5월 청소년 애송시 1위로 〈서시〉가 선정되었다. 이러한 경향은 이후로도 계속되어 윤동주는 한국인이 가장 사랑하는 시인으로 자리 잡았다.

윤동주와 그의 시, 소설로 재탄생하다.

최인수, 「소설 윤동주」 1985년 초판

윤동주를 주인공으로 하여 처음 소설로 담은 것은 극작가 최인수였다. 최인수는 1985년 『소설 윤동주』를 펴냈다. 그는 윤동주가 용정에서 중학교를 마치고 서울로 유학하여 연희전문에 진학을 결심할 무렵부터 일본에서 사망하여 그의 유해가 고향 북간도 용정으로 돌아와 가족의 품에 안길 때까지를 다뤘다. 다만, 당시까지만 해도 윤동주의 일본 내 활동 내용이나 일본 경찰에 체포, 재판 등의 자료를 확보하지 않는 시기였기에 그와 관련한 얘기는 상대적으로 소략하다.

그는 윤동주와 관련한 자료가 부족한 상황에서 동생 윤일주와 누상동 하숙 주인 작가 김송 증언까지 참고하며 그의 생애를 비교적 충실하게 재구성하고자 하였다. 다만, 아쉽게도 윤동주의 친구이자, 1948년 유고 시집 출판에 크게 공헌한 강처중에 대한 언급은 없다. 그가 월북 인사라는 점 때문이었다.

최인수는 기존 윤동주 연구에서 밝혀지지 않은 부분은 허구적 상상을 동원해 메웠다. 첫째, 윤동주 시에 등장하지만, 실제 누구인지 모를 여성을, 용정 집 이웃에 살던 여동생 윤혜원의 친구, 혹은 연희전문 시절 함께 협성교회에 다녔던 강선영 등으로 설정했다. 작가가 독자들의 흥미를 높이려는 의도에서였다. 하지만 작품 내에서는 동생이나 친구 이상으로 발전시키지는 못했다.

둘째, 1940년대 일제의 민족말살정책이 자행되던 시기에도 우리말로 시를 쓴 윤동주의 정신을 강조하고자, 연희전문 교수였던 최현배와의 만남을 강조하여 그가 연희전문학교에서 해직, 구속되었을 때 윤동주·송몽규가 행촌동 그의 집을 찾아뵈었다고 하였다.

윤동주가 최현배의 강의를 열심히 들은 것은 어느 정도 사실에 부합하지만, 그 기간은 매우 짧았다. 윤동주와 송몽규가 1938년 4월 입학한 뒤 그해 9월 최현배는 흥업구락부 사건에 해직되었고, 그가 1941년 5월 연희전문학교 도서관 직원으로 복직하였기에 그에게 강의를 들은 기간은 5개월이 채 안 된다. 또한 그들이 1941년 12월에 졸업하고 1942년 4월 일본에 유학하였기에 그 기간도 짧다. 윤동주의 우리말 사랑을 강조하고자 의도적으로 지어낸 얘기가 아닌가 한다.

1990년 7월에는 소설가 조한주가 추리소설 『(저항 시인 윤동주) 그 죽음에 대한 보고서』(남도)를 출간했다. '저항시인'이라 내세운 만큼 윤동주가 일제 식민통치에 어떻게 저항하고 희생당했는지를 밝히고자 하였고, 소설이지만 '보고서'라고 하여 실증적 성격도 담보하고자 하였다.

이는 1945년 2월 후쿠오카 형무소에서 옥사한 윤동주가 생체 실험 대상이었다는 가정을 전제로 K신문 동경특파원 문오달의 현지 취재를 통해 그 사인을 추적하는 추리 형식으로 구성되었다. 일본에서의 윤동주 행적과 사인을 집중 조명하는데, 1990년 현재 시점에서 윤동주 사망의 비밀을 추적하거나, 윤

동주가 교토 시절에도 시를 썼고 체포된 이후 경찰서에서 이를 일어로 번역하였다는 증언을 토대로 사라진 원고를 추적하는 점, 검찰조서와 재판기록에 충실하여 함께 체포된 송몽규나 고희욱뿐만 아니라 특고 경찰 코오로기 순사부장 등을 등장시켜 그날의 상황을 재현하고자 하였다.

특히 일제 말기 일본 내 조선인 치안유지법 관련사건과 B29 탑승 미군 8명에 대한 구주대학의 생체 해부 사건 등 자료들을 폭넓게 연결하고 해석하면서 윤동주 사망의 비밀에 접근하고자 했다. 마지막 장에서 윤동주가 간수의 부축을 받으며 의무실에서 생체실험 주사를 맞은 후 어머니라는 한 마디를 남기고 죽는 장면과 에필로그에서 윤동주가 생체 실험의 희생양이었다는 정황을 입증하지 못한 문오달의 취재 소감으로 작품은 끝난다.

이후 2000년대 윤동주 관련 소설은 역사적 사실을 밝히는 데 주력하지 않고, 다양한 소설적 상상력을 추구하는 경향이 나타났다. 비교적 베일에 싸인 일본 유학 시절이나 후쿠오카 감옥에서의 의문사를 배경으로 하였다.

2011년 10월 소설가 구효서는 네이버 블로그에 연재했던 글을 묶어 『동주』(자음과모음)를 펴냈다. 윤동주를 직접적 주인공으로 삼지 않고, 그를 곁에서 관찰하거나 그의 비밀을 추적하는 현재의 화자를 통해 윤동주의 모습을 묘사였다. 이 소설에는 재일교포 3세 야마가오하 겐타, 한국 이름 김경식과 윤동주를 회상하며 그의 유고를 추적하는 아이누어 전문가 이타츠 푸리카, 윤동주와 한솥밥을 먹으며 그를 지켜보았던 어린 텐도 요코가 등장한다.

2012년 7월에는 소설가 이정명이 쓴 『별을 스치는 바람』(은행나무)이 출판되었는데, 윤동주가 수감 중인 감옥에서 벌어진 간수 살해 사건의 비밀을 풀어가는 과정을 그리고 있다. 그는 1990년대 일본 도지샤대학 교정에서 윤동주 시인의 시비를 본 뒤에 '청년 시인 윤동주의 생애 마지막 1년, 차가운 감옥에서 무슨 일이 일어났나?'라는 의문을 품고 오랜 세월 동안 자료를 조사하였다.

이정명은 후쿠오카 형무소를 배경으로 순결한 청년 윤동주와 그의 시를 불태운 냉혹한 검열관 스기야마 도잔의 문장을 통한 대결을 그리는 동시에 태평양전쟁 당시 일본 군국주의자들의 비인간적이고도 잔혹한 행태를 고발하고자 하였다. 이 책은 일본어로 번역 출판되었다.

2012년 9월에 유광수가 쓴 윤동주의 행적을 둘러싼 진실과 음모를 그린 팩션 소설 『윤동주 프로젝트』(휴먼앤북스)가 출간되었다. 윤동주의 숨겨진 아들과 차기 천황 계승 음모를 파헤치는 『윤동주 프로젝트』는 이제까지 전혀 밝혀진 바 없는 허구를 다루면서 단순한 흥미 이상의 의미, 즉 지금 우리에게 윤동주가 어떤 존재인가를 밝히려고 하고 있다. 또한 윤동주에서 시작해 한일 양국의 현안인 독도 문제까지 한일 근대사의 근본을 아우르고 있다.

이후 2010년대에는 윤동주 생애와 관련하여 부족하였던 사실들이 추가되면서 소설이 출판되었다. 2014년 9월 안도섭은 『윤동주, 상처 입은 혼』(글누림)에서 명동소학교 시절부터 죽음과 생체 실험까지 다루면서 민족시인의 면모를 부각하였다.

윤동주 사후 70주기를 맞아 2015년 3월 안소영은 『시인/동주』(창비)를 펴내 윤동주가 1938년 4월 연희전문학교에 입학할 때부터 1948년 추모 시집이 발간되기까지를 다뤘다. 그는 치밀한 고증과 시적 상상력으로 윤동주의 사람과 시를 복원하고자 하였다. 특히 그는 윤동주가 생전에 썼던 북간도 사투리나 노트에 담긴 사소한 사실까지 놓치지 않고 포착해 그의 인간미를 더했다. 또한 그는 윤동주와 함께했던 고종사촌이자 동갑내기 친구로 경성과 일본 유학 생활까지 함께했던 송몽규를 비롯해 소학교 친구 문익환, 연희전문 후배 정병욱 등의 이야기도 다채롭게 펼쳤다.

이후 윤동주의 삶과 시는 영화나 뮤지컬 등에서도 소재가 되었다. 2016년에 영화 '동주'(이준익 감독)가 제작 상영되었고, 2017년에는 뮤지컬 '윤동주, 달을 쏘다'(서울예술단)와 '동주, 점점 투명해지는 사나이'(극단 가마골)가 창작, 공연되었다. 이는 윤동주의 삶이 문화산업의 소재가 될 정도로 드라마틱하다는 것과 윤동주에 대한 한국인들의 애정을 그래도 드러내는 것이기도 하다.

한편, 중국 연길에서는 소설가 김혁이 월간 《연변문학》에 『시인 윤동주』라는 제목으로 2010년 1월부터 12월까지 연재하였다. 그는 윤동주 생가, 모교, 묘소 등의 자취를 찾아보고, 역사적 사실에만 치우치지 않고 시인이 처한 시대의 암흑성을 부각시키며, 인간 윤동주를 시대적 아이콘으로 각색하고자 했다.

| 2부 | 주검과 추모 그리고 기억

일본에서의 윤동주

윤동주, 일본에까지 알려지다.

윤동주가 일본에 처음 알려지게 된 것은 이부키 고(伊吹鄕)에 의해서였다. 그는 도시샤 대학 출신으로 일본 국회도서관 사서로 근무했는데, 자신의 모교 출신의 한국 문인들을 알아보다가 윤동주에 관심을 갖게 되었다. 1977년 그는 호기심에 국회도서관에 보관 중인 윤동주 관련 자료를 살피다가 '교토에 있는 조선인 학생 민족주의 그룹사건'에 그가 연루되었다는 사실을 알게 되었다.

이부키 고(伊吹鄕)가 일본어로 번역한 윤동주 시집 『空と風と星と詩』

이부키 고는 국회도서관에 소장된 윤동주 관련 문서를 몰래 복사한 뒤 한국에 있는 성균관대 교수 윤일주에게 우편으로 보냈다. 윤일주는 이를 《문학사상》 1977년 12월호에 '40년대 문학사를 푸는 결정적 자료'라는 제목으로 게재하였다. 이로써 윤동주와 송몽규가 무슨 사건으로 구속되어 옥사했는지 처음으로 외부에 밝혀졌다.

이후 이부키 고는 한국어를 공부해 1984년 11월 윤동주 시집을 『空と風と星と詩(하늘과 별과 바람과 시)』(원서방)로 번역, 출판했다. 책에는 윤동주의 시 117개뿐 아니라 백철·박두진·문익환·장덕순·정병욱·윤일주 등의 글, 윤동주와 작품 연보 등을 실었다. 이외에도 이부키 고는 번역서에 윤동주 시집 초판 정지용 서문·유령(柳玲) 추모시, 윤동주 시비명, 마지막으로 자신이 쓴 '時代の朝を待つ - 尹東柱の留學から獄死まで(시대의 아침을 기다리며-윤동주 유학부터 옥사까지)' 글을 실었다.

특히 그는 부록에 윤동주·송몽규의 재판 자료인『특고월보(特高月報)』·판결문을 덧붙였다. 패전 후 일제는 사상사건 관련 문서를 소각하라고 명령하였는데 다행히 윤동주와 송몽규의 판결문만큼은 교토 지방 검찰청에 보관되어 있었다. 재판소 규정상 판결문에 대해서는 열람만 허락되었고 복사나 필사는 금지되었다. 그럼에도 이부키 고는 판결문 원본을 카메라로 몰래 촬영해서 가지고 나왔고, 이를 윤일주 교수에게 보낸 뒤 재판 전모가 세상에 드러났다.

이부키 고는 일본 교정협회(矯正協会)가 1966년에 간행한『전시행형실록(戰時行刑実録)』에 수록된 1943년~1946년 1월 후쿠오카형무소 수감자 사망자 수를 생체실험의 방증으로 제시하였다. 1943년 64명이었던 사망자가, 1944년 131명, 1945년 259명으로 급증한 것이 생체실험이 이루어진 근거라는 것이다. 송우혜도 이를 근거로 1988년『윤동주평전』을 쓰면서, "이것은 도저히 평범한 수치가 아니다. 복강(후쿠오카)형무소에서 재소자들을 상대로 대규모의 생체실험을 행했으리라는 심증을 굳게 하는 통계 수치이다"라며 이를 그대로 받아들였다.

그 뒤 이부키 고는 1988년 KBS1 3.1절 특집 〈민족시인 윤동주〉에 출연하여 제작진들과 함께 시모카모 경찰서와 후쿠오카 형무소 등과 관계자들을 찾아 인터뷰를 시도하였다. 경찰서 측은 자료 제공을 거부하였고 당시 담당 부서와 형사 이름은 모른다고 했으며 취조실 촬영도 거절했다. 대신 교토부립도서관에서 관련 자료를 찾았지만, 당시 송몽규와 윤동주를 검거하였던 고오로기 형사는 이미 사망한 상태였다.

그런데 이부키 고가 2018년 2월 윤동주의 73주기 추도회에 맞춰 작성한 원고에는 ""1945년 2월에 후쿠오카 형무소에서 숨진 윤동주의 사인에(死因) 대해 한국 사회에서는 주사에 의한 사망이라는 설이 확산하고 있다. 그러나 증거는 없고 이것은 잘못 전해진 것이다."라면서 자신이 "후쿠오카 형무소에 근무했던 형무소장, 간수, 수형자들의 면담을 통해 주사제가 있었다는 이야기를 듣지 못했다"라고 하여 예전 주장을 번복하였다.

그 뒤 일본 대중에게 윤동주가 많이 알려지게 된 것은 일본 여류 시인 이바라기 노리코(茨木のり子)의 역할이 컸다. 노리코가 1986년 3월에 쓴 『ハングルへの(한글로의 여행)』에 담긴 〈비운의 청년 시인 윤동주〉란 글이 1990년 4월 일본 지쿠마 서방(筑摩書房)에서 발행한 일본 고등학교 신편 현대문에 실린 것이 영향이 컸다. 이때 일본 교과서에 우리나라 시인의 시가

기모노를 입은 20대의 이바라기 노리코

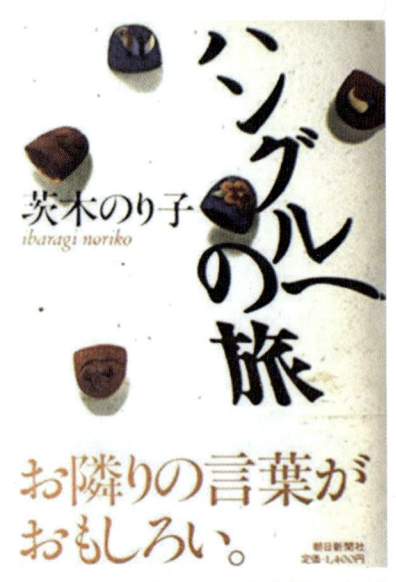

『ハングルへの旅(한글로의 여행)』(朝日文庫)

실린 것은 최초였으며, 항일 민족시인의 시가 실렸다는 것 또한 이례적이었다. 이는 일본 국민 시인으로 추앙받던 노리코 때문에 가능한 일이었다.

노리코는 1926년 오사카에서 태어나, 1945년 4월 일제가 패망하기 직전 제국여자약전(현재 토호대학) 약학부에 입학하였고, 그해 8월 종전을 맞은 이후 셰익스피어의 〈한여름 밤의 꿈〉을 본 후 극작가의 꿈을 키우며 문단에서 활동했다. 그는 전후 일본의 경제적인 번영 속에서도 내면의 상처를 극복하지 못했다. 재학 중인 19살 때부터 제국주의에 대한 반발, 어두운 역사와 전쟁의 비극에 대해 시를 쓰곤 했다.

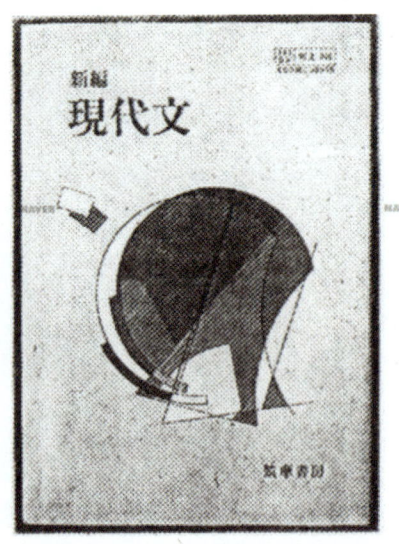 

일본 고등학교 국어교과서 신편 현대문 표지, 윤동주 관련 교과 내용

그러던 중 노리코는 한국 시에 관심을 갖게 되었고, 1976년부터 한국어를 공부하게 되면서 식민지 시기 한국인의 애환을 폭넓게 이해하게 되었다. 특히 그는 시인 윤동주, 무용가 최승희, 무궁화, 장독대 등과 관련한 칼럼을 아사히신문에 연재했는데, 그걸 모아서 앞서 언급한 1986년 3월 수필집 『한글로의 여행』을 출간하였다. 이를 통해 그는 한국적인 멋과 정취에 깊이 매료되었다.

노리코가 처음으로 윤동주를 접한 것은 한 장의 사진이었다. 그는 윤동주 사진을 보면서, "이렇게 맑고 단아한 얼굴의 청년이 어떤 시를 썼을까?"라는 단순한 흥미를 느끼게 되었고, 이후 윤동주 시를 접했다. 그는 〈비운의 청년 시인 윤동주〉란 글에서 윤동주의 인상에 대해 "윤동주 시인이 대학생일 때 저는 여고생이었을 것이었다. 실제로 만났으면 오빠라고 불렀을 것"이라며 자신의 깊은 첫인상을 다음과 같이 전했다.

한국 사람에게 "좋아하는 시인은?" 하고 물어보면 "윤동주"라는 대답이 돌아오는 경우가 많다.

〈서시〉 생략

20대가 아니면 절대로 쓸 수 없는 이 맑고 정갈한 시풍은 젊은이를 사로잡기에 충분하다. 오래 살수록 부끄럼 많은 인생이 되어 영혼까지 맑아지는 이런 시는 도저히 쓸 수 없어진다. 젊어 요절한 시인에게는 특권이라고 할 만한 것이 있다. 젊음이나 순결을 그대로 동결시킨 것 같은 맑고 깨끗함이 후세의 독자까지 매료시켜 항상 수선화와 같은 좋은 향기가 풍긴다. 요절이라고 하지만, 윤동주는 사고나 병으로 세상을 떠난 것이 아니다. 1945년 일본이 패망하기 바로 반 년 전, 만 스물일곱의 젊은 나이에 후쿠오카 형무소에서 옥사했다.

처음에는 릿쿄대학 영문과에 유학하였고 곧이어 도지샤대학 영문과로 적을 옮겼고, 독립운동을 했다는 혐의로 시모가모 경찰에 붙잡혀 후쿠오카로 보내졌다. 거기서 매일 정체 모를 주사를 맞다가 죽기 직전, 모국어로 어떤 말을 큰 소리로 외친 후 숨을 거두었다고 한다. 그 말이 무엇인지, 일본인 간수는 알 수 없었다. 하지만 "동주 씨는 무슨 의미인지는 모르겠습니다만, 큰 목소리로 외치다가 절명하셨습니다."라는 증언은 남았다. 말하자면 윤동주는 일본 검찰의 손에 의해 살해당한 것이다. 통한에 대한 이해 없이는 이 시인 가까이에 다가설 수 없을 것이다.

윤동주는 일본인 스스로 그 죽음의 전모를 밝히지 않으면 안 되는 사람이었다. 그의 존재를 알았기 때문에 나도 조금씩 윤동주의 시를 번역하기 시작했는데, 그가 세상을 떠난 지 39년째가 되는 1984년에 이부키 고(伊吹鄕) 씨에 의해 그의 시 전집 『하늘과 바람과 별과 시』가 완역되었다. 내 의욕은 꺾였지만, 이부키 씨의 훌륭한 번역과 연구에는 경의를 표하지 않을 수 없었다. 사랑스러운 동요까지 일본어로 읽을 수 있게 되어 너무나 기뻤다.

윤동주의 원시를 아는 사람은 예사가 아닌 노작(勞作)이라는 사실을 알 수 있을 뿐 아니라, 윤동주의 배경을 알기 위해 철저하게 발로 걷고 조사한 그 정열에도 감동하지 않을 수 없다.

저자는 그가 유학했던 도쿄, 교토, 후쿠오카 형무소 등 그 족적을 거슬러 올라가며 80대가 된 전직 특별 고등 형사와도 만나는 등 모든 노력을 동원했지만 끝내 옥사의 진상을 밝혀낼 수 없었다고 적고 있다. 안타깝지만, 전모를 밝히고자 했던 그 실증 정신은 신뢰할 수 있다. 언젠가는 부정할 수 없는 확고한 증거를 찾아 명료해졌으면 하고 바라는 마음도 있다. 이부키 씨가 보았던 곳, 조사하는 과정에서 느낀 일본 검찰의 높은 벽에 대한 이야기를 자세히 들을 수 있었다.

윤동주의 죽음은 40여 년 전의 일이다. 왜 그렇게 비밀주의, 은폐주의로 일관하는 것일까. 일본인이든 한국인이든 진지한 연구자에게는 자료를 더욱 많이 공개해야 하는 것이 아닐까. 그리고 또 윤동주의 예전 하숙집이나 연고지 등을 찾아 증언을 얻으려 해도 누구 하나 그를 기억하는 일본인은 없었다고 한다. 사진을 보니 정말 청결한 미청년으로, 결코 엷은 인상이 아니다. 평범하지도 않다. 이상한 일이다.

사실 내가 윤동주의 시를 읽기 시작하게 된 계기는 그의 사진에 있다. 이렇게 맑고 단아한 얼굴의 청년이 어떤 시를 썼을까에 대한 흥미, 고백하자면 조금은 불순한 동기에서 시작된 일이었다.

대학생같이 보이는 지적인 분위기, 그야말로 티끌 한 점 없을 것 같은 젊고 순수한 모습, 내가 어릴 적 우러러봤던 대학생 중에는 이런 사람들이 많았지, 하는 어떤 그리운 감정. 윤동주의 인상은 너무나 선명하고 강렬하다. 그런데도 일본인 그 누구의 기억에도 남아 있지 않았다. 영문학 연습 85점, 동양철학사 80점 등 성적도 우수했는데, 교수는 기억하지 않았을까. 루쉰에게 있어서 후지노 선생님과 같은 존재가 한 명도 없었던 것이다. 윤동주의 깊은 고독을 느끼지 않을 수 없다.

〈쉽게 씌어진 시〉 생략

윤동주가 저항 시인인지 아닌지를 두고 한국에서도 여러 가지 논의가 진행되고 있는 모양이다. 어쨌든 조선어 탄압 당시 과감하게 한글로 쓴 이들 시는 편지와 함께 친구에게 전해져 어렵사리 후대에 남겨졌다. 하지만 이들을 전부 모아도 100여 편, 일본 관헌에 압수당한 시는 그 후 행방을 모른다. 당시에는 한글로 시를 쓰는 자체가 엄청난 저항이었다고 한다. 남은 반년을 살아남았다면 전후 고국의 제일선에서 곧장 활동을 개시할 수 있었던 사람이었을 것이다. 아쉽게도 생전에는 한 권의 시집도 남기지 못한, 무명의 청년이었다.

윤동주는 유학 시절, 다치하라 미치조의 시를 읽었다. 연보를 보고 이를 알았을 때, 깜짝 놀랐다. 윤동주의 시를 읽고 있으면 막연히 그 서정적인 분위기가 다치하라 미치조와 닮았다는 느낌이 들었기 때문이다.

다치하라 미치조의 〈잠의 유혹〉

(…)
등불처럼
바람처럼 별처럼
나의 목소리는 한 곡조씩 이쪽저쪽으로……
그러자 너희들은 사과나무에 하얀 꽃이 피고

자그마한 녹색 열매를 맺고 그것이 상쾌한 속도로 붉게 익어가는 것을
짧은 동안 잠에 들면서 보곤 한다

윤동주의 〈돌아와 보는 밤〉

(…)
하루의 울분을 씻을 바 없어 가만히 눈을 감으면 마음속으로 흐르는 소리
이제 사상이 능금처럼 저절로 익어 가옵니다

    둘 다 사과의 이미지가 등장한다는 것 뿐 아니라, 언뜻 약해 보이지만 피아노
선처럼 팽팽히 당겨져 있는 투명하고 서정적인 분위기에 어떤 공통점을 느끼지
않을 수 없다. 물론 윤동주 쪽이 훨씬 울적하지만 말이다.
    이제는 들을 길도 없지만, 다치하라 미치조가 시를 어떤 식으로 읽었는지를
알고 싶어서 이를 중심으로 다시 한 번 두 사람의 시집을 꼼꼼히 읽어 보았다.
자세히 살펴보면 상당히 다르다. 다치하라 미치조의 시는 음악과 같아 의미에
무게를 두지 않는다. 한편 윤동주의 시는 핵이라고나 할까, 정신이 항상 그 속에 집약되어 있어 숨은 의미도 깊다.
    유학생이었던 윤동주는 다치하라 미치조가 죽고 나서 몇 년 후에 그의 시를 읽었을 터이지만, 일제에 우호적인 시인이라는 식으로는 읽지 않은 것처럼 느껴진다. 청춘의 애환, 의문 등 오히려 청년들만의 감성을 공감하면서 읽지 않았을까? 이런 생각을 지울 수 없다.
    다치하라 미치조의 사진은 대체로 아주 조금 입을 벌린 모습인데, 윤동주의 사진은 언제나 꼭 입을 다물고 있다. 두 사람 모두 청아한 얼굴이다. 다치하라 미치조도 윤동주도, 아직까지 각자의 나라에서 어린 여학생들의 사랑을 받으며 그 시

일본의 서정시인, 스물넷에 요절한 다치하라
미치조(立原道造, 1914~1939)

가 읽히고 있지만, 그 이유는 사진에서 드러나는 것과 같은 순수함을 시 속에서도 민감하게 느낄 수 있기 때문인지도 모른다.

1984년 가을, 일본에서 윤동주의 친동생 윤일주 씨를 만날 수 있었다. 일주 씨는 건축학자로 성균관대학교 교수이기도 한데, 마침 도쿄대학교 생산기술연구소 객원 교수로 일본을 찾은 것이다. 윤동주의 시에 "아우의 인상화"라는 작품이 있는데, 그의 시 중에서도 가장 좋아하는 한 편이기 때문에 그 동생과의 만남이 한층 더 감동적이었다.

〈아우의 인상화〉 생략

열 살 가까이 어린 아우의, 손의 감촉까지 전해져 오는 듯하다. "사람이 되지"는 "인간이 되지"라고도 번역할 수 있지만, 어쨌든 형의 의표를 찌른 이 대답이 시를 완성시켰다고도 할 수 있다. 개도 개가 되려 하고, 고양이도 고양이가 되려 할까? 사람은 태어났을 때에는 동물에 지나지 않지만, 오랜 시간이 걸려 필시 죽기 직전까지 인간성을 지향하려는 마음을 잃지 않는 이상한 생물이다.

윤동주도 그런 마음이 강한 사람이었기 때문에 어린 아우의 "사람이 되지"라는 대답에 감동을 받아 반응한 것이겠지. 게다가 그 아우가 성장할 즈음, 식민 치하의 모국에서는 정당한 인간도 되지 못하는 것은 아닐까. 이런 암담한 생각이 "아우의 얼굴은 슬픈 그림이다"라는 행이 되어 분출된 것 같은 느낌이 든다.

어린 시절의 천진한 예언처럼 동생 일주 씨는 58세의 나이에 그야말로 훌륭한 "사람이 되어" 그 시절 형과 나눈 문답을 희미하게 기억하고 있었다. 독실하고 음영이 짙은 사람됨이었지만 왠지 모르게 장난스러운 느낌도 들었다.

"저는 어째서인지 형의 뒤치다꺼리를 하기 위해 태어난 모양이라…."

웃으며 말했지만, 분명 여러 곳에 흩어져 남겨진 시를 오늘날 보는 것처럼 정연히 그 자취를 더듬어 조사해 시집으로 엮었던 것도 동생이고, 연세대학교에 있는 윤동주 시비를 설계한 것도 일주 씨다. 전문적인 일을 하면서 얼마나 많은 시간과 노력을 형을 위해 썼을까.

그때 부인과 따님도 함께 만났는데, "이 아이는 큰아버지(윤동주)를 매우 자랑스럽게 생각한답니다."라고 부인이 말하자, 곁에 있던 따님이 부끄러워하며 낭랑한 목소리로 "별 헤는 밤" 한 편을 낭독해 주었다. 일주 씨는 담담하게 말했다.

"요즘 아버지를 자주 생각합니다. 어떤 마음으로 형의 유골을 품고 후쿠오카에서 부산, 그리고 기차에 흔들리며 북간도 집까지 돌아오셨을까 하고…."

부산에서 북간도까지는 한반도의 끝에서 끝이다. 머나먼 여정이다. 당시에는 대체 얼마나 많은 시간이 걸렸을까. 울분을 풀 길도 없이 형의 유골을 품고 돌아왔을 아버지의 심정과 그 심정을 헤아리는 아들의 말은, 그 어떤 격렬한 탄핵과 지탄보다도 강하게 내 마음을 찔렀다. 부모는 심상치 않은 아들의 죽음을 확실히 학살로 받아들였을 것이다. 대수롭지 않은 세상 이야기처럼 내뱉은 일주 씨의 그 말이 이렇게 강하고 곧게 내 마음에 닿을 줄이야…

수년 전 나는 배로 시모노세키에서 부산까지 현해탄을 건넌 적이 있다. 저녁 무렵 출항한 배는 점점 규슈를 벗어나 노을이 짙게 드리운 현해탄의 한가운데로 제 몸을 움직였다. 육지에서 멀어질수록 바다는 쪽빛으로 물들인 항아리처럼 진해졌고 6천 톤의 배는 너울거리는 바다 물결에 한 장의 나뭇잎처럼 자신의 몸을 내맡기고 있었다. 거칠기로 유명한 현해탄도 그날만은 평온한 물결을 유지했다. 나는 시시각각 변하는 바다색과 석양, 그리고 곧이어 찾아온 밤바다의 어둠에 한동안 취해 있었다. 밤하늘을 가득 채운 초가을의 별자리, 보석처럼 반짝이던 오징어잡이 배등 아득한 풍경에 한밤중까지 갑판을 떠날 수 없었다.

그때 갑판 위의 나를 사로잡았던 짙은 안개가 떠오른다. 공기가 농밀했다고 하는 편이 더 정확하려나. 갑판 위에 자욱이 내려앉은 그 농밀한 공기에서 뭐라 말할 수 없는 슬픈 기운이 느껴졌다. 굳이 말하자면 역사의 비수(悲愁)라고나 할까.

고대부터 지금까지 현해탄을 오고갔을 수많은 사람들의 발길과 그 발길에 묻어 함께 이 바다를 건넜을 숱한 심정들을 그려 보았다. 파도 위에서도 파도 아래에서도 짙게 떠도는, 눈에는 보이지 않는 무언가가 그 농밀한 공기 속에 묻어 있었다. 평소에 결코 영감이 강한 편이 아니었기 때문에 이때의 느낌은 두고두고 내 머리에 남았다.

지금에 와서 생각해 보면 윤동주의 마음도, 유골을 품고 돌아간 아버지의 마음도 그 안에 섞여 있었던 듯하다. 나중에 안 일이지만, 윤동주의 아버지는 납골 단지에 미처 다 들어가지 못한 아들의 뼛가루를 현해탄에 뿌렸다고 한다.

〈또 다른 고향〉 생략

　이 시는 스물네 살에 쓴 작품으로, 3년 후의 죽음을 예견하고 있는 듯하다. 기독교인이기도 했던 윤동주의 '또 다른 고향'은 어디를 가리키는 것일까.
　동요를 썼던 스무 살 즈음의 펜네임은 동주(童舟)라는 사랑스러운 이름이었다. 동생인 일주 씨와 이야기를 하고 있자니 그 인품에 점점 빠져들게 되었다. 그와 대화를 하다 보면, 내 뇌리에 "사람이 되지"라는 윤동주 시 속의 구절이 떠오르곤 했다. 그다지 의식한 적은 없지만, 생각해 보면 젊을 때부터 나 역시 줄곧 '인간의 질이란 무엇일까? 사람이란, 어떻게 결정되는 것일까?"를 오랫동안 생각해 왔고 찾아왔다는 사실을 그 형제를 보며 새삼 깨닫게 되었다.
　이상한 체험이었다.
　그것은 윤일주라는 훌륭한 '인간의 질'에 접함으로써 드러난 것으로, 형인 윤동주 역시 이런 사람이었지 않았을까? 하고 상상하게 되었다. 조용하고 따스하며 바닥을 알 수 없는 깊이를 느끼게 했던 인격. 하지만 3년 가까이 되는 일본 유학생 시절, 이부키 씨의 세심한 조사에도 불구하고 누구 하나 그를 기억하고 있지 않다니… 뭐라 할 수 없이 한심하다. 어찌 되었든 윤동주, 일주 형제와 만날 수 있었던 것은 최근 들어 나의 가장 큰 기쁨이다. 이것도 한글을 배워 가는 길, 그 도중의 일이다.
　　　　　　　　　『한글로의 여행』(박선영 옮김, 뜨인돌출판사, 2010)

　노리코는 이 글에서 윤동주가 일본으로 유학 와서 릿쿄대학과 도지샤대학에 다니던 중 한국독립운동을 펼치다 체포되었고, 감옥에서 정체 모를 주사를 맞고 숨졌다고 서술하였다. 이는 이부키 고가 번역한 책의 영향을 받은 바가 컸다. 이와 함께 그는 윤동주의 대표적인 시, 〈서시〉, 〈쉽게 씌어진 시〉, 〈돌아와 보는 밤〉, 〈아우의 인상화〉, 〈또 다른 고향〉 등 5편을 소개하면서 자신의 감상을 적었다.

윤동주 시는 이부키 고가 번역한 시를 그대로 전재하였다.

그런데 이부키 고가 번역한 시 중에서 윤동주의 대표작 〈서시〉에 대한 '오역' 문제가 제기되었다. 그가 처음으로 〈서시〉를 번역한 만큼 일본 고등학교 현대문 교과서뿐 아니라 다음에 언급할 윤동주 시비 에도 그대로 새겨졌다. 2003년 일본 영화 '안녕, 쿠로'의 엔딩으로 낭독한 〈서시〉 또한 그렇다. 즉, 일본인 대부분은 그가 번역한 〈서시〉를 접했기에 그의 오역의 문제점은 심각할 수밖에 없다.

윤동주 〈서시〉는 한국인뿐 아니라 일본인들도 좋아하는 시이다. 그런데 문제는 〈서시〉가 제대로 일본어로 번역되었는가 하는 점이다. 오역 문제 제기는 1984년 이부키 고가 윤동주 시를 일본어로 번역한 직후부터 거론되기 시작하였다.

〈서시〉 중에서 '오역'이라 평가받은 만큼 제대로 번역되지 않은 부분은 첫째, 둘째, 여섯째 행이다.

<u>죽는 날까지 하늘을 우러러</u>
<u>한 점 부끄럼이 없기를</u>
잎새에 이는 바람에도
나는 괴로워했다.
별을 노래하는 마음으로
<u>모든 죽어가는 것을 사랑해야지</u>
그리고 나에게 주어진 길을
걸어가야겠다.
오늘 밤에도 별이 바람에 스치운다.

이부키 고는 〈서시〉를 다음과 같이 번역하였다.

<u>死ぬ日まで空を仰ぎ</u>
<u>一点の恥辱なきことを</u>

| 2부 | 주검과 추모 그리고 기억

    葉あいにそよぐ風にも
    わたしは心痛んだ。
    星をうたう心で
    <u>生きとし生けるものをいとおしまねば</u>
    そしてわたしに与えられた道を
    歩みゆかねば。
    今宵も星が風に吹き晒らされる

이와 달리 2015년 우에노 미야코가 번역한 〈서시〉를 살펴보면 다음과 같다.

    <u>死ぬ日まで天を仰ぎ</u>
    <u>一点の恥もないことを</u>
    葉群れにそよぐ風にも
    私は心を痛めた。
    星をうたう心で
    <u>すべての死んでいくものを愛さねば</u>
    そして私に?えられた道を
    歩んでいかねば。
    今宵も星が風にこすられる。

    먼저, 첫 구절 "죽는 날까지 하늘을 우러러"의 '하늘'을 '소라(空)'로 옮긴 것에 대해 김시종은 절박한 기원의 뜻을 담도록 '덴(天)'으로 풀었다.
    여섯째 행의 '모든 죽어가는 것을 사랑해야지'를 '<u>生きとし生けるものをいとおしまねば</u>(살자고 해서 살아 있는 모든 것을 사랑해야지 혹은 모든 살아 있는 것을 가엾게 여기지 않으면)' 식으로 옮긴 것은 일본의 상투어일 뿐만 아니라 시의 의미를 아예 거꾸로 왜곡한 것이라는 것이다.
    이에 대해 우에노 미야코는 그보다 더 깊은 내용이 함축된 "すべて滅びゆくも

335

のを慈しまねば"(모든 죽어가는(단순한 죽음이 아닌 소멸해가는 것을 포함) 사랑해야지(같은 사랑이라도 자비심을 포함한 사랑)]으로 번역했다.

일본 내 윤동주의 시비가 세워지다.

2024년 12월 현재 일본 내에는 윤동주를 기리는 시비가 3곳에 설치되어 있다. 가장 먼저 1995년 2월 '同志社校友会コリアクラブ(도시샤 교우회 코리아 클럽)'이 나서서 도시샤 대학 내에 윤동주의 시비를 건립하였다. 윤동주가 후쿠오카 형무소에서 불귀의 객이 된 지 50주년이 되는 해였다.

도시샤 교우회 코리아 클럽은 1991년 4월 일본 치바현에서 개최된 세계탁구선수권대회에 남북 단일팀 '코리아'가 한반도기를 내걸고 출전한 것이 계기로 조직되었다. 당시 단일팀은 연일 승리를 이어가다가 결승에서 중국을 꺾고 극적으로 우승까지 하면서 큰 감동을 선사하였다. 이는 재일본조선인총련합회(조총련)와 재일본대한민국민단(민단)으로 나뉘어 반목하던 일본 동포사회에도 변화의 바람을 일으켰다.

이후 1992년 4월, 양쪽 진영으로 갈렸던 도시샤 대학 동창회 조직도 대립을 넘어 '도시샤 교우회 코리아 클럽'으로 통합되었고, 이를 계기로 선배 윤동주 시비를 건립하자는 한목소리를 냈다.

그런데 도시샤 대학은 기독교 대학으로 개인을 우상화하는 기념비를 경계하는 불문율이 있었고, 윤동주는 편입생으로 10여 개 월정도 다닌 것이 전부였기에 학교 측이 시비 건립에 회의적일 수 있었다. 그럼에도 교우회 측은 학교 법인 이사장을 만나 사안을 논의하였는데, 의외로 그가 흔쾌히 공감하고 이를 승인했다.

도시샤 대학 서문에 들어서면 왼쪽에 빨간 벽돌로 된 예배당이 나오고 동쪽으

| 2부 | 주검과 추모 그리고 기억

도시샤 대학 내 윤동주 시비

도시샤 대학 내 윤동주 시비(좌)와 정지용 시비(우)

정지용 시비

교토조형예술대학 내 윤동주 유혼(留魂) 비와 시비

로 조금 더 가면 윤동주 시비를 만날 수 있다. 시비는 10센티미터 정도 높이의 화강암 기단 위에 사각형으로 된 상단에 오석이 끼워져 있다. 상단 오른쪽에 세로로 '尹東柱 詩碑(윤동주 시비)'라고 새겨져 있는데, '윤동주(尹東柱)' 이름 석 자는 그의 친필이다. 오석(烏石)에는 그의 대표작 〈서시〉가 자필로 쓴 원본과 이부키 고가 일본어로 번역한 것이 함께 새겨있다. 그로부터 10년 뒤인 2005년 12월 18일 정지용 시비가 그 옆에 나란히 세워졌다. 이후 도시샤 교우회 코리아 클럽 윤동주 기일에 도시샤 대학 내 시비 앞에서 헌화식을 거행하고 강연회를 개최하고 있다.

2006년 6월 일본 내에 두 번째 윤동주 시비가 세워졌다. 이를 주도한 교토조형예술대학은 윤동주가 1942년 교토에서 도시샤 대학 재학 중 10개월 정도 하숙하였던 다카하라(高原; 현 교토조형예술대 내)에 한국 산과 교토 산의 돌로 만든 '윤동주유혼지비(尹東柱留魂之碑)'를 세웠다. 한일 양국 화합의 의미를 두기 위해서였다. 바로 옆에는 윤동주 시의 세계와 그의 생애를 설명한 돌비석도 함께 세워졌다.

제막식에 참석한 윤혜원은 "저희 오라버니가 민족을 뛰어넘어 사랑받고 있다는 것이 실감이 납니다. 이 시비(詩碑)를 통해서 과거의 역사를 바로 보고 또, 젊

윤동주 탄생 100주년 기념 '윤동주 시비 제막식'(좌)과 우치천 강가에 세워진 윤동주 기념비(우)

은 사람이 희생되지 않는 미래가 구축되기를 기대합니다."라는 소감을 밝혔다.

세 번째 기념비는 2017년 10월 교토의 '윤동주를 기리는 모임(尹東柱を偲ぶ会)'이 윤동주 탄생 100주년을 맞아 그가 생전에 마지막으로 방문한 우치천(宇治川) 강가에 세운 '시인 윤동주 기억과 화해 비(記憶と和解の碑)'이다. '윤동주를 기리는 모임'은 2002년 5월 교토에서 조직되었는데, 2005년 9월 '시인윤동주기념비건립위원회'를 조직하고 윤동주가 생전에 마지막으로 사진을 촬영한 우치천(宇治川) 강가에 기념비를 세우고자 하였다.

'시인윤동주기념비건립위원회'는 모금 운동을 벌여 2007년 11월 기념비를 제작하였다. 이후 위원회는 2008년 4월 교토 부립 우지공원탑 섬에 기념비를 세우고자 교토부 지사에게 요망서를 제출했다. 2009년 3월부터 기념비 건립 서명운동을 하면서 받은 청원서 12,399장과 함께였다. 또한 위원회는 교토 시민들의 이해를 돕고자 홍보 활동을 벌이는가 하면 강연회, 패널 토론회, 낭독 음악회 등을 개최하였다.

그러나 교토부는 윤동주가 우치천 강가에서 찍은 사진만으로는 그와 관련성이 적자는 이유를 들어 기념비 설치가 어렵다면서, 또 다른 연관성을 증명할 만한 것, 즉 윤동주가 우지카와를 방문하여 지은 시나 일기 등을 요구하였다. 위원회는 윤동주를 체포할 당시 압수물에 그런 자료가 포함되었을 가능성이 있지만, 시민단체가 이를 조사할 수단이 매우 부족하다며 난색을 표하였다. 교토부 담당자는 2010년 3월 교토부 경찰본부 총무부 측에 알아보라며 이를 떠 넘겼다. 이렇듯 부지 문제로 옥신각신하다가 시즈가와(志津川) 구가 기념비 설치 장소를 제공함으로써 12년 만에 결실을 봤다.

2017년 10월 '記憶と和解の碑(기억과 평화의 비)' 제막식을 가졌다. 기념비는 윤동주 이름의 마지막 글자가 나무 그루터기라는 뜻의 '주(株; 기둥)라는 것에 착안

하여, 윤동주의 시 〈새로운 길〉을 한글과 일본어로 새긴 한국과 일본의 화강암이 나무 기둥 모양의 화강암을 떠받치고 있는 형상이다.

일본 내 윤동주를 기리는 모임이 탄생하다.

일본에는 윤동주를 기리는 몇 개의 단체가 있다. 가장 먼저 만들어진 단체는 '후쿠오카 윤동주 시를 읽는 모임(福岡尹東柱の詩を読む会)'이다. 이를 주도한 것은 후쿠오카대 니시오카 겐지(西岡健治) 교수였다. 그는 1994년 12월 후쿠오카 시에서 윤동주 50주기에 맞춰 열린 한일 합동위령제를 계기로 100여 명과 함께 이를 조직하였다. 니시오카 겐지 교수는 연세대 국문과에서 한국 판소리를 연구해 석·박사 학위를 받았고, 윤동주 〈서시〉에 매료돼 이를 결성한 것이다.

그는 윤동주 시에 대해서, "애틋한 자기연민과 사랑을 평범하고 쉬운 말로 표현하고 있습니다. 그의 시어(詩語)는 나약함이 아니라 강한 모성 같은 것입니다. 생명에 대한 보편적 사랑이라고 할까요. 〈별 헤는 밤〉, 〈서시〉, 〈십자가〉에는 순결하고 헌신적인 자신의 삶을 잘 그리고 있습니다."라면서 자신의 감상을 언급하였다.

'후쿠오카 모임'은 이때 처음으로 후쿠오카형무소 뜰에서 첫 위령제를 올렸고, 이후 해마다 2월에 후쿠오카형무소 터와 담을 맞댄 공원에서 위령제를 지내는가 하면, 도시샤 대학 내 시비 앞에서 추모식을 열고 있다.

또한 니시오카 겐지 교수는 2015년 '후쿠오카에 윤동주 시비를 세우는 협의회'를 만들고 윤동주가 세상을 떠난 옛 후쿠오카형무소 주변에 있는 모모치니시(百道西) 공원에 시비를 세우고자 노력했지만, 관할 사와라(早良) 구청의 반대로 무산되었다. 구청 측은 '윤동주 시비가 시민의 교양에 기여하는 것으로 인정되지 않는다'라는 이유를 내세웠다.

이후 니시오카 교수는 인근 대학이나 학교 주변에 시비를 세우기 위해 백방으로 뛰었지만 소용없었다. 결국 그는 2023년 5월 '협의회'를 해산하였다. 시비 건립 소식을 접한 대구문인협회를 비롯한 단체와 개인 등 한국인 30여 명이 약 1000만 원을 후원하였는데, 그러한 계획이 무산되자, 니시오카 교수는 직접 한국을 방문하여 그들에게 감사를 전하며 후원금을 돌려줬다.

이후 '후쿠오카 모임'을 이끌고 있는 마나기 미키코(馬男木美喜子)는 도시샤대학 출신으로 1988년 연세대에 유학하였다가 교정에 있는 윤동주 시비를 통해 그와 시를 접했다고 한다.

회원은 30~40명인데, 이를 거쳐 간 회원은 천여 명에 달한다고 한다. 이들은 한국 문화·역사에 흥미 있거나 시와 문학을 좋아하며, 윤동주의 삶을 동경하고 매혹적인 그의 시에 사로잡힌 사람들이다. 이들은 한 달에 한 번씩 모여서 윤동주 시를 읽고 서로의 감상을 토론하곤 한다. 또한 이들은 연세대를 방문하거나 시인을 추모하고 시를 감상하는 전시회를 열고 있다.

다음으로 주목되는 단체는 윤동주 연구자 등을 주축으로 구성된 '시인 윤동주를 기념하는 릿쿄 모임(詩人尹東柱を記念する立教の会)'이다. 이는 2007년에 윤동주 시인을 기억하는 이들이 도쿄에서 '시인 윤동주와 함께 모인다'는 소모임을 만든 것이 계기가 됐다.

윤동주는 교토 도시샤대학(同志社大學)으로 편입하기까지 전 1942년 2월 말 일본에 건너와 그해 10월까지 8개월 동안 도쿄의 릿쿄대학 문학부 영문과 재학 중에 릿쿄 대학 마크가 새겨진 편지지에 〈쉽게 씌어진 시〉(1942.6.3.)를 비롯해 〈하얀 그림자〉, 〈사랑스런 추억〉, 〈흐르는 거리〉, 〈봄〉 등 5편의 시를 남겼다. 이 시들은 서울에 있던 친구 강처중에게 편지와 함께 보내졌다.

'릿쿄 모임'은 2008년부터 윤동주 연구자 야나기하라 야스코(楊原泰子)를 중심으로 기일인 '2월 16일'을 전후로 추모행사를 열고 있다. 야나기하라는 릿쿄대학 사학과 64학번으로 그가 윤동주에 관심을 두게 된 것은 우연한 기회였다고 한다. 그는 1990년 한국으로 야구 원정경기를 떠나게 된 초등학교 학생들에게 한국사를 설명하다 자신이 생각보다 한일 과거사를 잘 모른다는 사실을 깨달았다. 이후 그는 역사를 공부하던 중 이바라기 노리코가 쓴 에세이 『ハングルへの旅(한글로의 여행)』을 읽다가 윤동주가 자신의 모교인 릿쿄대학에서 공부한 적이 있다는 사실을 처음 알게 되었다.

야나기하라는 자신과 같은 의자에 앉아 수업을 들었을 윤동주가 안타까운 죽음을 맞이한 것에 큰 충격을 받고 윤동주의 일본 내 흔적을 조사하기 시작하였다. 그는 옛날 대학신문을 찾거나 150여 명의 동창생에게 편지를 보냈다. 이를 통해 윤동주가 〈쉽게 씌여진 시〉, 〈육첩방은 남의 나라〉 등에 등장하는 하숙집 위치를 '도쿄 신주쿠구 다카다노바바 1초메'로 특정하였다.

이는 윤동주와 함께 릿쿄대학에 다녔던 백인준 북한 조선문학예술총동맹 위원장이 1989년 방북한 문익환 목사와 황석영 작가에게 자신이 "윤동주와 같은 하숙에 있었다"라고 말한 것에 착안하여 그의 학적부 주소 등을 통해 그 위치를 확인할 수 있었다.

행사장에 많은 일본인, 한국인 유학생이 참석한 가운데 윤동주의 시가 한국어와 일본어로 낭송되고 윤동주와 관련하여 시와 신앙, 시의 혼, 시의 원류 등 다양한 주제로 강연이 열린다. 릿쿄 대학에선 2010년 4월부터 '윤동주 국제교류장학금(윤동주의 후배인 한국 유학생을 위한 장학금)'을 지급하고 있다.

'릿쿄 모임'은 윤동주 추도회의 의미와 이유를 다음과 같이 소개하고 있다.

그 후 80년, 송몽규와 윤동주

윤동주 탄생 100주년 기념행사 팜플릿

"윤동주는 민족 수난의 시대에 신념을 굽히지 않고 의연히 자신의 생각과 사상을 시로 지어 많은 사람에게 감동을 주었다. 그의 시에는 평화에의 갈망과 기원이 들어 있어 현대를 사랑하는 우리들에게도 시사하는 바가 크다. 윤동주 시인은 일본의 도쿄, 교토, 후쿠오카에서 각각 그의 추모 모임을 하고 있다. 릿쿄대학에서도 매해 2월에 윤동주 시 낭송회를 갖고 있으며, 그를 사랑하는 많은 일본인들이 그의 27년 짧은 생을 아쉬워하며 추도회를 갖는다."

2017년 2월, '윤동주 탄생 100주년 기념행사'가 릿쿄대학교 내 교회에서 열렸다. '릿쿄 모임'이 주도하고 '윤동주를 사모하는 모임'·'도시샤코리아동창회'·'후쿠오카 윤동주 시 읽는 모임'·'윤동주의 고향 방문회' 등과 함께였다.

일본 내 윤동주 시집 번역서·평전이 출판되다.

일본인 중에 그의 팬이 적지 않으며 연구자도 여럿 있다. 이들은 모임을 만들어 정기적으로 시 낭송회를 열기도 하고 그가 생을 달리한 2월에는 추모행사를 개최하기도 한다. 그의 팬층은 다양한 데 노년층이 대부분을 차지하지만, 중년과 청년층도 꽤 있다. 이들은 윤동주 시와 그의 죽음에 대해 알아보는 과정에서 과거 일본 제국주의를 비판하는 사람들이 많다.

1990년대 이후 일본에 윤동주 이름이 점차 알려지면서 1995년 일본 NHK와 KBS가 합작으로 윤동주 사망 50주년 기념으로 공동 다큐멘터리를 제작하였다.

이에는 그의 고향 명동과 용정, 일본 유학 당시 지내던 곳을 비롯하여 지인이나 동창생들을 인터뷰하였다. 일본인 동창생은 "그는 말이 없고 과묵하며 항상 뭔가 글을 적고 있었다"라고 회고했다.

1997년 2월에는 도시샤대학 내 시비 건립을 추진한 윤동주시비건립위원회가 『星うたう詩人: 尹東柱の詩と硏究(별을 노래한 시인: 윤동주 시 연구)』(三五館)을 펴냈다. 본 저서는 남한·북한·일본의 미래를 이어줄 윤동주 시인의 영혼과 전모를 밝힌다며, 그의 대표작 17편을 번역하고, 유학 시기부터 투옥 시까지의 궤적을 추적한 연구자들의 논고·증언 등을 담았다.

『星うたう詩人: 尹東柱の詩と硏究』(1997.2)

1998년 1월 교토예술대학 우에노 준(上野潤) 교수가 『天と風と星と詩』(詩畵工房)를 출판하였다. 그는 윤동주의 시집 『하늘과 바람과 별과 시』를 기존에 『空と風と星と詩』라고 번역한 것과 달리 『天と風と星と詩』이라 했다. 하늘을 '空'이 아니라 '天'이라 표현한 것이다.

우에노 준은 윤동주의 〈서시〉를 비롯하여 36편의 시를 번역하였는데, 1940년 이후의 작품에 주목하였다. 그는 윤동주의 후기작품은 일제 식민 통치에 있던 조국의 모습과 잃어가는 조국의 문화에 대한 애정과 안타까운 심정이 드러나 있는데, 이에 대해 윤동주론에서 반복해서 언급되

『天と風と星と詩』(1998.1)

고 강조된 민족주의 측면이라 분석하였다. 그는 그러한 경향은 일부 작품에서 나타나지만, 후기작품 전체에 적용되는 것은 아니라고 주장하면서 민족주의적 측면에서 바라보는 것은 문제가 있다며, 이를 '원조관', '구제관', '종말관' 등의 측면에서 작품을 해석해야 한다고 새로운 의견을 제기한다.

본 역서는 이외에도 한국 시인 유영(柳玲)의 〈窓のそ外にいるなら叩け(창밖에 있다면 두드려라)〉, 자신이 쓴 〈言葉無き朋友(말 없는 친구)〉 헌시, 이어 '尹東柱の詩世界(윤동주의 시 세계)', 연보와 더불어 윤동주의 다큐를 제작한 다고 기치로(多胡吉郎), 번역가 이데 슌사쿠(井手俊作)의 발문 등을 싣고 있다. 이 책은 절판되어 2017년 9월 개정판을 냈다.

이후 2004년 재일교포 1세대 시인 김시종(金時鐘)이 『尹東柱詩集 空と風と星と詩』(岩波文庫)를 번역, 출판했다. 김시종은 재일 1세대를 대표하는 동포 시인이다. 함경남도 원산에서 태어나 제주에서 성장한 그는 1948년 4·3 항쟁 이후 일본으로 밀항하여 줄곧 오사카에 거주하면서 〈니가타〉(1970), 〈이카이노시집〉(1978), 〈광주시편〉(1983) 등 많은 시집과 평론집을 펴냈다. 그는 남북통일을 염원하면서 '조선' 국적을 버리지 않았는데, 1998년 고향 제주를 처음 방문한 후 2004년에 한국 국적을 취득했다. 이 무렵 그는 윤동주가 연희전문 졸업할 당시 출판하고자 했던 『하늘과 바람과 별과 시』 19편과 그 외 47편 등 모두 66편을 번역하였다.

재일동포 시인 김시종 편역 윤동주 시집(2004, 岩波書店)

2015년 7월에는 여류 시인 우에노 미

야코(上野都)가 윤동주의 모든 시 177편을 일본어로 번역하여 『空と風と星と詩』(コールサック社)에서 펴냈다. 그간 일본 내에서 윤동주와 관련한 단편적인 작품 번역, 논문, 연구서 등이 많이 나왔지만, 문학성이 뛰어난 중견 시인우에노에 의해 처음으로 윤동주 시가 완역되었다는 평가를 받았다. 일본의 대표 시인 중 하나인 이시카와 이츠코(石川逸子)는 "우에노 시인은 잎새에 이는 바람에도 괴로워했던 윤동주 시인의 섬세한 마음과 영혼까지 느끼게 해주는 뛰어난 번역가"라고 평가하기도 했

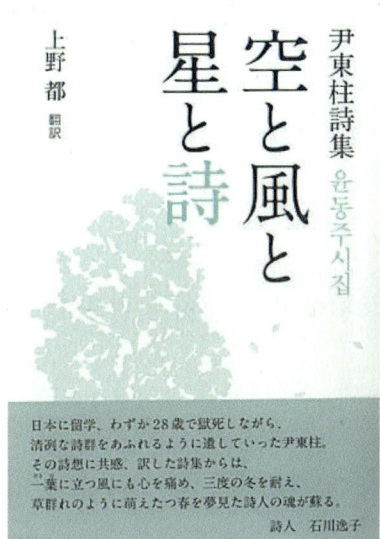

『空と風と星と詩』(2015.7)

다. 이 번역서는 2021년 6월 시집으로는 드물게 3쇄를 찍을 만큼 일본인들에게 사랑을 받았다.

2012년 9월에는 한국인으로는 처음으로 번역 작가 이은정이 윤동주 시집을 일본어로 번역하여 『새로운 길』이란 제목으로 펴냈다. 책 제목은 윤동주가 연희전문에 입학한 1938년 5월에 쓴 시에서 따왔는데, 이은정은 그 이유에 대해 "시인의 시 중에 가장 밝은 시"라며 "이 시대를 살아가는 사람들이 윤동주 시에서 희망의 부분을 찾았으면 좋겠다"라는 의미에서 그리했다고 한다.

그는 한국어 원본과 일본어 번역본을 100편씩 나란히 실었다. 특히 그는 윤동주의 〈서시〉 첫 행 "하늘을 우러러"의 경우 일본인이 번역한 시집엔 하늘이 '공(空)'으로 번역된 것을 '천(天)'으로 바꿨다. 일본 내 '윤동주 시인을 사랑하는 모임'에서 활동 중인 일본인 서예가 다나카 쇼헤이의 도움이 컸다. 이와 관련해서는 뒤에서 자세히 언급하고자 한다.

그뿐 아니라 윤동주 평전이 일본어로 번역되거나 저술되었다. 먼저 송우혜가 1988년 10월 저술한 『윤동주평전』은 1991년 10월 윤동주 시집을 처음으로 완역한 이부키 고(伊吹郷)가 『尹東柱: 青春の詩人(윤동주:청춘 시인)』(筑摩書房)이란 제목으로 번역본을 냈다.

이후 2004년 4월 『윤동주평전』 재개정판이 나온 이후 2009년 2월 한국문학번역원의 번역·출판 지원을 받아 『空と風と星の詩人―尹東柱評伝(하늘과 바람과 별과 시인 윤동주 평전)』이란 책 명으로 후지와라쇼텐(藤原書店) 출판사에서 출간됐다. 이 책을 번역한 아이자와 가쿠(愛沢革)는 "일본은 전쟁 후 그에 대한 반성을 한 후에 새로운 출발을 해야 했는데 반성이 아직 부족하다. 나는 이 일을 계속해 나갈 것이다. 그 안에서 윤동주와 재회하고 싶다"라고 자신의 소감을 밝히기도 하였다.

尹東柱評伝―空と風と星の詩人(좌), 尹東柱: 青春の詩人(우)

타고 기치로(多胡吉郞)는 윤동주 탄생 100주년이던 지난해 2017년 2월 『生命の詩人・尹東柱−空と風と星と詩 誕生の秘蹟−』(생명의 시인 윤동주-하늘과 바람과 별과 시 탄생의 비적)』을 출판했다. 그는 NHK PD 출신 작가로 1995년 한국의 KBS와 공동으로 NHK 스페셜 〈하늘과 바람과 별과 시, 윤동주 − 일본 통치하의 청춘과 죽음〉을 제작한 바 있다. 이 책은 그가 30년 가까운 세월 동안 직접 발로 뛰면서 얻은 자료와 연구 성과를 바탕으로 엮어낸 윤동주 평전이자 시론이다. 이 책은 앞서 언급한 이은정이 번역하여 그 의미를 더했다.

『生命の詩人・尹東柱:『空と風と星と詩』誕生の秘蹟』(2017.2)

이외에도 『바람의 화원』, 『뿌리깊은 나무』 등으로 유명한 소설가 이정명이 2012년 6월 윤동주와 관련하여 쓴 『별을 스치는 바람』을 썼다. 윤동주가 후쿠오카 형무소에 수감되어 벌인 일과 간수의 죽음, 그리고 우리말의 아름다움 등이 시각적으로 묘사되어 있다. 대략적인 줄거리는 간수 죽음을 수사하는 다른 간수가 윤동주와 죽은 간수, 그리고 수감자들 사이의 비밀을 알아가는 내용이다. 2019년 1월 센다이에 거주하는 일본인 번역가 가모 요시코(鴨良子)가 이를 일본어로 번역, 『星をかすめる風』 책명으로 출간하였다.

이정명의 『별을 스치는 바람』(좌), 일본 번역서 『星をかすめる風』(우)

또한 일본 내에는 윤동주와 관련한 여러 단체가 만들어져 다양한 활동을 펼치고 있다.

윤동주 연구자 등을 주축으로 구성된 시인 윤동주를 기억하는 릿쿄 모임

2008년 조직된 시인 윤동주를 기념하는 릿쿄 모임(詩人尹東柱を記念する立教の会 윤동주는 교토 도시샤대학(同志社大學)으로 편입하기까지 이 대학 캠퍼스에서 '쉽게 씌어진 시(1942.6.3.)'를 비롯해 5편의 시를 남겼다. 윤동주 시인이 1942년 2월 말 일본에 건너와 그해 10월까지 8개월 동안 문학부영문과 학생으로 공부하던 곳이다. 시인의 기일인 2월 16일 전후로 '윤동주 시인과 함께'를 매년 개최해 왔다.

릿쿄 대학에선 2010년부터 '윤동주 국제교류장학금(윤동주의 후배인 한국 유학생을 위한 장학금)'을 지급한다.

일본유학 중에 쓴 시 중에서 릿쿄 대학 마크가 새겨진 편지지에 쓴 시 5편이 남아 있는 전부다. '하얀 그림자', '사랑스런 추억', '흐르는 거리', '쉽게 씌어진 시', '봄' 등 시 5편은 서울에 있던 친구 강처중 씨에게 편지와 함께 보내졌다.

교토에서 활동 중인 아마추어 가수 노무라 고지(野村浩二)는 이부키 고가 번역한 〈서시〉에 곡을 붙였다. 이후 2008년 11월 그는 교토시립동화소학교에서 열린 제16회 히가시구조마당에서 기타 반주를 곁들여 처음으로 〈서시〉를 일본어로 노래하였다. 히가시구조마당은 재일동포 1~5세와 일본인들이 함께 나와 사물놀이, 씨름, 부채춤 등 한국의 전통민속놀이와 문화 체험을 통해 차별과 편견을 없애고, 다문화 공생의 사회를 만들어가자는 취지에서 재일동포들 중심으로 벌이고 있는 문화운동이다.